학교 민주주의의 불한당들

우리는 어떤 학교에서 살아가고 있는가

학교 민주주의의
불한당들

초판 1쇄 발행 2017년 4월 28일
초판 2쇄 발행 2018년 3월 31일

글쓴이 정은균
펴낸이 김승희
펴낸곳 도서출판 살림터

기획 정광일
편집 조현주
북디자인 꼬리별

인쇄·제본 (주)현문
종이 월드페이퍼(주)

주소 서울시 양천구 목동동로 293, 22층 2215-1호
전화 02-3141-6553
팩스 02-3141-6555
출판등록 2008년 3월 18일 제313-1990-12호
이메일 gwang80@hanmail.net
블로그 http://blog.naver.com/dkffk1020

ISBN 979-11-5930-035-6 03370

학교 민주주의의
불한당들

우리는 어떤 학교에서 살아가고 있는가

정은균 씀

살림터

'촛불시민혁명'이라고 부를 만한 거대한 불길이 한국 사회의 근본적인 변화와 재정립을 요구하고 있다. 철옹성 같았던 권력도 촛불이 만들어 낸 거대한 힘으로 해체되고 있다. 교육계에서도 촛불시민혁명의 시대적 요구에 응답하기 위한 모색과 실천을 시작해야 한다. 시대착오적인 학교 운영 구조와 교육의 패러다임을 근본적으로 바꾸기 위한 노력이 시급하다.

무엇보다 중요한 것은, 교사가 학생들을 가르치고 평가하고 줄 세우는 곳으로서의 학교가 아니라, 학생들이 배우고 탐구하며 성장하도록 지원하는 배움터로의 대전환이다. 학교가 새롭게 변신할 수 있게 할 가장 중요한 수단이자 관건이 바로 '학교 민주주의'이다. 교사와 학생과 학부모, 지역 인사 등 학교 안팎의 구성원들이 자율과 자치와 협치의 민주주의를 충분히 누릴 수 있을 때 비로소 변화는 가능해진다.

'오늘의 학교가 내일의 사회를 창조한다'는 셀레스탱 프레네의 명제처럼, 한국 사회를 건강한 민주공화국으로 만들려면 학교부터 작은 '민주공화국'으로 만들어야 한다. 늦었지만 지금부터라도 학교를 '민주공화국'으로 만들기 위한 대장정이 시작되어야 한다. 학교에 근무하면서 학교 민주주의의 필요성을 절절히 느끼면서 쓴 정은균 선생님의 책은 새로운 학교 민주주의 시대로의 대장정을 촉진하는 마중물이다. 전국의 더 많은 선생님들과 교육 관계자들이 정은균 선생님의 책을 읽고 대한민국의 모든 학교를 '민주공화국'으로, 참다운 배움이 일어나는 21세기형 성장 공간으로 바꾸어 주시기를 기대한다.

2017년 새봄에
안승문_21세기교육연구원장

머리말

　미국 정치학자 로버트 퍼트넘과 그 동료들이 이탈리아에서 지방자치가
시작된 1970년대에 개시해 20년 넘는 시간 동안 한 연구를 진행했다. 퍼
트넘 연구 팀은 농업과 주택, 건강 서비스 분야에서 이탈리아 각 지방정
부의 효과성에 관한 자료를 수집해 분석했다. 그 결과 이탈리아 북부와
남부 지역 사이에 문화적으로 큰 차이가 있음이 밝혀졌다.

　북부 지역은 친족 관계가 아니라 '자발적 사회성spontaneous sociability'에
근거한 조직을 형성하려는 경향이 강했다. 합창단, 축구팀, 조류관찰클럽,
로터리클럽이 많았다. 대다수 시민들이 공동체 일에 관심을 갖고 신문을
읽었다.

　북부 지역에서는 시민들의 정치 참여가 공공 이슈의 성격에 따라 이루
어졌다. 개인적인 관계를 기반으로 정치에 관여하는 일은 없었다. 시민과
지도자들 모두 평등을 좋아했고, 정치적·사회적 네트워크가 수평적으로
조직되어 있었다. 위계적인 분위기를 찾기 힘들었다. 연대성, 시민참여, 협
력, 정직이 북부 지역의 시민 공동체에서 중요시하는 가치였다. 그 모든
것은, 퍼트넘이 높은 수준의 사회적 자본으로 부른 신뢰와 협력과 상호성
의 규범 같은 것을 통해 촉진되었다.

　남부 지역 사람들은 전체적으로 사회·문화 단체 활동이 빈약했다. 그

특징을 '공공심 결여'라고 부를 수 있을 정도로 사회적 조직이나 활동을 거의 하지 않았다. 실제 이루어지는 공공 생활은 수평적이 아니라 위계적으로 조직되었다. '시민'이라는 개념 자체를 낯설어했다. 공공 업무는 '다른 사람(명망가, 보스, 정치가들)'의 일이었지 '나'의 일이 아니었다. 공공복리에 관여하는 사람이나 그런 일을 할 수 있는 기회가 적었다.

남부 지역 시민들의 정치 참여는 공동의 목적을 실현하기 위해서가 아니라 개인적인 종속관계와 사사로운 욕심을 배경으로 이루어졌다. 공공의 목적보다 사적 충성이 우선시되었다. 정치가들은 민주주의 원칙에 냉소적이었다. 거의 모든 사람이 법이란 어기기 위해 만들었다는 말에 동의했으면서도, 다른 사람들이 법을 무시하는 것을 용납하지 않았다. 그 때문에 사람들이 아주 엄정한 규율을 요구했다. 물고 물리는 악순환에 빠진 사람들은 무력하고 착취당하고 불행하다는 느낌을 안고 살아갔다.

규범과 네트워크가 제 힘을 발휘하지 못하는 문화에서는 신뢰가 커지기 어렵다. 신뢰가 없으면 규범과 네트워크가 제 기능을 발휘하지 못한다. 상호 악순환이다. 퍼트넘에 따르면 신뢰와 같은 대다수 사회적 자본은 '도덕적 자본moral resources'이라고 명명한 속성을 가지고 있다. 그것은 사용하면 할수록 줄어들기보다 늘어나며, 사용하지 않으면 고갈되어 버린다.

학교 역시 마찬가지 아닐까. 학교 민주주의의 불한당들이 지배하는 학교는 경쟁이 지배한다. 서비스로 전락한 교육이 학교와 교사, 학생과 학부모 사이를 계약 관계로 묶는다. 감시 체계, 성과주의, 평가 제일주의, 형식화의 논리가 횡행하면서 협력 시스템이 설 자리를 잃는다. 이제 퍼트넘이 지적한 이탈리아 남부식 문화가 학교와 교육 시스템의 저변에 깊게 깔리면서 하나의 문화가 된다.

이 책은 학교 민주주의에 관한 책이다. 두 가지 계기가 이 책을 쓰게 만들었다. 6년 전쯤이었다. 어느 날 학교에서 교무부장이 부장회의를 소집했다. 그해 시작된 교과교실제와 관련하여 분반 기준을 무엇으로 할 것인가가 회의 안건이었다. 교장의 기조 발언을 들어 보니 학교에서는 성적에 따른 수준별 우열반 형식으로 하고 싶어 했다.

'수준별'이라는 말을 놓고 격론이 벌어졌다. 나는 당시 교육과정에서 말하는 '수준별 수업'을 '우열' 개념이 아니라 '차등' 개념 차원에서 이해하고 있었다. 그래서 학업성취 수준이 서로 다른 학생들을 한 반에 고루 분산해 편성한 뒤 교사가 개별 학생들의 수준에 맞게 '차등적으로' 수업을 진행하라는 것이 수준별 교육과정에서 규정한 수준별 수업의 취지라고 주장했다.

한 선생님이 반론을 펼쳤다. '그렇게 하면 수업을 중간 수준 학생에 맞춰 진행할 수밖에 없다, 성적 우수 학생과 하위권 학생들 모두에게 비효율적이다' 등의 논거를 댔다. 교장과 교감이 지지했다. 다른 부장 교사들은 별다른 말이 없었다. 분위기가 성적에 따른 우열반으로 편성하자는 쪽으로 기울어지기 시작했다.

나는 그런 우별반식 분반 수업이 학생들의 학업성취 향상이나 성적 변화에 미치는 긍정적인 영향의 근거를 대라고 요구했다. 분명 구체적인 데이터가 있을 테니 그것을 찾아 확인한 뒤 최종적으로 결정하자고 했다. 내 말은 먹혀들지 않았다. 선생님들은 일단 우열반으로 편성하여 실시해 보고 결과를 지켜보자고 했다.

성적에 따른 우열반 편성 수업은 전형적인 수월성주의에 따른 것이다. 효율성과 경쟁 시스템이 배경에 깔려 있다. 전체적으로 득보다 실이 많다. 이런 점을 뒷받침하는 본격적인 연구 결과물이 많다. 그런데 나는 그날

회의에서 예의 선생님이 제기한 반론에 대해 제대로 논박하지 못했다. 구체적인 논리와 논거를 갖고 있지 않았다.

나는 수월성 담론의 모순과 허점, 효율성이니 경제주의니 경쟁주의니 하는 말들의 이데올로기적인 이면을 낱낱이 밝혀 보고 싶었다. 그날 이후 시시때때로 관련 논문을 찾고 책을 구해 읽었다. 평등주의와 민주주의를 기반으로 한 교육 시스템의 우월성을 뒷받침하는 근거 자료들을 찾아 글로 하나하나 정리하기 시작했다.

2016년 1월 26일《교사는 무엇으로 사는가》라는 제목의 책 한 권을 냈다. 부제를 '학교 혁신과 교육 민주주의에 관한 단상'으로 했다. 2012년부터 인터넷 언론《오마이뉴스》에 올린 글을 중심으로 6년 전 그날 이후 스스로 공부하고 정리한 내용을 바탕으로 묶은 책이었다.

초고를 탈고해 출판사에 보낸 뒤 추천 글을 준비할 때였다. 평소 학교 민주주의를 강조하는 것으로 알려진 곽노현 전 서울시교육감이 떠올랐다. 수소문 끝에 연락처를 알아내 부탁을 드렸다. 흔연히 들어주셨다.

2015년 11월 30일 곽 전 교육감이 전자우편으로 긴 추천 글을 보내 주셨다. 한 구절이 유난히 눈길을 끌었다.

국가주의와 관료주의에 의해 방전된 껍데기 민주주의에서 벗어나 보통 사람을 위한 보통 사람에 의한 보통 사람의 민주주의로 거듭날 것이다.

학교 민주주의가, 방전된 우리나라 민주주의의 충전기지 역할을 할 수 있으리라는 취지를 강조하는 대목이었다. 학교 급식실에서 점심을 먹고 교무실로 와 막 자리에 앉은 뒤였다. 양치질을 미루고 앉은 자리에서 길게 메시지를 보냈다.

> 교육감님, 점심 먹고 올라와 보내 주신 글을 출력했습니다. 자리에 앉아 몇 번을 읽었습니다. '방전된 민주주의'! 이즈음 이유 없이 무기력해지곤 하는 마음의 이유를 이보다 더 적실하게 드러낼 수 있는 말이 있을까 싶었습니다. 어젯밤, 아르헨티나가 낳은 세계적인 소설가 호르헤 루이스 보르헤스의 소설 전집에서 《불한당들의 세계사》를 꺼내 읽었습니다. 민주주의와 법치를 들먹이며 '불한당' 노릇을 하는 수많은 이들을 도대체 어떻게 보아야 하는지 조그만 실마리라도 얻고 싶었습니다. 수많은 언어를 타락시키는 이 나라 권력자들에게 어떤 언어를 들려주어야 저들이 자신들의 불한당 짓을 돌아볼까요. 화두처럼 안은 채 공부해 보렵니다. 교육감님께서 쓰신 '방전된 민주주의' 비유가 단초의 하나가 될 듯합니다.

보르헤스의 책은 민주주의와 하등 상관이 없다. 그것은 말 그대로 '불한당'들, "떼를 지어 돌아다니며 재물을 마구 빼앗는 사람들의 무리", "남 괴롭히는 것을 일삼는 파렴치한 사람들의 무리"들의 세계사였다. 전 세계 문화권에 전해 오는 각종 설화문학에서 불한당으로 볼 만한 사례들을 뽑아 보르헤스 특유의 문체로 서술한 이야기책일 뿐이었다.

내 시선을 끈 것은 제목에 있는 '불한당'이라는 말이었다. '학교 혁신'과 '교육 민주주의'를 부제에 넣은 전작의 원고만으로 성에 차지 않는 무엇이 있었다. 학교 혁신을 방해하는 질긴 관행과 습속들, 민주주의를 말하면서 민주주의를 압살하는 언어와 담론의 문제를 자세히 다루지 못한 것이 못내 아쉬웠다. 그 모든 것을 '불한당'이라는 말로 뭉뚱그려 나만의 언어로 드러내고 싶었다.

　이 책은 크게 세 부분으로 나뉜다. 1부에서는 오늘날 우리에게 왜 학교 민주주의가 필요한지 살펴보았다. 민주시민교육의 제일 주체여야 할 교사와 학생들이 수업하는 기계와 학습하는 노예가 되어 살아간다. 의식이 존재를 배반하는 그들의 삶은 그냥 생겨난 것이 아니다. 관료주의와 권위주의 같은 비민주적인 적폐로 점철된 학교교육 시스템, 민주주의를 배반하는 학교제도와 교육의 역사에 그 음험한 본질이 숨어 있다. 국가에 복무하고, 우리 고유의 자생적인 교육 시스템을 가져 보지 못한 우리나라의 교육사도 하나의 배경이다.

　2부에서는 학교 민주주의를 방해하는 대표적인 언어와 담론, 정책과 제도, 습속 들을 다루었다. 민주주의는 주권자들의 참여와 숙의를 통해 성숙한다. 각자의 자리에서 정치적으로 각성하기 위한 의식적인 노력이 필요하다. 이를 훼방 놓는 대표적인 수단이 민주주의에 역행하는 언어와 담론들이다. 이들 언어와 담론이 정책에 투영되고 제도로 구체화한다. 그 모든 것들이 어우러지면서 교육 주체들의 습속에 지속적으로 심대한 영향을 미친다. 언어와 담론, 정책과 제도를 각각 학교 민주주의 불한당들의 '무기'에 빗댄 이유다.

　3부는 학교 민주주의의 가능성을 타진해 본 부분이다. 사회 변혁 도구로서 교육의 한 본질, 민주주의를 지향하고 실천하는 학교 시스템 정립을 위한 국내외의 사례를 대안 제시 측면에서 살폈다. 우리나라 학교 문화의 저변에 깔린 평가 만능주의나 과도한 경쟁 신화가 교육의 본질을 해치고 학교 교육력을 떨어뜨리는 불합리한 기제들임을 보여 주고 싶었다. 3부는 전체적으로 2부에서 비판적으로 다룬 학교 민주주의의 불한당들을 어떻게 극복할 것인가에 내용의 초점이 맞춰져 있다.

 지난 1년간 민주주의 일반에 관한 국내외의 여러 책들, 학교교육 시스템의 통시태와 공시태를 다룬 저작들을 넓게 살폈다. 여러 선행 연구자들과 저자들이 가지런히 정리한 내용이 없었다면 이 책은 감히 엄두도 내지 못했을 것이다. 이 자리를 빌려 그들에게 두루 감사 인사를 드린다.

 전성은 전 거창고등학교 교장에게 특별한 감사의 말씀을 전하고 싶다. 애초 추천 글을 부탁하기 위해 거친 초고를 보내드린 후 잠을 이루지 못했다. 얇은 생각을 어설픈 문장들에 담은 글을 어떻게 보실지 걱정이 많았다. 거창 산자락 아래서 선생님을 만나 4시간여 동안 대화를 나누었다. 우리 교육의 역사와 이념, 앞으로 나아가야 할 방향에 관한 선생님의 의견이 또 다른 공부할 거리가 되었다. 책의 전체 얼개와 논리 기조에 관한 의견이 서로 달라 추천 글은 받지 못했으나 학교와 교육의 역사적 본질이나 우리 교육의 통시적 흐름을 꼼꼼히 짚어 본 것은 전적으로 선생님의 날카로운 지적이 있었기에 가능했다.

 이 책은 학교와 교육에 관한 주제로 펴내는 두 번째 결과물이다. 학교 민주주의를 다루는 일이 쉽지 않았다. 현장 교사로서 학교와 교실에서 경험한 일을 바탕으로 서술하면 되리라 여겼으나 순진한 욕심이었다. 바람을 뒷받침하는 능력과 노력이 부족했으니 당연한 결과다.

 우리 교육 현장의 현실을 부풀린 과도한 주장이나 비약적인 논리 전개에 마음이 상하는 독자가 계실지 모르겠다. 의도치 않은 실수와 오류 또한 분명 많을 것이다. 학교와 교육을 사랑하는 마음이 지나쳐서 그랬다고 변명하고 싶다. 양해를 구한다. 다만 거친 모습으로 내놓는 이 책이 더 나

은 학교 민주주의를 고민하고 소망하는 이들에게 약간의 실마리를 던져
주었으면 더 바랄 나위가 없겠다.

2017년 2월 군산 우거에서
글쓴이

차례

들어가며

1

정치는, 다수가 함께 살아갈 수밖에 없는 인간 사회에서 필수 불가결한 수단이다. '적과 동지'가 함의하는 대립적 투쟁을 본질의 하나로 갖는 동시에 조정과 타협과 합의라는 또 다른 본질을 갖는다. '학교 정치' 또한 마찬가지 아닐까. 학교마다 언필칭 학교 정치가 있다. 뜨겁다. 업무 배정과 승진과 인간관계들에 수많은 정치 문제가 깔려 있다. 독일 정치학자 칼 슈미트식 논법을 빌려 자문해 본다. 학교 정치의 '적과 동지'를 냉정하게 인식하고 있는 교사가 얼마나 될까.

학교는 다양한 '정치 주체'들이 얽히고설켜 있다. 학교 관리자와 교사들, 교사와 교사, 교사와 학생, 학생과 학생, 학급과 학급이 각자의 이해관계를 갖는다. 이들이 맺는 상호 구도와 관계 여하에 따라 학교의 분위기와 '색깔'이 결정된다. 잠재적 교육과정으로서의 학교 문화가 만들어진다.

학교가 다양한 주체들이 얽혀 있는 정치 공동체라는 사실은 새삼스러운 주장이 아니다. 인간은 다수다. 다수 인간을 가능하게 하는 제일 조건은 다원성이다. 정치철학자 한나 아렌트가 제시한 정치의 조건이다. 아렌트는 인간 조건의 모든 측면이 조금씩이라도 정치에 관여되어 있다고 말했다. 인간의 다원성이야말로 모든 정치생활의 조건이고 그 필요조건일 뿐만 아니라 최대의 조건이라고 주장했다.

정치는 다수와 하나를 연결하거나 중재한다. 다수와 하나는 쉽게 연결되지 않는다. 의견 갑이 있다. 의견 을이 있다. 의견 병이 있다. 정치는 그 중 하나를 선택해야 한다. 의견마다 각각의 논리와 요구가 있다. 갈등과 대립이 일어난다. 어렵거나 성가시고, 불안하거나 위태로운 상황이 펼쳐진다.

> 인간이 정치와 무관할 수 없다면, 정치가 반드시 적과 동지의 구분을 가져온다는 사실에 조금 낙담하는 사람도 있을지 모르겠다. 그래서 적과 동지의 구분이 없는 정치도 있지 않을까 하는 몽상을 하게 된다. 그러나 가장 무서운 것은 정치가 실은 무리한 일을 하고 있다는 사실을 잊고, 적과 동지의 구분이 존재하지 않는 것처럼 정치를 취급할 때이다. 그때 지배하는 측에 있는 사람들의 적 또는 그 적의 의견은 슬그머니 폐기될 것이다. 때로는 그 의견이 무시되고 때로는 그 의견의 담당자가 사라진다.
>
> _고쿠분 고이치로(2016), 《다가올 민주주의》, 오래된생각, 121쪽.

나는 매일 가슴 밑바닥에서 '적과 동지'의 이분법적 논리가 꿈틀거리는 것을 느낀다. 그 '적'들이 무섭다. 더 무서운 존재들이 있다. 좋은 게 좋다는 식으로 하루하루를 그럭저럭 살아가는 대다수 '인격자' 교사들이다. 그들은 침묵 속에서 교무실을 지키며 점잖게 보낸다. 그들이 '적'보다 더 적대적으로 보일 때가 많다.

'적과 동지'라는 이분법을 기반으로 한 대립과 투쟁이 만능의 정치 수단이어서는 안 되겠다. 상호 쟁투하며 공멸을 향해 가는 학교인가, 공존을 지향하는 학교인가. 학교가 "민주주의의 산 교육장"이라는 존 듀이 유의 명제를 고려할 때, 적과 동지의 정치론보다 타협과 합의의 정치론이 좀 더 지배적이어야 하지 않을까. 나는 그것이 '교육기관'인 학교 조직에 맞는 '교육적'인 방식의 정치일 것이라고 믿는다.

　문제는 타협과 합의의 정치를 위한 최소한의 민주적인 학교 시스템이다. 공정하고 엄정한 교원 인사, 참여와 숙의를 기반으로 한 상향식 의사결정, 자발성과 자율성에 기반을 둔 교육 활동 보장 등등이 이를 뒷받침하고 있어야 한다.

　학교 현실은 다르다. 교원 인사 시스템을 보자. 공립학교 교원인사위는 '자문기구'다. 인사 관련 안건에 대해 의견을 개진할 수 있는 권한만 있어 법적 강제력이 약하다. 내부 공모자처럼 서로 결합된 승진파 교사들이 음성적으로 작동하는 '이너 서클'의 자장권 아래서 살아가는 현실을 간과할 수 없다.

　사립학교 교원인사위는 다르다. 〈사립학교법〉 제53조 4의 제1항에 따라 '심의기구' 성격을 갖는다. 인사위원들이 인사 관련 안건을 객관적이고 투명하게 조사하고 토론하여 결정해야 한다. 교장이나 사학재단 이사장은 특별하고 불가피한 사정이 없는 한 인사위의 결정에 따라야 한다. 관련 대법원 판례도 있다. 법적 의미의 '의결 기구'가 아니지만 그에 준하는 엄격한 기능을 갖는 회의체다. 사학재단의 독단적인 판단에 따른 인사 전제를 막기 위해서다.

　이와 같은 제정·운영 취지를 고려하여 인사위를 꾸려 가고 있는 사학재단이나 사립학교는 드물다. 인사위원 선출 규정이 아예 없거나, 친

재단·친교장 성향이 강한 부장교사 중심의 당연직 위원이 과다한 학교들이 많다.

이런 현실에서 인사위 규정이 제정 및 운영 취지를 살릴 수 있도록 구성되어 있는지 한 번쯤 확인해 본 사립학교 교사가 얼마나 있을까. 법을 지켜야 할 주체들이 법을 무시하고, 법 준수 여부를 날카롭게 감시해야 할 또 다른 주체들이 법을 도외시한다. 작금의 학교 현실이다. 온전한 의미의 학교 정치가 설 자리를 찾기 힘들다.

정치 혐오주의는 오래된 '풍습'과도 같다. 정치를 사갈시하는 이들이 많다. 정치라는 말은 학교 안에서 금기어 취급을 받는다. 〈헌법〉 제31조 제4항이 '보장'하는 '권리'인 교육의 정치적 중립성은 교사들의 복무규정에서 요령부득의 '의무'로 둔갑해 있다. '정치적' 선택과 결단으로부터 자유로운 교육 활동이 없건만 모든 교육 활동이 '중립'이라는 무균질의 세계에 갇혀 있기를 요구받는다. 기만적인 시스템이다.

루돌프 폰 예링은 "권리 위에 잠자는 자는 보호받지 못한다"라는 유명한 말을 남긴 독일 법학자다. 그는 《권리를 위한 투쟁》에서 이렇게 말했다.

> 법의 목적은 평화이며, 평화를 얻는 수단은 투쟁이다. 법이 불법적으로 침해되고 있는 한, 그리고 세상이 존속하는 한 이러한 현상은 계속된다. 법은 이러한 투쟁을 감수하지 않으면 안 된다.

나는 학교가 어느 곳 어느 때보다 정치적이어야 한다고 생각한다. 학교 민주주의를 방해하는 온갖 구조, 제도, 습속이 온존해 있다. 가장 정치적이면서 가장 비정치적일 것을 요구하는 기만의 시스템이 교무실과 교실을 지배한다. 예링이 말한 '투쟁'이 필요한 이유다. 학교 정치의 필요성도 여기에 있다.

정치는 어딘가에 '서는' 것이다. 어떤 언어로 무엇인가를 '말하는' 것이다. '나'는 어디에 서 있는가. '적과 동지'는 누구인가. '적'과의 대화는 어떻게 할 것인가. '나'의 언어는 권력자가 부여한 것인가 나 자신의 것인가. '나'는 스스로의 목소리를 내고 있는가.

'정치' 함부로 욕하지 마라
너는 언제 뜨거운 '정치' 한 번 해 본 적이 있느냐.

지난해 2월 말 에스엔에스SNS에 올린 패러디 글이다. 우리나라 학교 안팎의 정치 혐오주의와 냉소주의를 환기하고 싶었다. 민주주의는, 이를 실천하는 이들이 있어야 산다. 그들이 각자의 명확한 정치적 위상과 언어를 바탕으로 불합리한 구조에 저항할 때 명맥을 유지한다. 정치 혐오와 침묵과 냉소는 학교 정치의 최대 적이다. 계절의 길목에서 학교 민주주의를 키우는 일을 찬찬히 생각해 본다.

2

이 책은 학교 민주주의를 해치는 언어와 담론, 정책과 제도, 학교의 습속과 문화, 교사를 중심으로 한 교육 주체들의 태도와 관점 들을 다루었다.

교육부로 대변되는 교육 당국은 교사와 학생을 대상화하는 교육정책에 따라 제도를 입안하고 결정한다. 일종의 잠재적 교육과정으로서 학생들에게 지대한 영향을 미치는 학교와 교사가 반민주적이거나 비민주적인 행태를 거리낌 없이 드러낸다. 교원평가제도와 교장승진제도를 중심으로 한 교원정책의 파행성, 위계 서열 제도로 고착화한 고교선택제, 무늬만의 학교자치, 통제와 지시 중심의 관료주의가 지배하는 교무실과 교실 문화, 속악한 현실주의에 이끌리는 교육 담론과 언어 문제가 있다.

문득 이런 생각이 든다. 어떤 상황에서 '민주주의'라는 말은 격돌하는 두 당사자 간의 논쟁과 토론을 무력화하는 경향이 있지 않은가. 담화 주체가 누구냐에 따라 민주주의는 전혀 다른 의미를 내포하면서 쓰일 수 있다. "민주적으로 투표해서 정합시다." 부하를 두루 거느린 관리자가 앞에 선 용기 있는 내부 비판자에게 이런 말을 던진다. '닥치라'는 말과 같은 표현 아닌가.

많은 사람이 민주주의를 '절대적인' 무엇처럼 받아들이는 것 같다. 진보와 보수, 좌파와 우파를 막론한다. 신성시되는 민주주의, 불합리하고 전체주의적인 대상의 이미지를 세탁해 주는 듯한 민주주의가 있다. 내 눈에는 북한의 정식 국명이 '조선민주주의인민공화국'이라는 게 예사롭게 보이지 않는다.

3대 세습 국가조차 자연스럽게 쓸 수 있을 정도로 만능이고 최선이며 이상적인 체제가 민주주의인가. 원래 민주주의는 '착하지' 않았다. 프랑스 철학자 자크 랑시에르는 민주주의를 "증오의 대상"으로 표현했다. 민주주의는 고대 그리스 아테네에서 최초로 '발명'되었다. 당시 민주주의는 욕된 말, 혐오스러운 말이었다.

민주주의는 인간사회를 구조화시키는 모든 관계의 전복된 상태를 보여 준다고 할 수 있다. 다시 말해 통치자는 통치받는 것처럼 보이고,

통치받는 자는 통치자처럼 보인다. 아버지는 아들과 대등하게 대우받는데 익숙해 있다. 외국인과 혼혈인은 시민과 동등하다. 교사는 학생들을 두려워하면서 그들의 비위를 맞추고 있으며, 학생들은 교사를 무시하고 조롱한다. 청년들은 노년층과 대등하며, 노인들은 청년들을 흉내 낸다. 동물조차도 자유로운데, 말이나 당나귀들도 그들의 자유와 존엄성을 인식하고 있으며, 자신들에게 길을 양보하지 않는 자들을 밀어낸다.

_자크 랑시에르 씀, 허경 옮김(2011), 《민주주의는 왜 증오의 대상인가》, 인간사랑, 88쪽.

2500여 년 전 플라톤이 《국가》에서 묘사한 민주주의의 비천한 모습이다.[1] 플라톤의 풍자적인 목소리에서 민주주의에 대한 당시 사람들의 일반적인 시선을 읽을 수 있지 않을까. 만능이고 최선이며 이상적일 것 같은 민주주의가 태동기부터 문제투성이였다니 놀랍다.

기실 민주주의는 '약하다'. 세계 정치학계의 권위자 중 하나인 존 던 영국 케임브리지 대학교 명예교수는 《민주주의의 마법에서 깨어나라》에서 민주주의의 '마법'에 주목했다. 사람들이 민주주의에 대해 갖는 막연한 '환상'이나 기대를 꼬집기 위해서였다.

'마법'의 작동 기제는 이렇다. 민주주의와 거리가 먼 나라가 있다. 그곳에 민주주의를 위한 기반을 마련해 준다. 사람들 사이에 민주주의에 걸맞은 훌륭한 통치 능력이 저절로 생겨난다! 던은 '마법'의 결과를 신랄하게 묘사했다. "민주주의라는 사상이 정치적 맥락에서 사용되면 맹신과 피해망상 사이를 끊임없이 배회하게 된다." 민주주의가 최선이라는 일반적인 통념에 대한 경고로 읽을 수 있다.

---

1. 《국가》 제8권 562a~563e 대목에 나온다.

민주주의는 행복과 안녕의 보증수표가 아니다. 오히려 불편하다. 인간적인 관계가 틀어지고, 서로 감정을 상하게 할 수 있다. 미국 작가 로저 오스본은 '불만'이 모든 민주주의의 기본 요소라고 보았다.[2] 넓게 보아 민주주의적인 시민 행동으로 볼 만한 것들, 예컨대 부당한 권력에 불만을 토로하고, 사회적 고통에 신음하며, 압제에 분노하면서 항의 서한을 보내거나, 길거리에 나가 시위에 참여하는 모든 일들은 편안함과 거리가 멀다.

민주주의가 사라져야 하는가. 그렇지 않다. '민주주의 마법론'은 민주주의의 불필요함이나 부당함을 드러내기 위한 것이 아니다. 민주주의를 키우고 지키려는 노력의 중요성을 강조하자는 것이 그 기본 논리다. 역사적으로 민주주의는 '완료형'이 아니라 '현재진행형'으로 존재해 왔다. 더 많은 민주주의, 또 다른 민주주의가 필요하다. 우리는 늘 비민주주의적인 사상과 제도와 습속의 자장권에 둘러싸여 있었다. 민주주의가 제대로 '충전'되고 완벽하게 실현된 국가는 과거에 없었고, 지금 없으며, 앞으로 영원히 없을 것이다.

학교 민주주의는 더욱 그렇다.

---

2. 로저 오스본(2012), 《처음 만나는 민주주의 역사》, 시공사, 493쪽.

1부

왜 학교 민주주의인가

스파이더 크랩의 슬픈 운명

스파이더 크랩은 태평양에 널리 서식하는 흔한 게라고 한다.[3] 이들 중에는 모양만 스파이더 크랩일 뿐 특유의 '정체성'을 잃어버리고 기생 따개비로 살아가는 개체가 있다. 기생 따개비로 사는 스파이더 크랩은 게로서의 번식 능력을 상실한 채 따개비의 알을 낳는 데 사용된다. 어떻게 이런 '엽기적인' 일이 일어날 수 있을까.

스파이더 크랩이 기생 따개비가 되는 과정은 다음과 같다. 따개비의 유충이 게의 몸 안으로 들어간다. → 유충이 자신의 세포 물질을 게의 몸 속에 주입한다. → 게의 영양분을 흡수하는 조직과 부화용 주머니가 만들어진다. → 게의 정소와 난소를 공격한다. → 게는 호르몬 변화로 수컷이 암컷으로 바뀐다. → 따개비가 게의 알주머니 안에 자신의 알을 낳는다. → 알이 성장해 부화할 준비가 되면 따개비는 게를 조종해 자신의 알들을 바다에 풀어놓게 한다.

다른 개체의 유충이 몸에 들어오는데도 스파이더 크랩에게는 아무 일도 일어나지 않는다. 아프거나 죽지 않는다. 감염되었다는 사실조차 모른

---

3. 스파이더 크랩에 관한 이야기는 유창오 새시대전략연구소 소장이 《정치의 귀환》(폴리테이아, 2016)에 인용해 놓은 자연 다큐멘터리에 나온다. 정치 혐오와 반정치주의를 확산시키기 위해 노력하는 야당의 모습을 꼬집기 위해서였다.

다고 한다.

의식이 존재를 배반하는 이가 기생 따개비의 숙주가 된 스파이더 크랩뿐일까. '헬조선'의 현실을 개탄하면서 '보수 귀족' 정당에 표를 주는 '을들'이 많다. 연금 공약을 헌신짝 버리듯 내친 박근혜 정부를, 오죽 힘들면 그러겠느냐며 감싸는 노인세대들이 적지 않다.

일상의 대부분을 학교에서 지내는 학생 200만여 명과, 40만 명을 훌쩍 넘는 교사들을 떠올린다. 그들은 의식과 존재가 일치하는 삶을 영위하고 있을까. 학교 민주주의에 충실해야 할 교사들이 교육의 이름으로 반(비)교육을 실천한다. 민주시민교육의 주체여야 할 학생들이 획일적인 통제와 관리 시스템 아래서 '학습 기계'가 되어 간다. 그들 모두 대체로 민주주의에 관심이 없다. 이유가 무엇일까.

빈틈없이 짜인 교육과정이 그들을 옥죈다. 여유와 일탈은 거의 허용되지 않는다. 하루하루 일상이 바쁘다. 나는 가끔 시작종 소리에 맞춰 교실로 들어가는 학생들과 교사들을 높은 곳에서 조감하는 그림을 상상해 본다. 정해진 시종표를 따라 기계적으로 오가는 그들의 모습을 무엇으로 묘사하면 좋을까.

종종 열정과 따뜻함이 넘치는 대화, 시간과 공간을 초월할 듯한 영감 어린 상호작용을 경험한다. 안타깝게도 수업 끝을 알리는 종소리와 함께 조용히 중단해야 한다. 이유 없는 조바심과 바쁨이 그들의 의식과 행동을 지배한다. 미국의 대표적인 진보 정치철학자 셸던 월린은 다음과 같이 말했다.

민주주의가 실제로 실현된 적이 극히 드물었다는 사실은 역사적으로 다음과 같은 사실을 시사한다. 즉, 민주적인 정치제도는 소수가 정치

권력을 독점하게 되는 자연적인 경향에 맞선 투쟁을 통해서만 성립되었다는 점 말이다. 다양한 기술과 자원을 소유한 소수는 자신들이 누릴 수 있는 충분한 여가 시간을 통해 자신의 의지를 사회의 대다수 구성원들에게 관철시킬 수 있다. 반면, 대다수의 구성원들은 일상적인 생존의 필요에 압도되어 주의를 다른 곳으로 돌릴 여유가 없는 사람들이다. 말 그대로 여가란 활용자의 재량에 따라 마음껏 사용할 수 있는 시간을 말한다. 2천 년 전에 아리스토텔레스는 여가scholē란 좋은 사회의 정치에 필요한 한 가지 조건이라 했다.

_셸던 월린(2013), 《이것을 민주주의라고 말할 수 있을까》, 후마니타스, 423쪽.

부족한 '여유'의 문제만 있는 것 같지 않다. 우리 대다수는 민주주의에 관한 '지식'이 적다. 왜곡된 체험이 편협한 기억으로 남는다. 반장 선거의 형식적 다수결 투표, 분위기에 휩쓸린 만장일치제, 기계적 거수기가 되어 손을 들고 내렸던 이런 사적 모임과 저런 공적 회의를 떠올려 보라.

민주주의가 '고작' 그 정도라면 2500년 동안 살아남아 오늘에까지 이르지 못했을 것이다. 나는 사람을 사람답게 하는 데 민주주의만큼 좋은 제도가 없다고 본다. 교사와 학생들이 민주주의 시스템과 문화 속에서 살아갈 때 그 자체로 '사람'의 자리에 설 수 있다. 기생 따개비의 공격에 속수무책으로 당하는 스파이더 크랩의 '슬픈 운명'은 그들이 갈 길이 아니다.

좋은 제도가 좋은 사람을 만든다

제도가 사람을 만들지만, 사람이 제도를 만든다. 제도와 사람 간의 선후관계나 인과관계를 가르기가 쉽지 않다. 다만 오늘날은 야생의 시대가 아니다. 저 먼 옛날 호미니드hominide[4]와 달리 사람들은 이제 '숲'이니 '사바나'에서 나오지 않는다. 특정한 배경을 지닌 사회(가정, 마을, 지역) 속에서 난다. 역사적 맥락을 갖는 제도 아래서 성장한다.

칸트는 "좋은 사람이 좋은 제도를 만드는 것이 아니라 좋은 제도가 좋은 사람을 만든다"라고 말했다. 그의 말을 따라 학교 민주주의 문제를 고민할 때 배경으로서의 제도나 문화를 우선적으로 떠올려 본다. 사회심리학의 창시자로 알려진 쿠르트 레빈의 말을 들어 보자.

> 전체는 그 부분들이 비대칭이어도 대칭일 수 있으며, 또 전체는 그 부분들이 안정적이어도 불안정할 수 있다. (중략) 집단은 하나의 사회학적 전체이며, 이 사회학적 전체의 한 단위는 다른 역동적인 전체의 단위와 마찬가지로 그 부분들의 상호의존성에 의해 정의될 수 있다. (중략) 이 정의는 사회집단의 조직과 안전성, 목표 같은 특성들은 그 집단 안에

---

4. 인류의 조상으로 알려진 영장류를 가리키는 말이다.

있는 개인들의 조직과 안전성, 목표와는 다르다는 사실을 전적으로 인
정한다는 것을 의미한다.

_쿠르트 레빈(2016), 《사회적 갈등 해결하기》, 부글, 103쪽.

사회집단의 특성들이 개인들의 그것과 다르다는 레빈의 전제가 눈길
을 끈다. 그것은 사람들의 특성과 무관하게 그들 삶의 많은 부분을 지배
하는 조직, 곧 제도와 시스템의 강력한 영향력을 함의하고 있다. 레빈이
1939년에 쓴 에세이 〈사회적 공간에서 행한 실험들〉에 나오는 한 연구 실
험[5]을 통해 이 문제를 알아보자.

미국 아이오와 아동 복지 연구소의 로널드 리피트와 화이트가 연구 실
험을 수행했다. 독재주의나 민주주의의 밑바닥에서 작용하는 집단역학에
대한 통찰을 얻는 것이 목적이었다. 레빈은 이들의 연구에서 교실의 '분위
기'에 주목했다. 교사가 학급에서 이루는 성공의 정도가 교사의 기술뿐
아니라 교사가 가꾸는 '분위기'에 크게 좌우된다고 보았다. 그는 분위기
를 "사회적 상황의 한 특성"으로 규정했다.

구체적인 실험 과정을 보자. 두 개의 학급에서 자원한 10살과 11살 학
생들 중에서 선택해 소년과 소녀 집단을 하나씩 만들었다. 이들을 '민주
적인' 분위기의 집단과 '독재적인' 분위기 집단으로 구별 지었다. 참가자
들은 가면을 만드는 클럽에서 활동하는 것으로 설정되었다. 민주적인 집
단은 활동을 자유롭게 선택했고, 권위적(독재적)인 집단은 민주적인 집단
이 한 활동을 하라는 명령을 받았다. 각 집단 지도자는 성인 학생이었다.
그들은 각 집단의 분위기를 서로 다르게 만들기 위해 다음과 같은 점들

---

5. 쿠르트 레빈(2016), 《사회적 갈등 해결하기》, 부글, 100~116쪽 참조. 실험의 전반적인 내용은
   이 책에서 가져왔다.

에 노력을 기울였다.

민주적인 집단	권위적인 집단
1. 모든 정책은 집단이 결정한다. 리더는 구성원들에게 정책 결정에 참여하라고 격려한다.	1. 모든 정책은 가장 강력한 사람(리더)이 결정한다.
2. 토론과 설명으로 활동 방향과 절차들을 제시한 뒤 구성원들이 선택하게 한다.	2. 활동에 필요한 정보를 권위자가 한 번에 하나씩 제시한다. 미래 방향이 언제나 불투명하다.
3. 구성원들은 함께 활동하고 싶은 학생 누구하고도 짝을 이룰 수 있다. 임무 분담은 집단에 맡겨진다.	3. 각 구성원이 해야 할 일과 공작 활동을 함께 할 파트너를 정하는 것은 언제나 리더의 몫이다.
4. 지도자는 정신적으로도 집단 구성원이 되려고 노력하고 토론 중에도 그렇게 하지만 공작 활동을 많이 하지는 않는다. 객관적으로 칭찬하고 비판하려고 노력한다.	4. 리더는 각 개인의 활동을 비판하고 칭찬하면서 객관적인 근거를 제시하지 않으며, 집단 활동에 참여하지 않는다. 적대감이나 호감을 보이지 않고 언제나 냉담한 모습을 보인다.

연구자들은 각각의 집단에서 정해진 시간 단위 동안 일어난 사건과 행동 횟수를 관찰하며 기록했다. '지시' 행동에서 권위적인 리더가 민주적인 리더보다 2배 정도 많았다. 4.5건 대 8.4건이었다. '순종적인' 행동은 반대로 나타났다. 민주적인 지도자가 순종적인 행동을 더 자주 보였는데, 평균적인 구성원에 비해 53퍼센트 덜 보였다고 한다. 권위적인 리더는 78퍼센트나 덜 보였다.

두 집단 모두에서 지도자의 순종적인 행동은 전체적으로, 그리고 상대적으로 드물었다. '객관적인' 행동에서도 이와 비슷한 현상이 나타났다. 레빈은 권위적인 리더가 민주적인 리더보다 집단 구성원들에게 영향력을 더 강하게 미치며, 권위적인 리더의 접근 방법이 훨씬 더 강력한 반면에 훨씬 덜 객관적이었다고 평가했다.

구성원과 구별되는 지도자의 모습을 좀 더 살펴보자. '주도적인' 행동.

권위적인 리더는 이상적인 구성원(모든 활동이 지도자를 포함한 집단의 모든 사람들에게 똑같이 배분되었을 때의 구성원)에 비해 주도적인 행동을 118퍼센트 더 많이 보였다고 한다. 민주적인 리더는 41퍼센트가 더 많았다. 전체적으로 순종적인 행동과 강압적인 행동 둘 모두에서 일반 구성원과 리더의 차이가 민주적인 집단에서 덜 두드러졌다.

> 실험 대상이 된 민주적 집단을 보면, 공작 활동에 나타난 모든 협력은 아이들이 하위 집단으로 자발적으로 조직된 결과였다. 독재적인 집단의 경우엔 공작 집단의 32퍼센트가 리더에 의해 조직되었다. 반면에 민주적인 집단에서 이런 식으로 조직된 공작 집단은 0퍼센트였다. 그렇다면 독재적인 분위기는 리더에게 훨씬 더 공격적으로 지배할 수 있는 권력을 안겨 줌과 동시에 구성원들이 자유로이 활동할 범위를 축소시킨다고 할 수 있다. 당연히 구성원들이 권력을 행사할 수 있는 영역도 좁아지기 마련이다. _쿠르트 레빈(2016), 위의 책, 108쪽.

리더의 영향력으로 인한 두 집단의 상이한 분위기를 보자. 권위 집단은 민주 집단보다 적대적인 지배가 30배가량 많았다. 구성원의 주목을 요구하거나 적대적으로 비판하는 일도 훨씬 잦았다. 민주적인 분위기에서는 협력, 칭찬, 건설적인 제안, 객관적이거나 순종적인 행동 들이 더 자주 보였다. 레빈은 지도자가 제시하는 '삶과 사고의 유형'이 아이들 사이의 관계를 지배한다는 논리가 가능하다고 해석했다.

가령 독재적인 집단에서는 협력적 태도가 아니라 적대적이고 매우 개인적인 태도가 지배적이었다. 이런 태도는 '우리'라는 (집단) 감정보다 '나'라는 감정이 더 크기 때문에 생긴다고 보았다. 이는 발언 내용의 성격이나 색깔을 통해서도 방증된다. 레빈은 '우리 중심적인' 발언들이 민주적인 집단에서, '나 중심적인' 발언들이 권위적인 집단에서 더 많았다고 지적했다.

30분 만에 돌변한 아이들

아이들과 지도자, 아이들과 아이들 사이의 관계는 어땠을까. 구성원들 간에 서로 덜 순종적인 권위 집단 아이들이 지도자에게 복종하는 예가 민주 집단에서보다 2배 정도 많았다고 한다. 권위 집단 아이들은 동료 아이들에게 덜 객관적이고 덜 협력적이며 덜 복종적이었다. 그러나 리더에게는 민주 집단에 비해 더 복종적이었다.

레빈은 '긴장'의 문제도 짚었다. 권위적인 분위기에서 긴장이 더 크게 느껴진다고 보았다. 두 집단의 역학적 구조가 서로 다른 데서 이런 차이가 발생한다고 파악했다. 권위적인 지도자가 세운 높은 장벽이, 모든 구성원들이 리더십을 습득해 지위를 높일 수 있는 길을 막고 있는 데 반해, 민주적인 분위기에서는 사회적 지위의 차이가 적고 리더십 습득을 방해하는 장벽이 전혀 존재하지 않는다고 지적했다.

이 실험에서, 민주적인 집단의 모든 구성원들은 "우리를 강조하는" 감정을 강하게 품고 있었음에도 불구하고 어쩌면 바로 그런 감정 때문에 자신만의 영역을 갖고 있으면서 개성을 더 많이 보여 주었다. 반대로 독재적인 집단의 아이들은 지위가 낮고 개성을 많이 발휘하지 못했다.

_쿠르트 레빈(2016), 위의 책, 111쪽.

권위 집단 아이들의 모습은 권위적인 독재가 가져오는 결과를 분명히 보여 준다. 그들은 독재적인 지도자에 맞서 집단적인 저항 행동을 하지 않았다. 대신 동료 아이들 중 하나에 맞서 집단적인 행동을 하면서 그 아이를 가혹하게 다루었다. 전체 열두 번의 모임 중 두 아이에게 이런 일이 벌어졌다.

레빈은 담담하게 말했다. 권위적인 지배 아래서는 리더십의 습득을 통해 지위 상승을 꾀하려는 노력이 차단된다. 다른 사람을 지배하려 드는 행태가 팽배해진다. 모든 아이들이 다른 모든 아이들의 잠재적인 적이 된다. 아이들의 역장力場은 협력을 통해 서로를 강화하지 못하고 약화시킨다. 서로 힘을 합해 어느 한 개인을 공격함으로써, 그렇게 하지 않았다면 높은 지위를 성취하지 못했을 구성원들이 그 아이보다 높은 지위를 얻는다!

개개인의 성향 차이가 이와 같은 결과를 가져온 것은 아닐까. 이런 의문에 답하기 위해 연구자들은 집단 교차 실험을 실시했다. 아이들 중 하나를 권위적인 분위기에서 민주적인 분위기로 옮기고, 다른 아이를 민주 집단에서 권위 집단으로 옮겼다. 집단을 바꾸기 전 아이들의 차이는 그들이 속한 집단 사이에 나타나는 차이와 똑같았다. 예컨대 권위 집단의 아이는 민주 집단의 아이에 비해 보다 더 지배적이고, 덜 우호적이며, 덜 객관적이었다.

집단을 바꾸자 아이들이 금방 바뀌었다. 권위적이었던 아이가 덜 지배적이고, 더 다정하며, 더 객관적인 아이가 되었다. 민주적 집단에 있으면서 우호적이고 객관적이었던 아이가 권위 집단으로 이동하면서 지배적인 행동을 더 하고, 다른 아이들에게 적대적으로 변했다. 아이들은 행동을 통해 자신이 옮겨 간 집단의 분위기를 금방 반영했다.

연구 결과 독재적이고 권위적인 집단의 주요 반응 두 가지는 '공격성'과 '냉담'이었다. 레빈은 독재적 상황에 처한 첫날 아이들의 얼굴에 나타나는 표정 변화를 관찰하는 것이 매우 인상적인 경험이었다고 말했다. 다정하고 열려 있고 서로 협력적이던 집단이 불과 30분 만에 생기발랄하던 모습을 잃은 채 독창력 없고 무감각한 집단으로 바뀌어 버렸기 때문이다. 독재주의에서 민주주의로 바뀌는 변화가 민주주의에서 독재주의로 바뀌는 것보다 시간이 조금 더 많이 걸리는 것 같다는 언급도 눈길을 끈다. 레빈은 독재주의가 개인에게 강요되는 것인 반면 민주주의는 개인이 배워야 하는 것이라고 생각했다.

어떤 곳의 분위기가 생각과 기분을 좌우한다. 레빈은 아이가 속한 집단이 그 아이가 서 있는 바탕이라고 규정했다. 아이와 집단의 관계와 아이가 집단 안에서 차지하는 지위가 아이의 안전감이나 불안전감에 가장 중요하게 작용하는 요소들이라고 보았다. 학교와 교실을 감싸고 있는 보이지 않는 '분위기'를 '잠재적 교육과정'으로 부를 수 있겠다. '학교 문화'라고 해도 좋다. 그것들이 가져오는 색깔이 그대로 학교 구성원들에게 투영된다. 우리는 민주주의가 모두를 살리는 길임을 굳게 믿고 이를 착실히 실천하고 있을까.

안타깝게도 현실은 우리 바람과 다르다. 학교 민주주의가 언어로만 존재한다. 대다수 평범한 교사들은 교육 실천을 위한 행동을 과감하게 하지 못한다. 자율성을 배반하는 시스템과 제도가 행동을 제약한다. 구래의 불합리한 관행이 실천의 용기와 의지를 막는다.

학생들은, 유동하며 급변하는 사회가 두렵다. 그들은 고도 경쟁 사회의 성과주의에 포박되어 있다. 현실이 불안하고 미래가 불확실하다. 그들은 배움으로부터 도주하고 삶을 초월(?)한다. 그들이 그렇게 살아가기를 바라는 교사는 없다. 그들의 불안과 두려움을 무심하게 바라보는 교사는 찾아보기 힘들다. 그러나 대체로 교사들은 학생들의 불안과 두려움에 속수무책이다. 교사들 자신의 삶이 불안과 두려움의 연속이기 때문이다. 학교와 교사가 왜 이렇게 되었나.

두려움과 불안은 왜곡된 실천과 행동을 이끌어 낸다. 많은 청춘들이 "우리는 차별에 찬성합니다"라며 학력과 학벌 중심의 위계적인 사회 시스템에 자발적으로 복종한다. 폭력적인 남성주의와 내셔널리즘으로 무장한 '일베충' 유형의 청춘 세대들이 기존 질서와 그것을 유지하는 '꼰대'들의 윤리와 도덕을 조롱한다. 학교에서 배운 것일까.

학교와 교사가 왜 이렇게 되었나

오늘날 민주주의를 배반하는 학교제도와 교육은 긴 역사성을 갖는다. 학생과 교사 등 학교교육의 주체들이 위계적인 사회 시스템이나 기존 질서에 쉽게 복종하는 배경의 근인에 역사적인 맥락이 깊고 넓게 자리 잡고 있다. 이를 냉정하게 이해하는 데는 두 가지 전제가 필요하다. 첫째, 학교와 교육은 기본적으로 보수주의의 무기로 쓰였다. 둘째, 유사 이래 모든 권력이 교육을 적극적인 통치 수단의 하나로 활용했다.

학교와 교육의 보수성과 권력 통치 수단으로서의 교육을 보여 주는 역사적인 사례는 차고 넘친다. 1930~1940년대 독일 나치의 전체주의 교육 시스템[6]과 1950년대 이승만 독재 정권의 학생 동원과 통치자 숭배 교육[7], 16세기 초 이슬람 오스만 제국이 운영한 군사노예제도[8]를 통해 그 일단을 알아보자.

제2차 세계대전 당시 나치 교육 시스템은 학생들에게 군국주의와 반유대주의와 인종주의를 주입하는 데 심혈을 기울였다. 탄도학이나 군사 배

---

6. 미국 언론인 밀턴 마이어의 《그들은 자신들이 자유롭다고 생각했다》(갈라파고스, 2014)에 여러 사례들이 있다.
7. 이승만 정권 시기의 사례들은 청소년활동가 공현과 전누리가 함께 쓴 《우리는 현재다》(빨간소금, 2016)에서 인용했다.
8. 이에 관한 내용은 미국의 일본 이민 3세 출신 정치학자 프랜시스 후쿠야마가 쓴 《정치질서의 기원》(웅진지식하우스, 2012)에서 가져왔다.

치술에서 볼 수 있는 내용들을 수학 문제로 출제하고, 나치 기념관이나 기념물들을 문항 예시로 활용함으로써 학생들에게 군국주의 정서를 주입하려고 했다. "유대인 한 명이 500마르크를 12퍼센트 이자율로 빌려줄 경우"와 같이 돈을 밝히는 유대인 이미지를 통해 은근히 반유대인 정서를 조장했다. 유럽의 튜턴, 로마, 슬라브 민족의 인구 그래프를 작성하라면서 "1960년에 이들 민족의 상대적 크기는 얼마가 되겠는가? 거기서 튜턴 민족에게 어떤 위험이 감지되는가?"와 같은 질문으로 민족주의 감정을 부추겼다.

교수법에 관한 정부 지침서들은 교사와 학생들이 나치 교육위원회에서 제공한 나치 교과서를 절대적인 '경전'처럼 받아들여야 한다고 강변했다. 당시 나치 교수법은 학생들을 국가의 부속물로 만들기 위한 수단으로서의 교육을 보여 주는 생생한 사례였다. 학교는 학생들을 충성심 가득한 국민으로 만드는 '병영'이 되었다. 교사는 학생들을 일사불란하게 이끄는 '교관' 구실을 했다.

1950년대 이승만 정권은 학생들을 정부 행사의 부속품으로 써먹었다. 학교의 학사 일정이 정권의 정치 일정에 따라 결정될 때가 많았다. 1956년 제3대 대통령선거 당시 정부기관들은 이승만 대통령을 다시 당선시킬 목적으로 학생들을 강제 동원한 지지 시위를 대대적으로 열었다. 학생들은 자신들의 뜻과 무관하게 비가 오는 날에도 거리에 나가 이승만을 찬양해야 했다.

1960년 2월 28일 이승만 정권과 자유당은 학교와 학생들을 상대로 모종의 선거 정치 공작을 벌였다. 경쟁 상대인 장면 민주당 부통령 후보가 대구 지역에서 개최하는 선거 유세에 사람들이 많이 모일 것을 우려해 지역 교육위원회를 통해 대구 지역 학교들에 일요일 등교 지시를 내렸다.

반대로 자유당이 대구 유세를 한 그 전날(27일 토요일)에는 학교를 일찍 마치게 해 교사와 학생들의 유세 참여를 유도했다.

해마다 이승만 대통령의 생일인 3월 26일에 학교별로 작문대회를 실시해 학생들에게 대통령 찬양 글을 쓰게 했다. 1959년 어느 중학교 학생이 작문대회 원고지에 "대통령 머리는 된서리를 맞아서 하얗다"라는 문장을 적어 낸 적이 있었다. 일방적이고 강제적인 권력자 찬양에 대한 불만을 그렇게 표시한 것이다. 그 학생은 교감에게 뺨을 수차례 맞고 반성문 작성을 강요당하다 결국 정학 조치를 당했다.

16세기 초 이슬람 제국에는 데브쉬르메devshirme, 지원병로 불리던 기독교도 소년 징병제가 있었다. 제국의 지배지였던 발칸 반도 전체에 제국 관리로 구성된 조직들이 파견되었다. 기독교 사제에게 세례를 받은 12~20살 사이의 소년들을 선발하는 일이 임무였다. 그들은 각 지역과 마을을 돌면서 각기 할당된 숫자대로 심신이 건강한 소년들을 뽑아 제국의 수도인 이스탄불로 갔다. 최정예 소년들은 100명 내지 150명의 특별한 집단으로 편성되어 따로 관리되었다. 매해 3000명의 기독교도 소년들이 자신의 의지와 무관하게 제국의 데브쉬르메가 되었다.

우리 예상과 달리 기독교도 노예 소년들은 최상의 엘리트 교육을 받았다. 가장 뛰어난 10퍼센트는 궁전에서 지냈다. 이슬람 세계 최고의 훈련을 받으면서 제국의 고위 관료가 될 준비를 했다. 훈련 기간은 2년에서 8년 정도였다. 환관들의 지도 아래 코란, 아랍어, 페르시아어, 투르크어, 음악, 서예, 수학을 배웠다. 말타기, 활쏘기, 화기火器 다루기 등을 포함한 체력 단련, 그림 그리기, 책 제본하기 등의 기술교육도 있었다. 그들은 고위 장교로 가거나 대신, 지방 총독, 제국 재상의 지위에까지 오를 수 있었다.

현재는 과거의 결과다

학교와 교육의 목적은 무엇인가. 본질적으로 그것은 통치술과 밀접하게 관련된다. 유사 이래 모든 통치 권력은 집단 구성원들의 충성 경쟁을 적극적으로 활용했다. 학교와 교육 시스템을 충성 경쟁에 맹목적으로 몰두하는 구성원들을 길러 내는 구조로 구축하기 위해 승진 중심의 관료제와 평가 기제를 강화하는 데 심혈을 기울였다. 전형적인 '당근과 채찍론'이다. 민족주의나 국가주의를 앞세우고, 권력자 숭배를 강요하며, 국가 주도의 고위 엘리트 양성 교육을 체계적으로 실시했다. 보상과 처벌 시스템이 이를 뒷받침했다. 나치의 전체주의 교육 시스템, 이승만 정권하의 학교 통제, 오스만제국의 군인노예제도는 그 뚜렷한 사례들이었다.

현재는 과거의 결과다. 불연속의 역사는 없다. 학교와 교육의 역사 역시 마찬가지다. 국가 통치 권력이나 지배자가 주도하는 교육 시스템의 본질은 근대 이전과 이후를 불문하고 별다른 차이가 없다.[9] 학교는 국가의 필요에 따라 운영되었고, 교육은 통치와 사회 유지를 위한 현실적인 수단이 되었다.

삼국시대 신라의 화랑제도는 귀족의 아들만 모아 훈련시킨 일종의 사

---

9. 아래 근대 이전의 교육과 관련한 사례들은 전성은 전 거창고등학교 교장이 쓴《왜 학교는 불행한가》(메디치, 2011)를 참조해 정리했다.

관교육 제도였다. 철저한 고위 관료 양성 교육이 기본 기조였다. 이집트, 중국, 인도에도 이와 비슷한 교육제도가 이미 고대국가 시대에 있었다. 기원전 4천 년 전 고대 이집트에서 왕은 사제, 고위 관료, 장교 등 국가 운영에 필요한 사람들을 양성하기 위한 교육을 독점했다. 왕이 설립해 왕이 운영하는 교육기관이 역사에 처음으로 나타났다.

학교교육의 기원을 국립학교에서 찾는 시각이 있다.[10] 학교의 국립학교 기원론은 동서양을 막론하고 시대나 왕조에 따라 약간 다르게 적용된다. 그러나 공통적으로 통치에 필요한 고급 관료 양성과 장교 교육을 모두 국비로 국가가 독점했다. 조선시대의 성균관과 같은 기관이 그 예다. 하급 관리들은 사설 기관에서 길러졌다. 이들 교육기관은 국가 지원이나 개입 없이 피교육자가 지불하는 비용으로 유지되었다. 조선시대 서당이 좋은 예가 될 것이다.

현대적인 의미의 공교육제도는 19세기 이래 근대국가의 발달과 함께 성장했다.[11] 근대 이전 교육의 중심 기구는 종교였다. 오늘날 우리가 교육이라고 부를 만한 것들을 당시에는 종교가 지배했다. 국가가 주도하는 보편적인 공교육은 없었다. 귀족층과 부유층이 가정교사를 채용해 자녀를 가르치는 사교육이 교육의 주류였다. 대다수 가난한 농민과 노동계급은 자녀를 가르칠 경제적·시간적 여유가 없었다.

1789년 프랑스혁명으로 절대군주제가 무너졌다. 18세기를 전후로 정치권력의 추가 교회에서 세속 정부로 기울어지면서 교육 지배권의 주인이 바뀌기 시작했다. 근대국가가 교육을 통제했다. 국가주의나 민족주의가

---

10. 전성은(2011), 《왜 학교는 불행한가》, 메디치, 36쪽.
11. 공교육의 역사적 변천은 《공교육》(원미사, 2004)에 실린 이윤미 홍익대학교 교수의 〈공교육의 역사성〉을 주로 참고했다.

확산되고 사회 전체적으로 산업화가 진행되면서 오늘날과 같은 공교육 시스템이 도입되기 시작했다.

현대 공교육 시스템이 가장 먼저 형성된 곳은 프러시아(독일)였다. 19세기 초 프랑스 나폴레옹에게 점령당한 이후 국가적 위기에 대한 대응 방식의 하나로 의무국민교육 체제를 정립해 실시했다. '의무국민교육'이라고 해서 민주적인 평등 이념을 기반으로 했다고 이해해서는 곤란하다. 그것은 애국심을 기반으로 복종을 이끌어 내는 반민주주의적인 국가주의 교육이었다.

당연히 19세기 독일의 국민교육 이념에서 대중 교육과 엘리트 교육은 철저히 분리되었다. 1870년대까지 중등 이상의 교육은 전체의 2.4퍼센트만 받았다. 표면적으로 중등 교육 이상 수준에서 교육 기회가 확대되는 것처럼 보였던 것도 실제로는 매우 제한적이었다. 귀족계급이 독점하던 교육 기회가 중간계급에게 확대된다는 의미였지 모든 계급에게 무제한적으로 개방된다는 것이 아니었다.

국가에 복무한 우리 교육의 역사

우리나라 학교와 교육의 역사는 어떠했을까.[12] 교육사에서는 개화기 신교육 체제에 대비되는 교육을 '구교육'이라고 부른다. 구교육 시스템은 삼국시대 이래 고려와 조선을 거쳐 구한말에 이르기까지 별다른 변동 없이 주요 골격을 거의 그대로 유지했다. 소중화小中華 사상을 바탕으로 형식과 내용 공히 중국적인 것을 기반으로 했다. 국가는 소수 엘리트 양성에만 관심을 기울였다.

구교육 시스템은 근대 이후 교육 시스템의 특징이라고 할 수 있는 국민교육이나 의무교육 중심의 공교육 시스템을 제대로 갖추고 있지 않았다. 성균관, 사학·향교·서원, 서당 들이 오늘날 대학, 중등학교, 초등학교 시스템에 대응한다고 볼 수 있으나 이들이 일정한 계통으로 연계되어 있었던 것은 아니다.

당시 실질적인 공교육 기관은 성균관과 사학四學, 향교 등이었다. 성균관과 사학은 국가가 직접 설립·운영하는 국립교육기관이었고, 향교는 지방관청이 책임을 맡은 공립교육기관이었다. 서당은 사교육 성격이 강한 일종의 초등교육기관이었다. 신교육 체제가 들어서기까지 촌락마다 설치되

---

12. 우리나라 학교제도와 교육의 역사는 오천석이 쓴 《한국신교육사》(교육과학사, 2014)와 서울대학교 교육연구소가 편찬한 《한국교육사》(교육과학사, 2010)를 주로 참고했다.

어 국민교육을 담당하는 학교처럼 존속했으나 순수하게 민간이 자율적으로 운영한 탓에 체계적인 교육기관의 면모를 갖추기 힘들었다. 서당에 관한 한 일종의 방임정책이 적용되었다고 할 수 있다.

우리는 공식적인 구교육 체제의 핵심 특징을 중국 중심의 교육으로 정리할 수 있다. 학동學童이 서당에서 처음 접하는 교과서였던 《천자문千字文》은 중국의 역사와 지리와 인물에 관한 내용으로 채워졌다. 《천자문》과 더불어 서당에서 쓰인 주요 교재였던 《동몽선습童蒙先習》의 일화들 역시 안자晏子나 제갈량諸葛亮 같은 중국 고대의 인물들이 주인공이었다. 역사, 문학 등 거의 모든 교과 분야가 중국의 것에 기반을 두고 있었다.

삼국시대 이래 천수백 년을 유지해 온 구교육 체제의 이와 같은 본질은 신교육 시스템이 도입되고 일제 식민교육이 들어선 이후에도 크게 달라지지 않았다. 교육 체제 수립의 기준이나 기반이 중국에서 서구 열강이나 일본으로 바뀐 점을 제외하고 우리 고유의 교육 시스템을 정립하지 못했다. 개항 이후 학제, 교과 편제, 교육 재정, 학교 시설 등에 새로운 면모를 갖춘 학교교육 시스템이 도입되었으나 그것들은 형식과 내용 모든 면에서 서구와 일본의 영향 아래 있었다.

특히 일본은 1910년 한일병탄으로 우리나라가 국권을 상실하기 전부터 시작해 일제 식민치하 36년을 지나 해방 이후에 이르기까지 우리나라 교육 시스템에 절대적인 영향력을 미쳤다. 일본은 동화주의 정책으로 우리 고유의 의식과 문화를 없애는 데 주력했다. 일본의 조선 식민지 교육 시스템은 황국신민화皇國臣民化, 내선일체內鮮一體, 내지연장주의內地延長主義 등의 구호에서 알 수 있는 것처럼 조선과 일본의 동화정책 실현을 위한 적극적인 수단으로 활용되었다.

조선인 학생들에 대한 차별정책, 학교교육 시스템의 일본화, 교내외 행사의 일본색 강화가 꾸준히 이루어졌다. 초등교육에서 1개 면에 1개 국민학교를 세우는 일면 일교一面一校 정책이 시행되는 등 양적 팽창이 있었으나 중등교육과 고등교육에서는 조선인 학생에 대한 차별정책이 계속 이어졌다.

일제의 조선 식민지 교육정책 기조는 크게 두 가지였다. 첫째는 제국신민帝國臣民의 양성이었다. 이를, "충량忠良한 국민"(1938년 〈소학교규정〉 제1조), "충량유위忠良有爲한 황국신민"(1943년 〈중등교육령〉), "충량지순忠良至醇한 황국여성"(1920년 〈고등여학교령〉) 따위로 강조하였다. 둘째는 조선인에 대한 차별적 교육이었다. 이것은 "시세時勢와 민도民度에 맞는 교육"으로 표현되었다. 조선(인)의 상황이 고상한 학문을 받을 만한 수준이 아니므로 단순한 일을 하는 사람을 만드는 일에 주목해야 한다는 것이었다.

일제는 1931년 만주사변을 일으킨 뒤 대동아건설을 기치로 내건 후부터 교육을 침략전쟁을 위한 노골적인 수단으로 써먹었다. 1937년 조선총독부가 〈황국신민 서사皇國臣民 誓詞〉를 만들어 학생은 물론 일반인들에게 외우게 함으로써 국가주의와 애국주의를 강요한 것이 대표적인 예다.

어린이용

   1. 우리들은 대일본제국의 신민입니다.

   2. 우리들은 마음을 합하여 천황폐하에게 충의를 다합니다.

   3. 우리들은 인고단련하여 훌륭하고 강한 국민이 되겠습니다.

성인용

   1. 우리는 황국신민이다. 충성으로써 군국에 보답하련다.

   2. 우리 황국신민은 서로 신애협력信愛協力하여 단결을 굳게 하련다.

3. 우리 황국신민은 인고단련_{忍苦鍛鍊} 힘을 길러 황도를 선양하련다.

교육의 형식과 내용상의 외세 우위 현상은 일제가 패망하고 해방이 된 후에도 크게 달라지지 않았다. 해방 후 우리 교육의 얼개는 미군 군정 당국이 총괄했다. 1945년 9월 10일 미군 사령관 존 하지의 임명으로 군정 장관이 된 아놀드가 행정기구의 교육 부문 담당자로 미군 장교 락카드를 임명했다. 그는 입대 전 미국 시카고의 한 시립초급대학에서 영어 교수 생활을 한 경험이 전부였던 포병 대위였다.

한국에 대한 지식이 전무했던 락카드는 일제 시기 보성전문학교 교수로 있었던 오천석을 초청해 한국 교육 지도자들을 만나 '한국교육위원회 The Korean Committee on Education'를 조직했다. 오천석 교수는 미국 코넬 대학교(학사), 노스웨스턴 대학교(석사), 컬럼비아 대학교(철학박사)에서 수학한 '미국통'이었다.

한국교육위원회의 인사들 대다수가 한국민주당(한민당) 계열에 속했다는 점, 오천석이 친미 성향의 미국 유학파였다는 점에 특별히 주목할 필요가 있다. 일반적으로 당시 한민당 계열에 속했던 인사들은 일제 치하에서 기득권을 누린 친일 경력자들로 알려져 있다. 이들이 우리 민족의 교육을 위한 문제의식을 갖기보다 미 군정 당국과 결탁하여 자신들의 세력을 유지·확산시키려는 데 급급한 기회주의자적인 부류였다는 일각의 비판이 나오는 배경이다.

1948년 남한 단독정부 수립 이후 반공주의가 폭주하고 미국식 교육 시스템이 우리나라에 무비판적으로 이식된 배경도 이런 관점에서 이해할 수 있다. 오천석이 중심이 되어, 당시 미국 교육의 대명사 격인 존 듀이의 교육사상을 직수입하고 이를 답습하기 위해 조직한 '신교육연구협회'(1946년 9월), 그 뒤 이러한 미국식 교육이론을 구체적으로 교실 현장에 적용하기 위해 설립한 '새교수법연구회'(1946년 10월) 등이 그 구체적인 증거들이다.

오천석이 주도한 한국교육위원회는 공식적으로 자문기관이었다. 그러나 실질적으로 미 군정 치하 교육 시스템상의 모든 중요한 문제를 심의·결정하는 기구로 운영되었다. 각 도의 교육 책임자와 기관장과 같은 주요 인사 문제를 한국교육위원회가 주관했다. 미 군정의 지휘 아래 미국 유학파 출신 학자가 주도한 교육 시스템이 미국식 기조를 띠는 것은 필연적인 귀결이었다.

개항 이후 우리나라 학교와 교육의 전개 과정을 범박하게 정리하면 교육의 수단화와 도구화의 역사로 정리할 수 있다. 학교는 국가와 권력 유지를 위해 충성스럽고 성실한 국민을 만들어 내는 공간이 되어야 했다. 배타적인 정치 이념과 사상이 노골적으로, 또는 은연중에 교육철학과 시스템(법과 제도)의 바탕에 깔려 있었다. 일제 강점기의 황국신민화 교육과 조선인 차별주의 정책, 해방 이후 1980년대까지 득세했던 반공주의와 국가주의 교육 기조 등이 구체적인 역사적 사실들이다.

교육이 국가와 권력에 종속되는 이러한 현상은 고대 이래 근대식 학교 교육 시스템이 정립되기까지 일관되게 유지된 하나의 '본질'이었다. 근대 교육 시스템의 시원 격에 해당하는 프러시아에서 92퍼센트의 학생들을 교육했던 국민학교Volksschule는 그 목표가 지성 발달이나 사고력 함양이 아니라 복종과 순종의 사회화였다. 학생들 대부분이 국가와 사회의 최하위 부속품 구실을 해야 했기에 스스로 생각할 줄 아는 똑똑한 사람이 될 필요가 없었다. 1819년 프러시아에서 시작된 현대식 의무교육에서 길러내야 하는 인간상을, 독일 철학자 피히테는 다음과 같이 제안했다.

(1) 명령에 복종하는 군인

(2) 고분고분한 광산 노동자

(3) 정부 지침에 순종하는 공무원

(4) 기업이 요구하는 대로 일하는 사무원

(5) 중요한 문제에 대해 비슷하게 생각하는 사람들

19세기 중반 무렵 프러시아의 의무학교교육 시스템이 미국으로 전해졌다. 이와 비슷한 시기 메이지유신으로 서구화에 매진하던 일본이 근대적인 초·중등교육을 시작했다. 따라서 오늘날 우리 교육의 출발점에는 일본과 미국을 거쳐 들어온 독일식 의무학교교육 시스템의 '정신', 곧 권력에 복종하고 기존 질서에 순종하며 국가와 사회를 우선시하는 철학이 숨어 있었다고 할 수 있다.

1960~1970년대 박정희 독재 정권은 학교 현장에 '국기에 대한 맹세'와 '국민교육헌장'을 만들어 퍼뜨렸다. 일제 강점기에 들어온 일본의 군국주의 교육 이념의 잔재가 하나의 습속이 되어 학교 문화의 한 바탕으로 살아남았다. 그 결과 국가우선주의와 반공주의, 교육입국주의와 인재양성론이 교육 담론의 저변에 여전히 살아 있다. 우리나라의 비틀린 교육 역사에서 비롯된 폐해들이다.

〈교육기본법〉 제2조는 "교육은 홍익인간弘益人間의 이념 아래 모든 국민으로 하여금 인격을 도야陶冶하고 자주적 생활 능력과 민주시민으로서 필요한 자질을 갖추게 함으로써 인간다운 삶을 영위하게 하고 민주국가의 발전과 인류공영人類共榮의 이상을 실현하는 데에 이바지하게 함을 목적으로 한다"라고 되어 있다. 우리의 '교육 이념'이다. 오늘날 우리나라 학교들은 이러한 교육 이념에 얼마나 충실한가.

만약 민주사회의 학교들이 민주주의를 확장하고 지지하는 방향으로 역할을 하지 않고 그를 위해서 존재하지도 않는다면 그 학교들은 사회적으로 쓸모가 없는 것이거나 사회적으로 위험한 것이다. 이러한 학교들은 기껏해야 민주적 삶의 방식, 구체적으로는 시민으로서의 의무에 무관심한 채 자신들의 길을 가고, 자신들이 먹고사는 문제에만 관심이 있는 사람들을 길러 내게 될 것이다. 이러한 학교들은 분명히 민주주의에 적이 될 사람들, 즉 쉽게 선동꾼의 먹이가 될 사람들, 그리고 민주적 삶의 방식에 적대적인 지도자를 옹위하는 사람들을 교육하게 될 것이다. 이러한 학교는 쓸모가 없을 뿐만 아니라 해악을 끼친다. 이들은 존재할 가치가 없다.[13]

_마이클 애플(2015), 《마이클 애플의 민주학교》, 살림터, 56쪽에서 재인용함.

---

13. 미국 컬럼비아 대학교 제임스 머셀 사범대학 교수가 한 말이다.

| 2부 |

학교 민주주의의 불한당들

1장
불한당들의 무기

1. 방패:
언어와 담론

언어는 권력이다. 존재의 집이자 사고의 창고다. 우리는 언어에 담긴 의미와 의도의 흔적을 따라 사람을 평가하고 세상을 읽는다. 누가 어떤 언어를 쓰는가. 조직이나 공동체 구성원들 간 네트워크가 언어를 기반으로 만들어진다. 소통의 색깔과 관계의 무늬가 언어를 통해 좌우된다.

'학교 언어'를 말하고 싶다. 그 언어들의 주인으로 살고 있는가. 우리 자신의 언어로 학교와 교육을 이야기하는가. 언어의 '주인론'이 있다고 가정하자. 하나의 언어가 제 주인을 찾을 때, 우리가 하는 '아름다운 말'이 의미 있는 기호가 된다.

우리는 '겸손'을 미덕의 언어로 칭송한다. 전제가 필요하다. 힘이 없는 '노예'가 아니라 권력을 쥔 '주인'이 진짜 주인이어야 한다. 그러므로 '겸손한 노예'는 모순형용이다. '용서'라는 말이 있다. 지은 죄나 잘못한 일에 대하여 꾸짖거나 벌하지 아니하고 덮어 준다는 뜻이 있다. 권력자가 그 주인이다. 위기에 몰린 권력자가 핍박받고 힘이 없는 피해자들에게 용서를 바랄 때가 있다. 어불성설이다. 참회를 통한 그들의 용서 구하기는 위선이다. 언필칭 그것은 '피해자 코스프레'다.

담론은 언어와 불가분의 관계에 있다. 언어가 담론을 형성하고, 담론이 언어로 유통된다. 정치의 밑재료가 언어와 담론이다. 정치의 중요성과 의의를 잘 아는 이들은 언어를 통해 담론을 만들고 퍼뜨리는 일의 중요성을 날카롭게 꿰뚫는다.

학교 민주주의의 불한당들은 빼어난 언어 구사력으로 교육정책과 교육제도의 담론을 주도한다. 이를 통해 다른 이들과 나누는 대화에서 우위를 차지한다. 그들도 교육 '개혁'을 말한다. 학교 '혁신'과 '소통'과 '협력'을 강조한다. 의미가 다르다. '개혁'은 위에서 아래로 향한다. 발본이 아니라 대증요법식 '혁신'이다. 상호작용의 구도 안에서 이루어져야 할 '협력'이 일방적인 협조 강요하기일 때가 많다.

의미가 왜곡되고 부적절한 담화 맥락에서 쓰인다. '과잉 의미화', '과잉 맥락화'다. 어떻게 보면 그 모든 의미와 담화적 쓰임새를 갖고 있다고 할 수 있다. 그러나 많은 것과 모든 것을 뜻하면서 어느 곳에서나 쓰일 수 있는 말은 무의미하다. 아무것도 가리키지 않거나, 쓰임 자체가 무용하다.

정치라는 말은 학교에서 일종의 금기어다. 학교에서 정치라는 말이 사라지면 정치의 자장권에 놓일 수밖에 없는 학교교육과 학교행정이 정치적 진공의 시스템이 되는 착시가 일어난다. 학교는 경쟁과 능력주의와 성과주의가 지배하는 공간이다. 학생과 청소년은 미성숙한 존재라는 담론이 자연스럽게 유통되면서 이들에 대한 부당한 차별과 왜곡된 시선이 당연한 것처럼 받아들여진다. 맹목적인 공동체주의가 개인을 거세하고, 관료주의 문화가 학교 구성원들의 행동과 의식을 통제한다. 합리성으로 포장된 선택권 담론이 학교를 시장으로 만든다.

학교 민주주의를 실천하는 데 언어와 담론의 영향은 상상 이상으로 크다. 우리는 정치중립주의 뒤에 숨어 있는 고도의 정치주의를 쉽게 읽어 내지 못한다. 경쟁주의 신화는 협력조차 경쟁의 수단으로 변질시켜 버린다. 공정, 신뢰, 자율, 공유같이 흔히 민주주의의 가치를 담은 것으로 알려진 언어들이 능력주의, 성과주의, 관료주의를 뒷받침하는 언어로 탈바꿈한다. 중립적인 언어는 없다. 학교 민주주의를 위한 언어와 담론 문제를 짚어 본 이 절에서 가장 강조하고 싶은 명제다.

학교는 비정치적 공간이다:
정치적 중립성

1

학교가 비정치적 공간이라고 믿는 사람들이 있다. 교육의 정치적 중립성을 명목으로 학교에서 행해지는 교육 활동이 정치와 무관하다고 믿는 사람들이 있다. 그들을 '정치적 중립주의자들'이라고 하자. 그들은 이렇게 말할 것 같다. 국어 교과서에 실린 김소월의 〈진달래꽃〉에서 가치 편향성이나 특정한 정치성을 읽어 낼 수 있나. 사회 수업 시간에 배우는 '수요와 공급의 경제 원리'에서 정치 이념을 찾아내기는 어렵지 않은가. 수학 지필평가 문제지에 있는 오지 선다형 '미적분' 문항은 정치적으로 무색무취에 가깝지 않을까.

"모든 교육은 정치적이다"라는 명제에 대해 정치적 중립주의자들이 제기할 법한 이런 발언들에 대해 '정치적인' 답변을 내놓기가 쉽지 않아 보인다. 〈진달래꽃〉이나 수요 공급의 원리나 미적분 문항 자체에는 일반적인 의미의 정치적인 요소가 있는 것 같지 않다. 이것만은 분명하다. 정치적 중립주의자들은 대체로 정치를 기피하거나 혐오한다.

나는 이들 정치적 중립주의자들에게 다음과 같은 점들을 생각해 보기를 권한다. 한 권의 국어 교과서 안에 김소월의 시를 넣기 위해 교과서 집필자들은 다른 시인의 작품을 배제한다. 5쪽에 걸쳐 수요와 공급의 원리를 배우는 학생들은 교과서 뒤쪽 구석 책날개에 단 몇 개의 문장으로 서술된 노동자의 권리를 무심코 지나칠 수 있다. 수학 교과서의 박제화한 지식을 바탕으로 구성된 오지 선다형 미적분 문항을 푸는 학생과, 통합 수업에서 만난 사회 현실의 문제를 미적분 문항과 연결한 논술형 문항을 푸는 학생의 시간 체험이 같을 수 없다.

학교라는 제도가 생긴 이래 그것이 비정치적이거나 중립적이었던 적은 없었다. 과거에 그랬고 지금 그러하며 앞으로 그럴 것이다. 우리나라 국가 교육과정의 최종 목표는 민주주의 시민 양성이다. 이를 기억하는 대한민국 교사가 유념해야 하는 것은 학교와 교육의 '정치성'이지 '비정치성'이 아니다. 그에게 필요한 것은 기계적인 '중립성'이 아니라 민주주의 시민의식에 '치우친' 자세다.

어떤 지식을 가르치는가가 중요한 것이 아니다. 교실에서 오가는 지식이 무엇을, 누구를 위한 것인지 명확히 인지하는 것이 중요하다. 이렇게 자문해 보는 것이 좋을 것 같다. "그 지식과 생각이 누구에게 도움이 되는가?" 모든 지식의 유통은 정치적 이해득실의 망 속에 있다.

학교는 지배계층과 특권층과 주류 문화의 우월성과 정상성을 끊임없이 강조한다. 몇몇 이데올로기들이 동원된다. 한 개인의 성취가 노력과 능력과 장점의 결과라는 메리토크라시meritocracy[14]가 있다. 노력하기만 하면 하층 노동자의 아들도 서울대에 갈 수 있다! 누구나 동등한 기회를 갖는다는 신화가 있다. 사람들은 누구나 평등하다. 부잣집 아이가 특혜를 누

---

14. 일반적으로 '능력주의', '실력주의'로 번역된다. 그 개념과 특성 등에 대한 좀 더 자세한 설명은 2부 1장 '1. 방패: 언어와 담론'의 '능력이 공평한 잣대다: 메리토크라시' 부분을 참조하기 바란다.

린다는 생각은 편견으로 치부된다. 이들은 왜곡된 개인주의에 집착한다. 개인들 사이의 사회경제적 격차는 능력과 노력의 결과이므로 차별이나 억압의 결과가 아니라 차이로 간주한다.

2

학교는 '정치적'인 공간이다. 교육은 '정치' 자체다. 정치가 거세된 학교는 세상 어디에도 존재할 수 없는 허구의 공간이다. 정치 중립성으로 포장된 교육은 위선적이다. 정치 중립성 담론은 '정치중립주의자'로 가장한 정치'꾼'들이 동원하는 정치적 방략의 하나다. 교육과 교사의 정치적 중립성과 관련된 법률 조항들을 통해 이들 문제를 살펴보자.

"교육의 자주성·전문성·정치적 중립성 및 대학의 자율성은 법률이 정하는 바에 의하여 보장된다." 헌법 제31조 제4항이다. 교원의 정치 중립 '의무'과 관련한 헌법적 근거처럼 제시되는 조항이다. 실은 '의무'가 아니라 '권리'를 규정한 것이다. 조문의 서술어 '보장된다'가 근거다. 의무 관련 조항이었다면 '보장된다' 대신 '의무를 진다', '의무를 갖는다'를 썼을 것이다.

이 조항의 탄생에는 역사적 배경이 있다. 이승만 자유당 정권은 일요일에도 학생들을 등교시켰다. 경쟁자인 장면 민주당 부통령 후보 유세에 학생들이 참가하는 것을 막기 위한 조치에서였다. 당시 교사나 공무원은 자의 반 타의 반 정권의 앞잡이 노릇을 해야 했다.

1960년 4·19 혁명으로 민주당 정권이 들어섰다. 헌법 제27조 제2항이 신설되었다. "공무원의 정치적 중립성과 신분은 법률의 정하는 바에 의하여 보장된다." 나는 이를 교사나 공무원이 정권의 시녀로 농락당하는 폐습을 헌법 차원에서 막고자 한 시도로 이해한다.

교사와 공무원의 정치적 중립은 그들이 정치적 외압으로부터 자유로울 권리를 뜻했다. 헌법의 정치 중립 조항은 교사와 공무원들이 정권의 나팔수가 되거나 권력의 시녀가 되는 일을 '헌법적' 차원에서 막기 위한 조치의 결과물이었다. 이를 통해 민주주의를 수호하고 발전시키자는 취지가 담겨 있었다.

4·19 헌법의 제27조 제2항을 이어받은 헌법 제7조 제2항[15]이 뒤틀렸다. 하위의 〈국가공무원법〉이나 〈선거법〉에서 '금지 조항'으로 둔갑해 버렸다. 애초 공무원의 정치 활동과 관련한 조항은 "공무원은 정치운동에 참여하지 못하며 공무 이외의 일을 위한 집단적 행동을 하여서는 아니 된다"(1949. 8. 12.), "공무원은 정치운동에 참여하지 못하며 노동운동 기타 공무 이외의 일을 위한 집단적 행동을 하여서는 아니 된다"(1961. 9. 18.) 등으로 선언적 수준, 또는 공무원의 품위나 직무상의 책임 수준에 한정되어 있었다.

박정희 정권이 들어선 뒤 이루어진 1963년 개정 이후 성격이 완전히 바뀌었다. 공무원의 모든 정치 활동을 불법화했다. 형사벌적 책임을 부과하는 강행규정이 되었다. 공무원의 정치적 기본권 자체를 법률 형식을 통해 박탈해 버린 것이다.

〈국가공무원법〉의 강행규정은 어떤 문제가 있을까. 그것은 교사들이 자신들의 지위나 권한을 이용해 특정 정당의 정치적 목적을 달성하려는 것을 막자는 취지에서 만들어졌다. 직무상의 의무이지 신분상의 의무가

---

15. "공무원의 신분과 정치적 중립성은 법률이 정하는 바에 의하여 보장된다."

아니다. 그런데 정부와 사법부는 이를 신분상 의무로 해석해 일체의 정치 활동 자체를 금지시키고 있다.

교사들에게는 종교 중립성이 요구된다. 〈헌법〉 제20조 제2항[16], 〈교육기본법〉 제6조 제2항[17], 〈국가공무원법〉 제59조의 2의 제1항[18]에 따른다. 하지만 교사들이 사적 영역에서 개인적으로 종교 활동을 하는 것은 금지하지 않는다. 교사 개인의 종교 활동이 직무인 교육과 연결되지 않는다는 것을 전제로 넓게 허용되는 것이다. 교사 개인의 정치 활동의 자유 역시 그렇게 되어야 하지 않을까.

교육의 정치적 중립성에 대한 사법적 판단 잣대는 2004년 3월 25일 자로 나온 헌법재판소(헌재)의 판결(2001헌마710, 2004. 3. 25.)에 담겨 있다. 정치 중립성이나 정치 활동에 관련된 주요 논지를 요약 정리하면 다음과 같다.

(가) 교육은 본질상 이상적이고 비권력적인 것임에 반해 정치는 현실적이고 권력적인 것이다. 따라서 양자가 일정한 거리를 유지하는 것이 바람직하다.

(나) 교사들은, 미성숙하고 감수성과 모방성과 수용성이 왕성한 초·중·고교생에게 중대한 영향을 주므로 교육자로서 특별한 처신이 요구되는 바 정치적 중립성을 지켜야 한다.

(다) 교사들의 정치 활동이 교육 수혜자인 학생의 입장에서 볼 때 교육권(수업권, 학습권) 침해로 받여들여질 수 있다.

---

16. "국교는 인정되지 아니하며, 종교와 정치는 분리된다."
17. "국가와 지방자치단체가 설립한 학교에서는 특정한 종교를 위한 종교교육을 하여서는 아니 된다."
18. "공무원은 종교에 따른 차별 없이 직무를 수행하여야 한다."

(라) 초·중등학교 교원은 학생을 교육하고 대학 교원은 학문을 연구한다는 직무상의 차이가 법률에 규정되어 있다. 따라서 전자에게 정당 가입과 선거운동의 자유를 금지하면서 후자에게 허용하는 것은 합리적인 차별이다.

(가)는 교사의 정치적 자유가 제한될 수밖에 없다는 주장의 핵심 전제다. 교육의 '본질'을 "이상적이고 비권력적인 것"으로 보는 관점도 문제지만, 교육을 '본질'에 따라서만 행해져야 하는 것처럼 정의하는 태도가 더 큰 문제다. 모든 교육은 당대의 이상과 현실, 본질과 현상 사이의 길항 관계에 따라 설계되고 실행되기 때문이다.

'본질'에 충실한 교육이 현실 정치와 일정한 거리를 유지해야 한다는 주장도 실상에 부합하지 않는다. 박근혜 정부에서 일어난 국정교과서 사태는 정치와 권력이 어떻게 교육에 관여하는지를 극명하게 보여주는 사례다. 교육 부문 자체가 정치적 자장권에서 벗어날 수 없다. 교육감 선거를 포함해 교육 현장 자체가 정당정치와 밀접하게 관련되는 경우가 많다. 인문학이나 사회학 분야의 교육은 과목 성격상 내용을 둘러싼 다양한 해석과 관점이 개입할 수밖에 없으므로 정치적 관점의 자장권 아래 놓일 수밖에 없다. 따라서 교육과 정치를 분리하면서 교육이 현실 정치와 무관하다고 보는 (가)의 논리는 성립하기 힘들다.

성숙한 대학생과 달리 초·중·고교생은 미숙하고 자아의 주체성이 미약하다는 통념적인 관점과 관련되는 논리가 (나)다. 일반적으로 10대 청소년들이 교사보다 또래 집단의 강력한 영향 아래 있다는 점, 과거에 비해 훨씬 개방적으로 변한 학교교육 현실을 고려할 때 교사의 정치적 관점과 행위가 언제든지 검증되고 비판받을 수 있다는 점 등을 고려할 때 쉽게 수긍하기 힘들다.

문제가 되는 경우는 교사가 수업 중에 자신의 정치적 관점을 일방적으로 학생들에게 전달하거나 강요할 때다. 그러나 많은 10대가 우리가 상상하는 것 이상으로 정치적 상황과 사회 현실을 각자의 시선으로 바라보고 있다. 유권자라는 현실 정치의 주체이면서도 정치에 별다른 관심이 없고, 투표는커녕 정치 자체에 혐오감을 갖고 있는 정치 냉소주의자 어른들보다 나아 보인다.

교사의 정치적 자유와 정치 활동이 학생과 학부모의 교육권을 침해할 수 있다는 (다)의 주장을 보자. 교사의 정치 활동으로 인한 수업권이나 학습권 침해 여부는 경험적인 문제다. 교사가 수업 중에 자신의 정치적 신념을 학생들에게 강요하고 주입하는 것은 현실적으로 거의 불가능하다. (다) 식의 논리는 그런 현실을 무시한 채 교사들의 정치 행위 자체가 학생과 학부모의 교육권을 무조건적으로 침해한다고 본다는 점에서 지나치다. 실제 교육권이 침해되는 경우가 발생하더라도 복무규정과 학생·학부모의 항의 등을 통해 규제할 수 있다.

교사와 교수의 직무상 차이(단순 교육 기능 대 교육과 연구 기능 병행)에 관한 (라) 역시 뜯어볼 점들이 많다. 교수들이 다루는 연구 주제나 방법은 그 선택 과정이 정치적이라는 점에서 연구 자체가 정치적 성격을 갖는다. '순수한' 학문 연구가 존재하기 힘들다는 말이다. 교사들이 초·중·고교에서 실시하는 교육 또한 민주시민의 양성이라는 목표와 관련되므로 정치적 성격을 가질 수밖에 없다.

한상희 건국대법학전문대학원 교수는 그 위헌적 특성에도 불구하고 직업관료(공무원)와 전문직(교원)에 대해 일체의 정치 활동을 하지 못하게 하는 것은 이들을 대통령-총리-장관으로 이어지는 일련의 계층제 조직에 의한 관료적·행정적 통제 구조 속으로 밀어 넣음으로써 통치 권력을 절대화하는 유효한 장치로 기능하게 된다고 보았다.

　　　공무원의 정치 활동 금지 조치는 권위주의 체제의 성립과 유지에 큰 역할을 한다. 한 사회에서 가장 강력한 여론집단이 되는 공무원과 교원들의 입과 귀를 막아 버림으로써 사회의 다양한 의견이나 이해관계들이 유효하게 정치화되는 길을 협애화할 뿐 아니라, 그러한 의견·이해관계들이 행정과정을 통해 국가 영역으로 포섭되는 것 자체를 차단하기 때문이다. 권위주의 체제에서 항용 나타나기 마련인 소위 탈정치화 및 정치 배제의 경향들이나 관료주의의 모습들(특히 관료주의적 권위주의 체제)은 바로 이 부분에서 가장 극단적으로 드러난다.

_한상희(2011), 〈교사, 공무원의 정치적 기본권에 대한 헌법적 검토〉,
2011년 8월 8일 참여연대 국회 공청회 자료, 35쪽.

영국 경제 전문지 〈이코노미스트Economist〉 산하 싱크탱크인 '이아이유 EIU: Economist Intelligence Unit'가 2006년부터 '민주화 지수Democracy Index'를 발표해 오고 있다.[19] 2008년 발간된 두 번째 판의 결론이 "수십 년 동안 이어져 온 민주화 추세가 막을 내리고 민주주의 확산이 중단되었다"였다. 2010년 요약본의 제목은 "후퇴하는 민주주의"였다. 여기에 "2008년 이래 전 세계에서 민주주의가 위축되었다"라는 내용이 덧붙여졌다.

이아이유가 세계 167개국의 민주주의 실현 정도를 조사하는 데 내세운 기준은 다섯 가지였다. 선거 절차와 다원성, 시민의 자유, 정부의 기능, 정치적 참여, 정치 문화. 이들 기준에 따라 60개 항목을 평가하여 '완전한

---

19. 이아이유의 민주화 지수에 관한 내용은 《처음 만나는 민주주의의 역사》(시공사, 2012) 486~487쪽과, 《우리는 민주공화국에 산다》(노닐다, 2016) 218~219쪽을 참조했다.

민주주의', '결함 있는 민주주의', '혼합된 체제(민주주의+독재 체제)', '독재 체제'로 분류했다. 2010년 결과는 다음과 같았다.

구분	국가 수	국가 분포율	인구 분포율
완전한 민주주의	26	15.6	12.3
결함 있는 민주주의	53	31.7	37.2
혼합된 체제(민주주의+독재 체제)	33	19.8	14.0
독재 체제	55	32.9	36.5

2010년 경제협력개발기구OECD가 낸 민주주의 지수 보고서 제목은 〈후퇴하는 민주주의Democracy in Retreat〉였다. 공정한 선거와 시민의 자유가 민주주의의 필요조건이지만, 그것이 완전하고 견고한 민주주의의 충분조건은 아니라고 단언했다. 투명하고 효율적인 정부와 민주적인 정치 문화를 토대로 충분한 정치적 참여가 병행되는 것이 중요하다고 지적했다. 교사와 학생을 포함하여 일반 시민의 정치 참여를 확대하는 길이 민주주의를 살리는 길임을 알 수 있다.

경쟁은 경쟁력이 있다:
경쟁주의

1

〈브라이언의 일생Life of Brian〉(1979)은 예수 그리스도의 이웃집에 태어난 브라이언이 주인공으로 등장하는 영화다. 몬티 파이선 감독이 연출한 이 작품은 브라이언의 일생을 예수 그리스도에 빗대 표현함으로써 종교와 정치를 풍자한 걸작으로 평가받고 있다. 개봉 이후 신성모독 논란을 불러일으키기도 했다.

로마에 반대하는 반제국주의 단체의 일원으로 활동하다 잡힌 브라이언은 자신의 뜻과 무관하게 혁명가가 되어 십자가에 매달려 죽어 간다. 그때 바로 옆 십자가에 매달려 있던 한 동료가 너무 절망하지 말라고 노래를 불러 준다. 〈늘 인생의 밝은 쪽을 바라 봐Always look on the bright side of life〉라는 제목의 노래였다. 영화는 그렇게 '인생 긍정'의 노래를 부르는, 십자가에 매달려 처형당하는 자들의 합창으로 막을 내린다.

십자가 처형이라는 극한의 상황에 놓인 이들이 긍정주의를 설파하는 노래를 부르는 장면은 기이하게 보인다. 죽음의 공포를 잊기 위한 마지막 몸부림일까. 미국 교육학자 알피 콘은 이 작품이 낙관주의를 풍자하는 것처럼 보인다면서, 이를 바탕으로 경쟁을 합리화하는 논리를 다음과 같이 비판했다.

> 경쟁은 사람을 불행하게 하고, 심리적인 압박을 주고, 인간관계에
> 독이 되며, 능률을 떨어뜨린다. 그러나 이를 받아들이는 것은 삶을 근본
> 적으로 바꾸어야 한다는 것을 의미하며 그것은 매우 고통스럽기 때문
> 에 사람들은 경쟁을 합리화한다. 즉 경쟁은 인간의 본성이고, 생산성을
> 높여 주며, 인성을 키워 준다고 믿는다.
>
> _알피 콘(2009),《경쟁에 반대한다》, 산눈, 154쪽.

경쟁은 우리에게 긍정적인 영향을 주는가. 경쟁주의를 내면화한 사람은
'그렇다'고 대답한다. 현대 자본주의 사회에서 경쟁을 구조적으로 피할 수
없으며, 경쟁주의 자체가 우리의 경쟁력을 키울 수 있다고 주장한다. 그럴
까. 경쟁은 합리화의 대상이 될 수 없다. 경쟁주의는 경쟁력과 무관하다.

알피 콘은 경쟁이 결과 지향적인 태도와 양자택일의 사고, 현실 순응적
태도와 획일성을 가져온다고 보았다. 결과 지향적 태도 아래서는 과정을
무시한다. 학교를 예로 들어 보자. 결과 지향적 태도를 갖는 사람들은 학
교를 현재를 살아가는 공간이 아니라 미래를 준비하는 공간으로 간주한
다. 수업은 배움의 즐거움(현재)이 아니라 좋은 성적(미래)을 얻기 위해 활
용되는 수단이 된다.

우리가 경쟁 구도에 빠져들면 자발성이 떨어지고 결과와 관련되는 일
에 시선이 집중된다. 패배와 실패가 극심한 좌절감을 가져오고, 승리와
성공의 기쁨이 금세 불안감으로 대체된다. 이분법과 양자택일의 사고가
흑백논리로 이어진다. 승리와 성공은 좋은 것, 패배와 실패는 나쁜 것이
라는 구도가 만들어진다. 복잡하고 미묘한 세상사가 합리와 비합리, 정의

와 악, 진보와 보수, 온건과 급진 중 하나로 일도양단된다.

경쟁은 순응적 태도와 획일성을 가져온다. 이러한 태도는 왜곡된 개인주의와 병행한다. 서구에서 진정한 개인주의의 역사는 랄프 에머슨과 헨리 데이비드 소로 같은 19세기 철학자들로부터 20세기 실존주의의 한 계통으로 이어진다. 자급자족, 양심, 자치, 불복종, 스스로 생각하고 행동하는 자유, 가슴 깊이 품은 가치에 대한 헌신, 모두가 안 된다며 포기하는 것에 대항하는 용기가 주축이다.

긍정심리학, 자기계발론 등에서 발견되는 왜곡된 개인주의는 다르다. 그것은 개인이 자기 자신에게만 의존하는 것을 장려한다. 인간관계에서 소외를 조장한다. 타인과 관계 맺기를 포기하고, 자기 자신과 친구가 되어 1등을 지키고자 하는 노골적인 이기주의가 횡행한다.

경쟁은 왜곡된 개인주의를 조장하면서 개인들에게 현실 순응과 획일화를 강제한다. 콘은 현실 순응이 다른 사람들과 비슷하게 행동한다는 것 이상의 의미가 있다고 주장했다. 현실 순응론자는 세상에서 벌어지는 일을 그대로 받아들인다. 반면 개성이 있는 사람은 현실 상황에 의문을 품고 복종하지 않는 태도를 갖는다. 그런 점에서 경쟁은 순응을 조장한다. 경쟁을 통한 승리를 목표로 하는 사람은 정해진 규칙에 저항하지 못한다. 모범생은 교사의 권위에 도전하면 안 된다. 승진을 꿈꾸는 교사는 학교의 기존 질서에 대해 비판의 목소리를 내기 힘들다.

2

7~9살 사이의 아이들을 대상으로 한 흥미로운 실험 사례[18]가 있었다.

경쟁에 매우 익숙하다고 생각되는 미국 백인 아이의 78퍼센트가 단지 다른 아이들이 갖지 못하게 하려는 목적만으로 장난감을 빼앗았다고 한다. 경쟁이 덜 사회화한 멕시코 아이들에게서는 그 횟수가 절반으로 줄었다.[20]

행동주의 심리학의 창시자 존 왓슨이 앨버트라는 아기에게 행한 '공포 실험'은 무차별적 경쟁 행동의 폐해를 실감하게 한다. 처음에 앨버트는 흰쥐에 대한 공포 반응을 보이지 않았다. 왓슨은 앨버트가 흰쥐를 보고 만지려고 할 때마다 큰 소리를 들려주었다. 놀란 앨버트는 쥐에 대한 공포를 학습했다. 실험이 반복되자 모든 희고 털이 난 물체, 가령 산타클로스의 수염, 모피 코트, 털목도리를 무서워했다.

경쟁을 기반으로 한 인간관계의 작동 원리가 이렇다. 앨버트는 흰쥐에 대한 공포를 갖게 된 뒤 희고 털이 난 모든 물체에 맹목적인 공포심을 갖게 되었다. 끊임없는 경쟁 구조 속에서 살아가는 사람은 모든 사람을 경쟁 상대로 생각하게 된다. 경쟁이 개인의 인격과 내면뿐 아니라 인간관계에도 악영향을 주게 되는 것이다.

치열한 경쟁 구도에서 다른 사람의 실패는 자신의 성공과 같은 것으로 느껴지는 효과를 가져온다. 경쟁 심리에 빠진 사람은 다른 사람의 실패를 바란다. 그에게 좋지 않은 일이 일어나기를 바라며, 그와 적대적인 관계를 유지하는 쪽으로 나아간다.

경쟁은 개인들 사이에 강한 불신감을 가져온다. 그것은 사회 전체로 급속하게 퍼져 나간다. 모든 사람이 잠재적인 경쟁자가 될 수 있다. 우리가 어디에 살든 우리 각자는 경쟁 시스템 속에서 배운 것을 일반화해 행동

---

20. 알피 콘(2009), 《경쟁에 반대한다》, 산눈, 180쪽.

한다. 다른 사람이 마찬가지로 행동한다. 경쟁의 악순환이 이어진다.

경쟁주의 사회에서 다른 사람은 '적'이다. 삶은 전투가 된다. '나'는 '너'를 익명적인 존재로 여기려 한다. 그렇지 않으면 공감하거나 이해하거나 돕는 등의 인간적인 행동을 하게 되기 때문이다. 인간적인 행동의 결과는 패배다. 경쟁은 일종의 '전투'이자 적대적인 '충돌'이다.

경쟁은 인간관계를 점점 황폐하게 만들고 개인을 정서적으로 고립시킨다. 경쟁에 찌든 개인의 내면은 질투와 경멸과 불신으로 가득 찬다. 질투는 다른 사람이 잘되거나 좋은 처지에 있는 것 따위를 공연히 미워하고 깎아내리려는 태도를 말한다. 인간 본성의 하나일까. 그렇지 않다. 사회적 산물이다. 어떤 것에 대한 가치평가와 분배 역시 마찬가지다.

경쟁은 이전에는 볼 수 없었던 어떤 소중하게 여겨지는 지위를 만들어 제공함으로써 우리가 그것을 원하게 만든다. 물론 그것은 누구나 얻을 수 있는 것이 아니다. 경쟁을 통해, 그리고 타인에 대한 승리를 통해 얻을 수 있다. 이것이 질투가 생기는 조건이다. 즉 원하는 것을 얻을 수 있는 가능성이 매우 제한되어 있으며, 누군가 자신의 것을 빼앗은 것이라는 (거의 정확한) 믿음이 질투를 만든다.

_알피 콘(2009), 위의 책, 186쪽.

경멸의 본질은 적개심이다. 패자들의 심리 시스템 안에서 승자가 얻은 것에 대한 질투심이 작동한다. '1등'과 '우승'에 집착하는 경쟁 시스템 안에서 대다수 학생들은 '실패'하거나 '패배'하는 자다. 그들은 자신들의 희생을 대가로 다른 아이들이 성공하거나 승리하는 것을 경험한다. 타인의 성공을 미워하고, 성공한 타인을 적대시하는 시선을 갖는다. 성공을 방해하고 싶어 하고, 다른 이의 실패를 바라는 마음이 생긴다.

더 심각한 문제가 있다. 승자의 승리와 패자의 패배가 올바르고 당연한 일이 된다. 승자는 유능하고 덕망 있는 사람들이므로 승리가 당연하다. 패자는 패하는 것이 자연스러운 사람들이므로 경멸받아도 된다. 이러한 사고방식은 구조적으로 고착화한 제도와 더불어 상호작용적으로 증폭되고 강화된다. 승자에 대한 패자의 경멸이 그(패자) 자신에 대한 경멸로 이어진다.

이제 패배한 사람들은 제도를 바꾸려 하지 않는다. 그러한 시도를 하려고 하면 그가 패배를 인정하기 싫어서 오기를 부린다고 사람들에게 비난을 받는다. 그들은 결심한다. '다음에는 꼭 이기리라.' 시스템을 변화시키고 구조를 바꾸려고 노력하는 사람이 점점 줄어든다. 그 결과는 강력한 보수주의다.

3

'자존심自尊心'은 《표준국어대사전》에 "남에게 굽히지 아니하고 자신의 품위를 스스로 지키는 마음"으로 풀이되어 있다. '품위'라는 고상한 단어가 들어 있는 것이 낯설다. "사람이 갖추어야 할 위엄이나 기품"이 품위다. 한 사람의 인격적인 '무게감'이 자존심으로 결정된다. 그의 내면, 다른 사람과 맺는 관계의 색깔이 자존심을 통해 드러난다.

자존심이 결여되면 다양한 심리적 장애가 일어난다. 카렌 호나이라는 심리학자는 모든 신경증(노이로제)을 '기본적 믿음'의 결여에서 찾았다.[21] 해리 스택 설리반은 습관적인 자존심의 결여가 다른 사람에 대해 좋은 감정을 느끼기 어렵게 만든다고 보았다. 욕구 단계설로 유명한 에이브러햄 매슬로 역시 자존심이 충족되면 자신감, 가치, 정신력, 능력, 만족을 느끼고 자신이 유용하고 필요한 존재라는 생각을 갖게 된다고 주장했다.

경쟁은 자신이 갖고 있는 능력에 대한 의심에서 비롯된다. 자존심이 낮은 사람들이 그에 대한 보상 심리로 경쟁에 몰두한다. 모든 면에서 최고가 되려는 사람이, 실제로 자신이 별로 능력 없다는 사실에서 벗어나고자 경쟁을 한다. 그러나 우리는 자신이 특별히 잘하는 것에서 큰 성취감을 느낀다. 자신이 무언가를 잘한다는 사실을 잘 아는 사람은 자신을 다른 사람과 비교하지 않는다. 그에게 중요한 것은 스스로 정한 절대적인 기준이지 다른 사람과의 비교에서 얻어지는 상대적인 위치가 아니다.

우리는 각자의 운명을 스스로 지배하는가. '통제위치locus of control'는 자신의 운명을 그 스스로 얼마나 지배하고 있는가를 나타내는 용어다. 내부통제위치 경향을 보이는 사람은 자신에게 일어나는 일을 자신이 통제할 수 있다고 믿는다. 외부통제위치에 휘둘리는 사람은 자신의 운명이 외부 현상에 의해 결정된다고 생각한다.

1970년대 중반 교육심리학자 캐럴 에임스가 경쟁 상황에 놓인 아이들을 연구했다. 그의 결론은 단호했다. 경쟁은 사람들로 하여금 자신에게 일어나는 일이 스스로의 의지나 통제에 의해 발생하는 것이 아니라고 믿게 만든다. 경쟁 구조에 더 자주 노출되는 사람일수록 외부 상황에 쉽게 흔들리면서 어떤 일을 이루기가 더욱 어려워진다.

우리는 경쟁주의의 명백한 해악을 안다. 동시에 협력의 이점과 근거를

---

21. 이들 심리적 장애에 관한 설명은 알피 콘의 《경쟁에 반대한다》(산눈, 2009)에서 가져왔다.

밝히지 않으면서 '함께 같이'의 가치와 의의를 말한다. 경쟁을 말하면서 협력의 중요성을 강조하는 모순적 태도가 이런 데서 만들어진다. 경쟁해야 하지만 경쟁적인 사람으로 보여서는 안 된다. 겉으로 협력을 '증진'하자고 하면서 속으로 경쟁을 묵인하고 조장한다.

이러한 상황을 가리키는 말이 '이중구속double-bind'이다. 이중구속 시스템은 사람들에게 두 개의 상호 배타적인 정보를 준다. 결과적으로 두 가지 모두 할 수 없게 만든다. 그런 불가능과 불통의 정신 상태를 가리키는 말이 이중구속이다. 이중구속에 빠진 사람들은 판단이 흐려져 심리적으로 파괴된다.

교육 분야만큼 협력 시스템이 온전히 작동해야 하는 부문을 찾아보기 힘들다. 역설적으로 경쟁을 알게 모르게 내면화하게 하는 각종 경멸적이고 사소하며 천박한 수단과 기제가 가장 많은 곳이 교육 부문이다. 협력을 말하면서 경쟁을 조장하는 이중구속 상태가 학생들과 교사들을 위한다는 명분으로 자연스럽게 널리 퍼져 있다.

결과적으로 경쟁을 정당화하는 이중구속의 논리는 간단하다. 경쟁에 익숙해져야 경쟁 사회에서 더 잘 적응할 수 있다. 경쟁에 관한 의식이 쉽게 변하지 않는 이유다. 사람들은 경쟁의 순기능과 역기능에 대해 냉철하게 따져 보려 하지 않는다. 우리가 살아가는 데 경쟁이 도움을 줄 것이라는 왜곡된 편견과 보이지 않는 사회적 분위기에 편승한다. 한편으로 협력의 의의를 강조하는 흐름에 떠밀리면서 경쟁을 당연시하는 이중구속 상태에서 혼란스러워한다.

경쟁은 돈이나 성적 등 여러 가지 외적 동기들과 똑같은 방식으로 작동한다. 우리는 진정한 내적 동기가 일 자체를 즐기게 한다는 것을 잘 알고 있다. 경쟁은 이러한 내적 동기를 감소시키는 경향을 보인다. 경쟁과,

이에 따른 보상으로서의 승리라는 외적 동기가 작동하면 이전에 별다른 보상 없이도 하던 활동을 보상이 주어지지 않으면 할 수 없게 된다. 존 홀트는 경쟁으로 인해 내적 동기가 감소되는 경향이 교실에서 두드러진다고 하면서 다음과 같이 말했다.

> 우리는 어렸을 때부터 배움에 대한 의지가 강했던 학생들에게 하찮고 경멸스러운 보상들-'참 잘했어요'라는 도장, 100점이라는 표시를 한 채 벽에 붙어 있는 시험지, A라고 쓰여 있는 성적표, 우등생 명단, 우수한 성적으로 졸업한 학생들만 가입할 수 있는 클럽의 열쇠, 즉 간단히 말하면 다른 학생들보다 내가 좀 낫다는 저열한 만족감-을 장려하고 강요하는 것으로 아이들의 그 의지를 꺾어 버린다.
>
> _알피 콘(2009), 위의 책, 88쪽.

능력이 공평한 잣대다:
메리토크라시

1

경쟁주의를 신성시하는 사람들의 태도는 능력과 실력에 대한 믿음을 바탕으로 유지되는 메리토크라시meritocracy를 통해 강화된다. 메리토크라시는 부, 권력, 명예 등과 같은 사회적 재화를 어떤 사람의 타고난 혈통이나 신분, 계급 같은 것이 아니라 오로지 능력에 따라 사람들에게 할당하자는 체제나 태도를 가리키는 말이다.[22] 마이클 영이 1958년에 쓴 책《메리토크라시의 부상The rise of the meritocracy》에서 처음 사용한 것으로 알려져 있다.[23] 그는 메리토크라시를 능력merit이 개인의 사회경제적 지위를 결정하는 정치제도라고 간주했다.[24]

---

22. 아래 '메리토크라시'의 개념, 특성 등에 관한 내용은 장은주 외의 〈왜 그리고 어떤 민주시민 교육인가〉(경기도교육연구원, 2014), 김경근과 심재휘가 함께 쓴 〈중·고등학생의 능력주의 태도 영향요인에 대한 구조방정식 모형 분석〉《교육사회학연구》제26권 제2호, 한국교육사회학회, 2016) 등을 참조하였다.

23. 김경근·심재휘(2016), 위의 글, 2쪽.

24. 이들 말에 '주의'라는 말이 붙어 있어 '사상'이나 '이념'처럼 이해하기 쉽다. 그런데 어원상 'meritocracy'의 'cracy'가 '정체(政體)', '통치', '지배체제', '권력' 등을 뜻하는 그리스어 'kratia'와 연결된다는 점에 유의할 필요가 있다. 이를 고려해 '메리토크라시'를 우리말로 옮긴다면 '능력지배(체제)', '능력지상주의' 정도가 적당할 것이다. 참고로, 주로 '민주주의'로 쓰이는 'democracy'도 이와 비슷한 맥락에서 '민주정', '민주정체', '민주제' 등으로 이해하는 것이 말의 원래 취지에 부합한다고 볼 수 있다.

메리토크라시는 일반적으로 '능력주의'나 '실력주의'[24]로 번역된다.[25] 사회 전체에서 능력이나 실력이 뛰어난 사람들이 그렇지 못한 사람들보다 더 많은 부와 명예를 가지며, 또 그런 식의 분배가 '정의롭다'고 정당화하는 사회체제와 관련된다. 국내 연구자들 사이에서는 "누구나 자신의 능력에 상응하는 기회를 부여받고 기여한 정도에 따라 공정하게 보상을 받아야 한다는 원칙"[26], "마음의 습관"[27], "개인들이 자발적으로 선택한 규율체제"[28] 등으로 규정되고 있다. 이 개념을 처음 제안한 영은 'merit'를 "지능과 노력의 결합체"로 정의했다.

메리토크라시는 근대 이후 사회경제적 지위를 배분하기 위한 가장 합리적인 원리로서 수용되어 왔다.[29] 사회학자들은 메리토크라시가 산업사회에 가장 적합한 정치제도라고 보았다. 산업사회가 본격화하면서 부모 세대의 사회경제적 지위가 자녀에게 세습되는 직접적인 경로가 약화한 점, 세대 간 계층이동 행태가 역동적이라는 점, 그 결과 메리토크라시가 인적자원을 적재적소에 배치하는 효율적인 원리로 작동하고 있는 점 등을 근거로 들었다.

메리토크라시가 정당성과 합리성을 가지려면 몇 가지 전제를 충족해야 한다. 모든 사람이 기회를 균등하게 갖는다(기회의 정의). 경쟁이 공정한 절차에 따라 이루어진다(과정의 정의). 결과를 기준으로 합리적으로 보상을 받아야 한다(결과의 정의). 이에 따라 능력주의가 적용되는 사회에서는

25. 여기에서는 이들 중 무엇을 쓰든 '능력'과 '실력'의 어감 차이에 따른 의미 효과를 적절히 전달하지 못할 것으로 보아 원어 그대로 쓰기로 한다.
26. 김경근·심재휘, 위의 글, 2쪽.
27. 김미영(2009), 〈능력주의에 대한 공동체주의의 해체: 능력·공과·필요의 복합평등론〉, 《경제와 사회》 제84호, 비판사회학회.
28. 손준종(2004), 〈교육논리로서 '능력주의' 제고〉, 《한국교육학연구》 제10-2호, 안암교육학회.
29. 김경근·심재휘(2016), 위의 글, 4쪽. 아래 메리토크라시에 관한 연구사는 이 글 4~5쪽에서 가져왔다.

차등적 보상이 불가피하며, 기회와 보상의 배분이 사회적 지위나 권력 여하에 따라서가 아니라 업적이나 시험 결과를 바탕으로 이루어진다.[30]

오늘날 우리 사회는 성적과 학력(및 학벌)을 확고부동한 능력의 증거로 여긴다. 그에 따른 사회·경제적 불평등을 '자연화'함으로써 차별적인 사회구조가 정당한 것이라고 생각한다. 사회·경제적 불평등의 '자연화'는 불평등을 사회구조와 과정의 귀결로서가 아니라 개인의 타고난 능력의 차이에 기인하는 것으로 이해하는 것을 말한다. 사회 문제의 차원과 연계될 수밖에 없는 불평등의 문제가 개인 문제로 좁혀지는 것이다.

> 이 메리토크라시적 교육 패러다임은, 분배 정의에 초점을 둔 그 진보적 버전의 경우에도, 기본적으로 사회적 경쟁 체제에서 승리한 자들의 이데올로기이기를 벗어나기가 쉽지 않다. 그러니까 승자독식을 정당화하고 '일등만 기억하는 더러운 세상'을 만들어 낼 우려가 있다. 메리토크라시적 이상은 너무 쉽게 경쟁의 승자들이 갖춘 어떤 지위에 대한 형식적 자격qualification을 높은 사회적 지위와 재화 같은 것을 마땅히 독차지해도 되는 '도덕적 자격' 또는 '응분desert'으로 바꾸면서 사회적 분배 체계의 극심한 불평등을 정당화할 수 있다.
>
> _장은주 외(2014), 〈왜 그리고 어떤 민주시민교육인가〉, 경기도교육연구원, 19쪽.

능력과 실력을 키우라는 말을 특별히 즐겨 사용하는 곳 중 하나가 학교다. 능력과 실력을 가늠하는 지표는 단순하다. 눈에 보이는 성과들, 가령 숫자 기호로 형상화한 성적이나 점수, 등급과 순위로 매겨지는 상장과

---

30. 김경근·심재휘(2016), 위의 글, 2쪽.

메달 들이다. 이들을 작동시키는 사고 회로 역시 간단한 논리를 따른다. 성적이 높으면 실력이 있다. 상을 받았으니 정당한 능력자다.

이와 같은 논리가 정당한가. 메리토크라시의 정당성은, 그것이 공정한 기회 부여와 합리적인 성과 배분의 기제로 작동할 때 확보된다. 현실을 둘러보면 메리토크라시의 정당성을 의심하게 하는 현상들이 곳곳에서 펼쳐지고 있다. 최근 유행하고 있는 '수저 담론'이 대표적이다. 부모의 사회경제적 배경에 따라 '수저 색'이 결정된다는 수저 담론은 개인의 능력과 노력을 강조하는 메리토크라시의 작동 원리에 정면으로 배치된다.

수저론이 담론 차원에서만 작동하는 것은 아니다. 지난 2015년 김낙년 동국대 경제학과 교수가 〈한국에서의 부와 상속, 1970~2013〉이라는 논문을 통해 부의 축적 경로와 거기에 영향을 미친 요인들을 규명했다. 이에 따르면 연간 상속액 규모가 1970년대에 국민소득의 5.7퍼센트를 차지했다가 1980년대 5.0퍼센트로 떨어져 바닥을 찍은 후 계속 상승해 2010년 이후 8퍼센트로 높아졌다.

시기별 부의 축적에 기여한 상속 비중의 추이도 이와 비슷했다. 1970년대 37퍼센트를 차지했던 상속 비중이 1980~1990년대 이르러 27~29퍼센트로 떨어졌다가 2000년대 42퍼센트로 급상승했다. 김낙년은 전체 부의 축적에서 상속이 차지하는 비중의 상승 추세가 향후 수십 년간 고령화가 본격화하고 저성장이 예상되는 기간 내내 가속화할 것으로 전망했다. 이런 상황에서 상속받은 수저 색깔이 개인들의 사회경제적 지위를 결정하는 계급주의 논리가 본격적으로 펼쳐진다.

이 같은 수저계급론의 등장에는 무엇보다도 교육이 계층이동의 사다리로 제대로 기능하지 못하는 상황에서 소득과 기회의 배분마저 원

활하게 이루어지지 않고 있는 현실이 결정적인 영향을 끼친 것으로 보아야 한다. 아울러 세계화가 급속히 진행되는 가운데 고도성장기가 끝나면서 사회적 지위보다는 경제적 지위를 추구해야 하는 생존사회로의 이행이 빠르게 이루어지고 있는 점도 수저계급론의 등장에 일조를 한 것으로 볼 수 있다.

_김미영(2009), 〈능력주의에 대한 공동체주의의 해체: 능력·공과·필요의 복합평등론〉,
《경제와 사회》제84호, 비판사회학회, 2쪽.

2

메리토크라시의 허구성은 실력이나 능력에 관한 '상식'을 통해서도 드러난다. 메리토크라시를 최초로 주창한 마이클 영이 능력을 타고난 재능과 후천적인 노력의 결합체로 정의했다는 사실을 위에서 언급했다. 능력에 관한 보통 사람들의 상식과 통념이 여기에서 크게 벗어나지 않는다. 말콤 글래드웰이 화제작《아웃라이어》에 소개한 이야기를 통해 능력이나 실력에 관한 상식과 통념을 돌아보자.

최고 중 최고로 구성된 엘리트 하키팀이 있다고 하자. 태어난 달을 기준으로 선수들의 월별 분포도를 정리해 보면 1~3월이 40퍼센트, 4~6월이 30퍼센트, 7~9월이 20퍼센트, 10~12월이 10퍼센트로 나타난다. 어떤 팀이든 예외가 없다.[31] 이런 현상이 나타나는 이유가 무엇일까.

연령대를 기준으로 사람을 선발하고 분류해 차별적으로 대하게 되면

---

31. 캐나다 심리학자 로저 반슬리(Roger Barnsley)가 발견한 현상이다.

특정 시기에 태어난 아이들이 집중적으로 혜택을 누리는 상황이 발생한다. 이른 나이에 누가 잘하고 누가 그렇지 못한가를 결정한 뒤 재능 있는 아이들에게 보다 나은 경험을 하게 해 주면 특정 시기에 태어난 아이들이 큰 이득을 누리는 편향성이 나타난다. 그 결과 경험과 이득의 빈익빈 부익부가 재능의 다과로 이어지는 현상이 나타난다.

이런 편향된 결과가 교육과 같은 분야에서도 발견된다. 연말에 태어난 자녀를 둔 부모의 고민은 이듬해 아이를 유치원에 보내야 할 것인가 하는 것이다. 철없는 부모의 지나친 걱정이 아니다. 연초에 태어난 아이가 누리는 아주 작은 이익[32]은 연말에 태어난 아이가 겪는 불이익과 마찬가지로 꾸준히 이어진다. 성취감과 낙담, 용기와 좌절이 일종의 패턴이 되어 아이를 수년간 묶어둔다.

국제수학과학연구경향[33] 성적과 그 시험을 본 어린이들의 출생일을 비교 분석[34]한 결과에 따르면, 4학년 학생들 중 일찍 태어난 학생들이 늦게 태어난 학생들에 비해 4~12퍼센트포인트 더 좋은 점수를 받았다. 이와 같은 현상을 설명하는 개념으로 '거대한 효과'가 있다. 지적으로 동등한 4학년 학생들을 학년 기준일의 양쪽으로 나눠 세우면 일찍 태어난 학생들은 상위 18퍼센트에 속하는 반면 늦게 태어난 학생들은 상위 68퍼센트에 머문다.

스포츠에서와 마찬가지죠. 우리는 어린 나이에 똑똑한 아이들을

---

32. 연초에 태어나는 아이들은 연말에 태어난 아이들에 비해 발육이 몇 달 더 이르게 진행되므로 덩치가 좋을 수밖에 없다. 이들은 구사할 수 있는 힘과 감각 능력 등에서 상대적인 우위를 점하게 될 가능성이 크다. 그런데 어른들이 보기에는 이 차이가 그다지 크지 않을 수 있다.
33. TIMSS(Trends in International Mathematics and Science Study). 4년마다 전 세계 어린이들을 대상으로 실시하는 수학·과학 시험이다.
34. 경제학자 켈리 베다드와 엘리자베스 듀이가 실시했다.

선별합니다. 우등 독서반도 있고 우등 수학반도 있죠. 아이들이 유치원에 가거나 학교에 입학하면 교사는 숙달되어 잘하는 것과 정말로 똑똑한 것을 혼동할 수밖에 없어요. 그래서 몇 달 빨리 태어난 아이들은 상위 코스에 들어가고 더 좋은 걸 배우죠. 이듬해가 되면 그 아이들이 상위 그룹을 형성하고 있고, 실제로 더 잘하기도 해요.

_말콤 글래드웰(2009), 《아웃라이어》, 김영사, 43쪽.

과학사회학자 로버트 머튼이 주창한 '마태복음 효과'라는 개념이 있다. 기독교 경전 《마태복음》 제25장 제29절의 "무릇 있는 자는 받아 풍족하게 되고 없는 자는 그 있는 것까지 빼앗기리라"에서 따온 것으로, 미래의 성공으로 이어지는 특별한 '기회'를 얻어 낸 사람("있는 자")이 성공을 거둔다는 것을 뜻하는 말이다. 성공의 열쇠가 능력이 아니라 기회에 있음을 함의한다.

글래드웰은 이런 상황을 '누적적 이득'이라는 사회학 용어로 표현했다. 가령 세금 환급 혜택은 가난한 사람들이 아니라 최고의 부자들이 가장 많이 받는다. 최고 학생들이 최고 강의를 듣고 피드백을 받는다. 9~10살 어린이 중 덩치가 큰 아이들이 최고의 코치로부터 훈련을 받는다. 출발점의 사소한 차이가 큰 차이를 낳는 기회로 이어진다. 그것은 또 다른 기회로 이어져 결국 그 주인공이 천재적 '아웃라이어outlier, 특별한 능력자'로 거듭난다.

《포브스》가 선정한 인류 역사상 가장 부유한 75인의 명단에는 19세기 중반인 1830년대에 태어난 이들이 14명(20퍼센트)이나 된다. 이들이 30대에 이르는 1860년대부터 이후 1870년대 사이는 미국 경제가 역사상 가장 큰 변화를 겪은 시기였다. 글래드웰이 보기에 이들 14명은 1~3월에 태어나 특별한 기회를 누린 하키 선수와 다를 바 없다. 1830년대에 태어난 사람들에 대한 관찰기록을 남긴 미국 사회학자 라이트 밀스의 연구 사례를 살펴보는 것도 좋을 것 같다.

식민 시대부터 20세기까지 미국 기업인의 배경을 조사한 결과, 그는 대부분의 비즈니스 리더가 풍족한 배경에서 태어났음을 발견했다. 하지만 1830년대는 다르다. 이는 그 시대에 태어난 것이 얼마나 큰 이점이었는가를 보여 준다. 그 시대는 평범하게 태어난 사람이 부자가 될 수 있는 현실적 기회를 누리던 유일한 시기였다. 밀스는 "1835년 전후는 미국 역사상 가난하고 야심 찬 소년이 사업을 통해 성공을 노려볼 수 있는 최고의 기회였다"라고 말한다. _말콤 글래드웰(2009), 위의 책, 80쪽.

빌 게이츠, 스티브 잡스, 에릭 슈미트는 정보기술 분야의 아웃라이어들이다. 이들 모두 1950년대 중반 태생이다. 빌 게이츠가 1955년 10월 28일생, 스티브 잡스가 1955년 2월 24일생, 에릭 슈미트가 1955년 4월 27일생이다. 이들은 또한 최초의 개인 컴퓨터 앨타이어Altair 8800이 판매되기 시작한 1975년에 20대 초반이 되었다. 1975년은 개인 컴퓨터 역사에서 가장 중요한 해로 평가된다. 바로 그때 이들은 과거에 얽매일 만큼 나이가 많거나 꿈을 펼치기 힘들 만큼 어린 연령대가 아니었던 것이다.

덴마크에서는 10살이 되기까지 아이들을 능력에 따라 분류하지 않는 교육정책을 펼친다고 한다. 무언가를 몇 번 더 해서 높아지는 숙련도와 아이의 내면에 잠재된 재능을 쉽게 판별할 수 없다는 이유에서라고 한다. 선택적으로 변별하는 시기를 최대한 늦춤으로써 몇 달 먼저 숙달되어 잘하는 효과가 없어질 때까지 기다린다는 것.

우리는 지나치게 일찍 아이를 재단한다. 이 아이는 똑똑하고 저 아이는 멍청하다. 이 아이는 착하고 저 아이는 나쁘다. 부모와 교사라는 이유로, 더 정확히 말하면 단지 아이들을 낳고 기르거나 가르친다는 이유로 그들을 자신들의 일방적인 시선 아래 잡아 놓기를 서슴지 않는다.

메리토크라시는 실력 구현의 개인적 차원을 지나치게 강조한다. 한 사람이 타고난 자연적인 능력(지능)이나 그가 삶 속에서 보이는 태도(노력)에 초점을 맞춤으로써 사회구조적 불평등이나 부모의 사회경제적 배경의 차이가 불러오는 영향을 상대적으로 간과하게 만든다. 그러나 재능의 평범함과 비범함은 백지 한 장 차이일지 모른다. 하나의 사회와 공동체 안에서 기회와 행운과 노력이 발휘하는 힘과 영향이 너무 크기 때문이다. '실력자'의 '실력'은 온전히 그의 것이 아니다.

당근과 채찍이 성장을 가져온다: 성과주의

1

15살에서 21살 사이 청소년들에게 물었다. 죄를 짓고 체포당한다면 가장 마음에 쓰이는 일이 무엇이겠는가. 법적 처벌의 두려움을 답한 청소년 비율은 10명 중 1명에 불과했다. 반면 55퍼센트나 되는 청소년들이 가족이나 이성 친구의 반응이 가장 두렵다고 답했다.

사람은 사회적 동물이므로 '집단(조직, 공동체)' 안에서 살 수밖에 없다. 자연스럽게 이런저런 집단에 소속되기를 바란다. 사람은 다른 사람의 평가나 사회적 평판에도 민감하다. 보상과 처벌이 능사가 아님을 말해 주는 단서들이다. 학교 공동체를 구축하고, 이를 바탕으로 학교 민주주의를 구현하려 할 때 고려해야 할 점들이다.

하나의 집단 안에서 구성원들의 바람직한 사회적 행동을 어떻게 이끌어 내야 하는가. 고전적이고 상식적인 방법은 '당근과 채찍'이다. 이타적 행동을 하면 보상을 준다. 다른 이의 눈살을 찌푸리게 하는 잘못을 저지르면 처벌한다. '당근과 채찍론'은 올바른가.

대다수 실험실 연구들이 내놓은 결과를 보자. 소액의 돈이나 사탕이나 과자 등 물질적 보상을 활용하면 이타적 행동이 증대된다고 한다. 문제는 보상이 없어지면 그러한 행동의 빈도가 줄어든다는 것. 칭찬이나 격려와 같은 사회적 성격의 강화 방법이 있다. 물질적 강화 방법과 달리 이타적 행동 방식을 좀 더 안정적으로 습득할 수 있게 한다고 한다.

> 물질적 보상의 난점은 그 자체가 구체적인 외적 동기가 되어 버린다는 것이다. 한 연구에서 동전이나 말로 하는 칭찬을 이용하여 아이들의 이타적 행동을 단기적으로 강화했다. 그러고 나서 며칠 후에 아이들을 다시 불러서 왜 그런 행동을 했는지 물어보았다. 동전을 받은 아이들은 돈 때문에 그랬다고 대답했고, 칭찬을 받은 아이들은 남들이 잘되기를 바라서 그랬다는 식으로 대답했다. 이 같은 동기의 대체는 도덕적 자아의 형성에 지대한 영향을 미친다.
>
> _로랑 베그(2013), 《도덕적 인간은 왜 나쁜 사회를 만드는가》, 부키, 118쪽.

베그 교수는 다음과 같은 실험도 소개했다. 7~11살 아이를 둔 엄마들이 자녀의 이타심을 계발하기 위한 실험에 참가했다. 병원에 입원한 아이들과 만들기를 하면서 함께 노는 활동을 했다. 아이들 중 일부가 봉사활동에 대한 보상으로 작은 장난감을 받았다. 나머지는 아무것도 받지 않았다. 다시 병원에 갈 기회가 생겼을 때 보상을 받은 아이들은 44퍼센트가 참여 의지를 보였다. 아무 보상이 없었던 아이들의 참여 희망 비율은 100퍼센트였다.

'외재적 동기'와 '내재적 동기'는 행동 동기의 원천이 각각 외부와 내부에 있는 경우를 가리킨다. 보상은 외재적 동기를 자극한다. 물질적 보상이 따르는 행동은 진정한 자아를 나타내는 행동으로 여겨지지 않는다. 반면 진정으로 자신의 마음에서 우러나 이루어지는 행동은 내재적 동기와 관련된다. 이때 이타적 행동의 가능성이 더 커진다. 선한 행동이 자기 인격의 반영이라는 생각과 연결되기 때문이라고 한다.

다음과 같은 실험을 보면 보상이 진정한 동기부여가 될 수 없다는 확신을 가져도 될 것 같다. 미국 듀크 대학의 댄 애리얼리가 인도의 참가자들을 대상으로 파격적인 조건의 실험을 수행했다. 솜씨, 논리력, 기억력을 요하는 과제들을 내주고 그 보상으로 세 집단 각각에 평균적인 하루 치 급여, 2주일분 급여, 5개월분 급여를 지불하기로 했다. 결과가 이채롭다. 가장 높은 보상이 가장 좋은 성과가 아니라 가장 낮은 점수를 얻었다고 한다.

베그에 따르면 높은 보상이 뛰어난 성과로 연결되는 경우는 극도로 단순한 작업이 과제로 주어졌을 때밖에 없다. 약간이라도 사고력과 창조성이 개입되는 일에서는 보상과 성과가 반비례했다. 요컨대 보상은 좋은 결과를 약속하지 못한다. 인간의 행동 방식을 지속적으로 변화시키지 못한다.

이를 입증하는 증거가 수없이 많다. 미국 10여 개 기업의 직장인들을 대상으로 외근을 할 때마다 안전벨트를 매면 소정의 보상을 지급하기로 했다. 6년 동안 100만 건이 넘는 안전벨트 착용 사례를 관찰했다. 보상을 기반으로 한 안전벨트 장려운동은 비효율적이었을뿐더러 착용률을 더 떨어뜨리는 것으로 나타났다고 한다.

작가 지망생들을 대상으로 한 연구도 보상의 한계를 보여 준다. 집필 시작 전 작품이 성공을 거두면 누리게 될 금전적 보상이나 명성을 상상한 작가 지망생들의 글은, 그런 상상을 하지 않은 사람의 작품에 비해 대체로 창의성이 떨어졌고 자신의 예전 작품에 비해서도 독창성이 감소했다.

동기부여 연구의 세계적 권위자 에드워드 데시Edward Deci는 독립적으로 실시된 130종의 연구를 종합해 아주 단순한 결론을 내렸다. 사탕 과자에서 소액의 돈에 이르기까지 온갖 물질적 보상은 진정한 동기부여를 망친다고 말이다. 도덕적 행동을 포함해 일부 행동 방식을 고양하기 위해 보상을 활용하는 것은 오히려 행동 그 자체에서 느끼는 매력과 즐거움을 떨어뜨린다. _로랑 베그(2013), 위의 책, 124쪽.

부모가 아이를 늦게 데리러 오는 것을 힘들어하는 보육교사가 있다고 하자. 이스라엘 대도시 하이파에서 6개 어린이집 원장들이 이런 보육교사들의 고충을 해결하기 위해 특단의 조치를 취했다. 부모가 아이를 늦게 데리러 올 때마다 소정의 벌금을 물게 했다고 한다.

놀랍게도 부모들이 늦게 오는 빈도가 2배까지 늘었다. 돈만 지불하면 늦게 데리러 가도 되는 '권리'를 마음껏 활용했기 때문이다. 부모들은 아이를 일찍 데리러 가야 한다는 '의무감'을 느끼지 않았다. 돈을 주고 시간을 더 살 수 있는 것처럼 여겼다고 한다. 물질적 처벌이 예상치 못한 역효과를 가져온 사례라고 할 수 있다.

호주 멜버른 대학의 정치학자 존 브레스웨이트는 '회복적 정의' 개념을 바탕으로, 직관적으로 법에 대한 존중은 처벌에 대한 두려움이 아니라 사회적 편입에서 비롯된다고 주장했다고 한다. 처벌이 강하면 잠재적인 위반자가 처벌을 두려워하여 위반 행동을 자제할 것이라는 게 상식적인 생각이다. 그러나 회복적 정의관에 의하면 가해자가 피해자에게 감정을 이입할수록 재범률이 낮아질 것이라고 한다.

인간의 도덕적 행동이 처벌에 대한 두려움이나 구체적 보상에 대한 기대에 크게 좌우된다는 생각은 자못 의심스럽다. 반면에 위반의 사회적·관계적 결과는 확실히 인간 활동에 영향을 미친다. 인간이라는 동물은 긍정적인 관계를 추구하고 소외를 두려워한다는 근본적 특징이 있기 때문에 도덕규범을 존중하는 법을 배운다. 물론 처벌도 개인이 속한 사회의 합의를 반영한다는 점에서 중요하지만, 개인이 자신이 어느 법을 어기면 어떠어떠한 처벌을 받게 된다는 예측 때문에 위반을 자제하거나 반대로 감행하는 것은 아니다.　　　　　_로랑 베그(2013), 위의 책, 132쪽.

2

'당근'과 '채찍'이라는 보상이나 처벌에 대한 두려움과 같은 심리적 기제로 사람의 행동을 이끌어 낸다는 발상의 밑바탕에는 성과주의가 깔려 있다. 성과주의는 성과에 대한 평가와, 그 결과에 따른 적용이 사람과 조직에 이익을 가져올 것이라는 전제를 기본으로 작동한다.

인사관리 전문가 팀 베이커는 전통적인 성과 평가 시스템이 군대를 모델로 삼고 있다고 규정했다.[35] 그에 따르면 오래된 군 환경에서 상급자는 무엇을 잘못하고 있는지, 가끔 무엇을 잘하고 있는지 부하 앞에서 일방적인 독백을 한다. 군대 생활을 해 본 사람은 잘 알 것이다. 상급자(고참)의 말은 한 귀로 듣고 한 귀로 흘려보낸다. 반론을 제기하고 싶지만 계급 때문에 입을 다문다.

군대 모델에서 기원한 성과 평가 시스템도 마찬가지로 작동한다. 이야

---

35. 아래 전통적인 평가제도에 관한 내용은 팀 베이커의 《평가제도를 버려라》(책담, 2016)를 참조했다.

기를 듣는 평가 대상자로서의 하급자는 보통 수동적이고 시큰둥한 수용자 자세를 취한다. 군대에서와 마찬가지로 이런 전통적인 모델은 권력을 가진 사람과 그렇지 않은 사람 간의 관계를 기반으로 한다.

팀 베이커는 지난 몇 년간 온갖 산업 분야에 걸쳐 1200명의 관리자와 인사관리 전문가들을 인터뷰했다. 그들에게 현재의 표준화한 성과 평가 시스템의 단점을 이야기해 달라고 했다. 다양한 응답이 나왔다. 베이커는 이를 여덟 가지 유형으로 간추렸다.

가. 비용이 많이 든다. 많은 시간을 소비하지만 얻는 것은 의심스럽다.

나. 건설적이지 못하고 파괴적이다. 1년 내내 피드백 한 번 없다가 평가 시기에 던지는 한두 마디 말이 대상자와의 관계를 깨뜨린다.

다. 대화가 아닌 독백으로 끝나는 경우가 많다. 공식적인 평가가 권력 관계와 위계 시스템 아래서 이루어지기 때문에 평가 대상자가 대개 침묵을 지키기 때문이다.

라. 이런 점 때문이기도 하지만 딱딱한 형식이 자유로운 토론을 막는다. 인사고과가 권력을 가진 자와 그렇지 못한 자가 수직적 관계에서 행하는 공식적인 미팅 정도로 간주되는 것이다.

마. 건설적인 쌍방향 대화, 고무적인 논의를 어렵게 만든다.

바. 빈도가 너무 낮게 이루어지는 문제도 있다. 일 년에 한두 번 이루어지는 일회성 행사 정도로 치부된다.

사. 단순한 서류 작성으로 끝나고 만다. 행정적으로 서류를 마무리하기만 하면 평가가 종료된다.

아. 따라서 후속 조치가 취해지는 경우가 드물다. 구체적이고 즉각적이며 지속적이고 협조적인 피드백은 기대하기 힘들다. 당연히 대

부분의 사람들이 평가를 부담스럽게 생각한다.

컨설팅회사 '맥킨지&컴퍼니'의 계간지 《맥킨지 쿼털리》 2016년 5월호가 '성과관리의 미래'라는 글에서 지적한 내용도 참조해 보자.[36]

해마다 치러지는 성과 평가가 부조리의 전형이라는 사실은 오래전부터 공공연하게 제기되어 온 최악의 비밀worst-kept secret이다. 성과 평가 제도는 시간 소모적이고 지나치게 주관적이며 동기부여 효과도 없어 궁극적으로 성과 향상에 도움이 되지 않는다.

전통적인 성과 평가 시스템의 문제를 한국지엠GM 사례를 통해 살펴보자. 한국지엠이 과장급 이상을 대상으로 한 성과연봉제를 도입한 해는 1999년이었다. 그 뒤 2003년부터 전체 사무직종으로 확대하였다. 사무직을 5등급으로 나누었고, 최하 등급에게 임금 동결이라는 '채찍'을, 최상위 등급에게 임금 20퍼센트 인상이라는 '당근'을 주었다.

노사관계와 조직문화에 심각한 문제가 발생했다. 친분관계에 따라 등급이 매겨지는 일이 많아 평가제도의 객관성과 신뢰성이 추락했다. 상·하급자와 팀원들 간 불신이 팽배해졌다. 입사 동기 간 연봉 차이가 1000~2000만 원씩 벌어지는 일이 생겨나 조직 내 위화감이 커졌다. 성과연봉제의 폐해가 심각했다. 한국지엠은 2014년 4월 제도를 전격 폐지하고 연공급 체계의 임금제를 새로 도입했다.

미국의 제너럴일렉트릭GE과 마이크로소프트MS 역시 상대평가에 기초

---

36. 《맥킨지 쿼털리》 기사 내용을 포함해 아래에 소개하는 기업평가제도와 관련된 사례들은 《월요신문》 2016년 5월 26일 자 'GM, GE, MS가 성과연봉제를 폐지한 이유'에서 가져왔다.

한 성과연봉제가 "파괴적이고 야만적인 제도"라며 폐지했다. 지이는 1980년대 초반부터 하위 성과자 10퍼센트를 해고하는 이른바 '10퍼센트 룰rule'을 시행해 왔다. 1981년 잭 웰치가 회장이 되면서 도입한 제도였다.

지이는 '10퍼센트 룰'에 따라 1년에 한 번 상대평가를 실시했다. 직원들을 두뇌집단(상위 20퍼센트), 중간집단(중간 70퍼센트), 꼬리집단(하위 10퍼센트)으로 나누어 임금과 대우를 차별적으로 적용했다. 아무리 열심히 일을 하더라도 일정 규모의 저성과자가 매번 나올 수밖에 없는 구조였다. 곧 잔혹한 제도로 유명해졌다. 직원들의 사기와 능률이 떨어졌고, 상호 불신과 불화가 급증하는 극심한 부작용이 나타났다.

지이 경영진은 '10퍼센트 룰'을 버렸다. 대신 'GE PDGE Performance Development'라는 새로운 인사 시스템을 도입했다. 연 1회 실시하던 기존의 정기 인사평가 대신 연중 상시평가를 실시했다. 해고자를 찾기 위해 시행했던 상대평가를 개인별 절대평가로 바꾸었다. 과거에 비해 더 자주, 더 다양한 사람들이 평가하는 일종의 다중평가 시스템을 도입한 것이다.

엠에스에는 '스택랭킹stack ranking'이 있었다. 지이의 '10퍼센트 룰'과 비슷한 상대평가 성과관리체계였다. 직원들을 평가해 1~5등급까지 나눈 뒤 최하 등급 직원을 해고할 수 있었다. 상대평가에 따라 일정 비율이 낮은 등급의 저성과자로 묶일 수밖에 없는 구조였다. 지이에서와 마찬가지로 조직 분위기가 망가졌다. 유능한 직원과 함께 일하기를 꺼리는 분위기가 형성됐다.

2012년 7월 미국 월간지 《베니티 페어》가 '마이크로소프트의 잃어버린 10년'이라는 기사를 실었다.[37] 엠에스의 전·현직 임직원들을 인터뷰하

---

37. 위의 《월요신문》 2016년 5월 26일 자 기사에서 가져왔다.

고 내부 자료를 검토 분석한 결과를 바탕으로 다음과 같이 말했다.

스택랭킹이 회사를 망치고 직원들을 떠나가게 했다. 직원들의 경쟁의식을 높이려고 도입한 제도가 협업 분위기를 망쳐 놓았다. 직원들은 구글 등 떠오르는 IT 강자들과 경쟁하는 대신 동료들과 경쟁했다. 한 부서에서 큰 성과를 내더라도 기계적 비율에 따라 평가를 해야 하다 보니 언제나 하위 등급 직원이 나왔다. 스택랭킹이 관리자들의 내부 권력투쟁 도구로 활용되는 사례도 발생했다. 평가가 관리자에게 얼마나 잘 보이느냐에 따라 결정되는 폐단이 드러난 것이다.

학생들을 순위와 석차와 등급으로 줄 세우기 하는 해묵은 학생평가제도, 교사들의 일상적인 업무를 점수화해 차등적인 등급을 부여한 뒤 이를 성과급과 승진에 활용하는 교원평가제도가 교육 부문에서 성과 경쟁 기제를 대표하는 사례들이다. 교사와 학생의 성과 여하가 능력의 차이를 넘어 차별을 뒷받침하는 근거로 간주된다. 성과주의는 학생과 교사 개인 사이의 경쟁 시스템과 차별을 구조화하는 학교교육의 현실을 통해 더 공고하게 유지된다.

실력에 따른 차별은 어쩔 수 없다:
유사인종주의

1

2013년 서울대학교 학내 커뮤니티에 '지균충(지역균형+벌레)', '기균충(기회균등+벌레)' 같은 말들이 잇따라 올라 논란이 벌어졌다. 지역 간·계층 간 불균형을 감소시키기 위해 도입한 입시 전형에 따라 선발한 학생들이 부정적인 '낙인효과'의 소용돌이에 휘말렸다. 우리 사회 일각의 왜곡된 인식이 그대로 드러난 '사건'이었다.

지역균형·기회균등 전형은 특수목적고와 자율형고 등 일부 고교와 다수 대학에서 운영하는 입시 전형 중 하나다. 농어촌 지역 고교나 저소득 가구 등 열악한 환경에 있는 학생들을 배려하기 위해 도입했다. 지균충, 기균충 같은 단어의 등장은 이들 전형에 따라 입학한 학생들을 수능 성적이 낮다는 이유로 학생 계급 피라미드의 '하층 계급'으로 분류해 배제하려는 움직임의 하나다. 대상자들이 비하와 조롱을 함의하는 '충蟲'에 비유되고 있다. 성적에 따른 구별이 인종적 차별로 연결되는 인종주의의 한 사례로 볼 수 있지 않을까.

서울대 학내 커뮤니티의 사례는 서울대만의 '특수한' 현상이 아닌 듯하다. 최근 들어 성적에 따른 능력 차별이 정당하다는 시각이 점점 강화하면서 학생들 사이에 하나의 신념처럼 자리 잡고 있는 것 같다. 이런 문제를 본격적으로 살핀 연구 결과도 보인다.[38] 연구자들이 초점을 맞춘 문제는 두 가지였다. 중·고등학생의 능력주의 태도가 자기이해self-interest를 충실하게 반영하여 학업성취나 사회경제적 배경에 따라 달라지는가. 중·고등학생의 능력주의 태도 결정기제가 학교급에 따라 다른가.

연구자들이 청소년의 능력주의 태도에 영향을 미치는 요인으로 유추한 것은 다섯 가지였다. 부모 교육수준이나 가구소득과 같은 사회경제적 배경, 성별·가정배경 등을 준거로 결정되는 주관적 계층의식, 학업성취, 미래의 가능성과 관련되는 미래 전망, 가치관이나 태도 변화에 영향을 미치는 발달단계 들이었다.

연구 결과를 보자. '능력이나 업적에 따라 보상을 다르게 받는 것은 당연하다'(능력주의 태도)는 항목이 평균 2.917점(4점 만점), '합격자를 선발할 때 가장 중요한 기준은 성적'이라는 항목이 2.623점, '장학금을 줄 때 가정 형편보다 성적 고려' 항목이 2.436점 등으로 나와 모두 중간 값(2점) 이상의 높은 점수를 기록했다. 여기에는 가구소득, 주관적 계층인식, 학업성취도, 부모 교육수준 등 환경적인 요인의 영향이 거의 없었다.

연구자들은 이를 계층인식과 학업성취도가 낮을수록 능력주의를 믿지 않을 것이라는 기존 가설을 벗어난 결과로 해석했다. 능력주의가 중·고등학생들 사이에서 계층적 배경이나 학업성취의 우열과 무관하게 초계층적인 규율체제로 자리를 잡고 있을 개연성을 시사해 주고 있다고 보았다.

---

38. 김경근·심재휘(2016), 〈중·고등학생의 능력주의 태도 영향요인에 대한 구조방정식 모형 분석〉, 《교육사회학연구》 제26권 제2호, 한국교육사회학회. 전국 16개 시·도 중학교 1학년~고등학교 3학년 학생 1212명이 조사 대상이었다.

한국 중·고등학생들의 능력주의 태도는 본인이 인식하고 있는 주관적 계층이나 성취 수준과 거의 무관한 것으로 드러났다. 이러한 능력주의 태도는 학교급이 달라도 절대적 수준이나 결정기제 측면에서 별다른 차이를 보이지 않는다. 이는 능력주의가 한국 중·고등학생의 내면세계를 확고하게 지배하는 일종의 '마음의 습관' 또는 심리적 규율체제로서, 이것에 대한 예외를 요구하는 사람이나 실제로 수혜를 입은 사람은 비난이나 폄하의 대상이 될 개연성이 높음을 시사한다.

_김경근·심재휘(2016), 〈중·고등학생의 능력주의 태도 영향요인에 대한 구조방정식 모형 분석〉,
《교육사회학연구》 제26권 제2호, 한국교육사회학회, 22쪽.

2

능력이나 업적에 따라 보상을 받는 것이 당연하지 않은가. 합격자를 선발할 때 성적을 기준으로 하는 것보다 공정하고 합리적인 방법이 있을까. 답을 내놓기 쉽지 않은 질문들이다. 다만 가족의 경제적인 부와 부모 학력과 같은 환경 조건이 학생들의 학업 성적에 큰 영향을 미치는 현실을 고려하지 않을 수 없다. 대학 입시에서 출신 학교와 출신 지역과 부모 직업 분포 등 교육 외적 배경의 강력한 영향력에 대한 연구 분석 사례가 차고 넘친다. 고학력 부자 부모의 자녀가 명문대에 훨씬 더 많이 들어간다는 게 이들 연구의 공통적인 결론이다.

이러한 사실은 사교육비와 같이 학교교육 외에 들어가는 교육비용 차이를 통해 더 구체적으로 방증된다. 통계청 자료에 따르면 2015년 기준 월평균 소득 700만 원 이상 가구의 사교육비는 42만 원, 100만 원 미만 가구의 사교육비는 6만 6000원이었다. 7배 차이가 난다. 대체로 사교육 불평등은 입시 불평등이나 취업 불평등으로 이어진다. 능력과 노력보다 학생들의 사회경제적 배경 수준에 따라 성공이 좌우되는 것이 우리나라 현실의 '진실'에 가깝다.

학벌주의, 타락한 능력주의, 지균충과 기균충 등에 담긴 정치사회적 의미를 어떻게 해석해야 할까. '인종차별주의' 관점을 기반으로 한 독해[39]가 하나의 방법이 될 수 있을 듯하다. 인종주의는 한 인종집단이 다른 집단을 지배하는 억압의 한 형태로 정의할 수 있다. 그것은 소수화집단 인종에 대한 지배집단 인종의 인종적·문화적 편견과 차별, 또는 사회적·제도적으로 지배집단(가령 흑인을 지배하는 백인 집단)의 권력과 특권을 유지하는 사고 체계다.

메리토크라시를 인종주의와 결합할 수 있는 논리 기제는 이렇다. 일정한 학벌 범주에 끼지 못하는 사람들은 능력이 부족하므로 차별과 편견의 시선을 견뎌 내야 한다(학벌주의). 무능력한 그들은 혐오의 대상이 되어 마땅하다(타락한 능력주의). 성적이 낮은 사람들은 '정상'이 아니다(지균충과 기균충). 모두가 인종주의적 사고방식의 특성에 부합하는 논리들이다.

나는 학벌주의나 타락한 능력주의 등 학벌과 학력과 성적을 지상 최고의 가치로 여기고 이에 따른 차별적 구조를 정당화하는 태도를 '유사인종주의pseudoracism'로 명명한다. 유사인종주의자들은 '특권의식'에 빠져 있다. 그것은 우리의 생각과 행동에 막대한 영향을 미친다.

유사인종주의자들은 자신이 속한 집단이 그 위치에 있을 권리가 있다

---

39. 이를 포함하여 인종주의와 관련된 내용은 캐나다 교육학자 오즐렘 센소이와 로빈 디엔젤로가 내놓은 최근작 《정말로 누구나 평등할까》(착한책가게, 2016)에서 빌려 왔다.

고 생각한다. 성취를 노력과 능력과 장점에 따른 자연스러운 결과로 보는 메리토크라시, 사람들이 편견을 갖지 않고 모든 사람이 똑같은 기회를 갖는다는 동등한 기회의 이데올로기, 교육과 건강과 소득과 순자산 등 지배집단과 소수화집단 사이의 측정 가능한 격차를 각 개인의 장점과 단점에 따른 것으로 보는 개인주의, '누군가는 위에 있어야 하지'라는 식의 인간 본성에 대한 왜곡된 이데올로기가 이러한 의식을 뒷받침한다.

그들은 우월감의 내면화에 사로잡혀 있다. 지배집단은 사회의 '정상'을 정한 뒤 스스로를 우월하게 묘사한다. 끊임없이 우월성을 확인하고 그것을 뒷받침하는 이야기들을 한다. 소수화집단의 관점에 대해서는 관심이 없다.

예컨대 '성적'이 좋은 사람이 '정상인'이다. 그들은 낮은 성적을 가진 '비정상적인' 사람들이 그 상태를 정상인의 도움을 통해 벗어날 수 있다고 여긴다. 성적이 왜 낮은지 '진짜' 이유를 알고 싶어 하지 않는다. 알아보려는 노력도 능력주의와 개인주의와 동등한 기회의 이데올로기라는 분석 틀 안에 머문다.

특권 집단은 시각이 제한적이어서 겸허함이 부족하다. 그들은 특권 행사로 인한 오만함 때문에 말을 들어 보았건 아니건 소수화집단을 대변할 수 있다고 느낀다. 내면화한 지배의식이 사고와 행태의 기본 모드다. 소수화집단과의 관계에서 자신이 어느 위치에 있는지가 내면화해 있다. 무의식적으로 우월한 위치에서 소수화집단과 상호작용한다.

그들은 특권을 보지 못한다. 이를 "허가받은 무지", "의도적 무지"와 같은 말로 명명할 수 있다. 지배집단 구성원들이 사회에 불평등이 존재한다는 무수한 증거들을 모르게 해 주는 역학을 가리키는 말들이다. 그들은 자신들에 대한 비판에 다음과 같이 부인하고 저항한다.[40]

불평등을 '입증'하기 위해 더 많은 자료가 필요하다고 한다.-"이 통계가 언제 발표되었나요? 지난 10년 사이에 상황이 많이 달라졌다고 생각합니다."

공부도 하지 않았으면서 억압을 경험하는 사람이나 이 분야 전문가들과 논쟁할 자격이 있다고 생각한다.-"장애가 사회적으로 구성되었다는 말에 동의하지 않습니다."

반례나 예외를 든다.-"하지만 루스벨트는 장애가 있는데도 대통령이 되었지 않나요?"

물길(화제-필자)을 돌린다.-"진정한 억압은 계급입니다. 계급 불평등을 없애면 다른 억압들은 사라질 것입니다."

위협-"협력하지 않으면 발전할 수 없습니다."

방어적 태도-"내가 장애인 차별을 한다는 말입니까? 우리 숙모도 장애인이에요!"

연구 결과를 부인하고 개인적·일화적 예를 들어 불평등이 별것 아닌 듯이 취급해버린다.-"우리 반에 휠체어 탄 아이가 있었어요. 다들 그 아이를 좋아하고 아무도 휠체어에 신경 쓰지 않았어요."

---

40. 오즐렘 센소이·로빈 디앤젤로(2016), 《정말로 누구나 평등할까》, 착한책가게, 142쪽.

학교는 차별을 재생산하는 기관이다:
차별주의

1

학교는 차별적인 사회구조를 재생산하고 구조화하는 대표적인 제도권 기관이다. 학교제도와 학교교육의 이면에 차별주의를 기반으로 한 시스템이 숨어 있다. 학교의 본질과 역사가 그랬고, 오늘날의 교육정책과 교육제도가 이를 방증한다. 마이스터 고등학교를 중심으로 한 직업교육과 기술교육 문제, 학교교육의 핵심 중 하나로 자리 잡은 진로교육 문제를 통해 알아보자.

마이스터 고등학교 정책은 이명박 정부 시절 도입되었다. 이주호 전 교육과학기술부 장관이 중점적으로 추진한 정책 중 하나였다. 학교별로 연간 2억 원에 달하는 거액의 예산이 투입되었다. 개방형 교장 공모제를 통해 기업 경영인 같은 외부 인사가 학교장에 취임했다. 대대적인 '기업형 학교 혁신' 작업이 진행되었다. 많은 학부모와 학생이 호응했다.

마이스터고 정책 도입을 놓고 논란이 벌어졌을 때, 나는 도입 반대 입장에 섰다. 몇 가지 이유가 있었다. 과도한 학벌주의·학력주의가 지배하는 나라에서 고졸 '마이스터'가 일정한 사회적 '지위'나 '위상'을 가질 가능성이 별로 없어 보였다. 학력 간 급여 차이가 온존해 있는 현실이 걸림

돌이 될 것이라고 믿었다.

"기술이나 배워라." '기술(자)'에 대한 우리 사회 일각의 인식을 말해 주는 표현이다. "마음에 차지 않는 선택, 또는 최소한 허용되어야 할 선택 이라는 뜻을 나타내는 보조사"인 '-이나'를 통해 알 수 있듯이 사람들은 기술에 대한 비하 의식을 공공연히 드러낸다.

마이스터고가 그런 현실을 더욱 공고화할 것이라고 예측했다. '기술'을 배우는 마이스터고 학생들에 대한 우리 사회의 시선을 간과하기 힘들었 다. 마이스터고가, 사회 진출을 위한 최소한의 보증 수단(?)인 대학으로부 터 멀어지게 하는 합법적 기제가 될 것 같았다. 낮은 사회경제적 지위를 갖는 학생들을 배출하는 합리적인 시스템으로 공인될지 모른다는 우려 가 컸다.

마이스터고를 둘러싼 논란의 이면에는 직업교육 문제, 교육에서의 평등 문제에 관한 뜨거운 논쟁거리들이 깔려 있다. 학교 유형 간 '차이'가, 구조 적으로 온존해 있는 학벌·학력 '차별'을 정당화하는 기제가 될 수 있다. 중립적으로 보이는 마이스터고 정책 이면에 모종의 음모론적인 의도가 개 입해 있는 게 아니냐는 의심마저 일었다.

존 듀이의 시선을 빌려 보자. 듀이는 직업교육이 반복적인 일을 위한 준비로 구성되어서는 안 된다고 주장했다. 그 핵심에 학생들의 '예측된 운 명'과 학교의 '걸러 내는' 기능에 대한 반대가 깔려 있다.[41] 듀이의 주장을 따라 '마이스터고'를 '기술자'로서의 '예측된 운명'의 표지이자 이들 '기술 자'들을 '일반인'에게서 '걸러 내는' 도구로 간주해 보면 어떨까.

---

41. 닐 나딩스(2016), 《21세기 교육과 민주주의》, 살림터, 259쪽.

학교는 걸러 내는 과정에 협력하지 않으면서 그 일을 달성하고자 하는 끊임없는 사회적 압력을 학생들이 숙지하는 데 있어 적극적이어야 한다. 학생들은 어찌할 수 없이 스스로 많은 사람들이 내켜 하지 않는 일자리에 처해 있다는 것을 알게 될 것이다. 민주적 희망은 첫째, 사회는 노동자들이 살아가는 데 적절한 임금(그래서 일이 아니라 급료에서 어느 정도의 존엄성을 갖는다)을 받아들여야 하고, 둘째, 자기의 직업에서 만족을 얻지 못하는 사람들은 삶의 다른 큰 영역들 중 하나에서 만족을 찾을 수 있어야 한다.

_넬 나딩스(2016),《21세기 교육과 민주주의》, 살림터, 259쪽.

이른바 '실업계고(특성화고)'와 '인문계고(일반계고)'의 평판과 관련한 차별적인 시선은 '직업', '기술'에 대한 한국 사회의 오래된 편견과 선입관에서 비롯되었다. 우리에게는 전통적으로 실용적 기술이나 직업을 천시하는 풍토가 있었다. 과거 우리 사회의 주류를 이루었던 지식 엘리트들이나 관료들이 유교와 유학 중심의 '인문학적' 수양을 주요 목표로 삼았던 역사와 관련될 것이다.

순위	학교 종류
1군	▲ 자사고(민족사관고, 상산고 등)　▲ 과학고/영재고 ▲ 수도권 최상위권 외고(대원외고 등)
2군	▲ 수도권 외고와 하나고　▲ 수도권 지역 비평준화 자율고(동산고 등)
3군	▲ 비수도권 지역 비평준화 지역 자율고와 명문고　▲ 평준화 자율고(한가람고 등) ▲ 일반계고 중 입시 실적 좋은 일부 고교　▲ 지방 외고
4군	▲ 일반계고　▲ 일부 특화된 특성화고
5군	▲ 특성화고 ▲ 일부 일반계고(평준화 지역에서 일반계와 특성화고에 떨어진 학생들이 많이 모이는 학교이거나 비평준화 신설 학교)

출처: 서용선 외(2013),《교육개혁 미래를 말하다》, 맘에드림, 162쪽.

학교에서 이루어지는 기술교육이나 직업교육을 바라보는 관점 역시 이와 크게 다르지 않다. 위 표에서 볼 수 있는 것처럼 특성화고는 고교 서열화 체제의 최하층에 위치한다. '특성화'라는 그럴듯한 말로 포장된, 전통적인 의미의 기술·직업교육에 대한 왜곡된 시선과, 이에 따라 형성된 학생들의 전반적인 성적(학력) 하향화 때문일 것이다.

2

오늘날 대다수 학교와 교사는 학생들에게 진로와 꿈을 강조한다. 진로와 꿈이 없으면 큰일이라도 날 것처럼 말한다. 진로와 꿈에 대해 제대로 대답을 하지 못하는 학생들이 많다. 그들은 졸지에 개념 없이 살아가는 '문제아' 같은 취급을 받는다. 학교와 교사가 강조하는 문제 해결의 방식은 간단하다. 학생들의 진로 문제가 정리되면 교육 활동과 장래 설계의 방해 요소들이 모두 해소될 것처럼 말한다.

나는 자유학기제와 진로교육집중학기제가 정확히 그런 지점을 파고든 제도라고 본다. 자유학기제는 학생들이 중학교 1~2학년 4학기 중 한 학기를 선택해 진로·주제선택활동을 자유롭게 할 수 있게 한 제도다. 진로교육집중학기제는 고등학교 일반계고 1학년을 대상으로 '진로와 직업' 교과 및 진로활동을 집중 편성하거나 일반 교과와 연계해 진로 수업을 하는 형태로 나누어 운영하는 제도다. 둘 다 진로 탐색에 초점을 맞춘다는 점에서 성격이 비슷하다.

이들 성책의 도입 취지에 대해 왈가왈부하고 싶지 않다. 다만 중·고교 현장에 진로 탐색에 초점을 맞춘 두 제도가 공식적으로 착근하기 시작함으로써 '진로나 직업에 관한 교육'이 절대화하는 효과를 가져올 것이라는 점과 관련하여 몇 마디 하고 싶다.

가령 나는 진로교육집중학기제가 '일반계고'에 집중된 배경이나 이유가 예사롭지 않아 보인다. 예전 실업계고인 특성화고에서 이미 완벽하게 직업교육과정을 실시하고 있다. 이런 직업교육은, 마이클 애플이 《마이클 애플의 민주학교》에서 20세기 초 미국 직업교육에 대해 쓴 말을 빌려 와 그대로 표현하면 "주류와 분리되어서, 이등시민을 길러 내는 제도"다.

일반계고 역시 그렇게 굴러갈 공산이 크다. 현재 우리나라 고교는 위계서열이 고착화한 시스템에 따라 운영되고 있다. 일반계고와 특성화고가 묶이면 자연스럽게 우리 사회의 절대 다수를 차지하는 비주류 이등시민으로서의 미래 노동자 직군을 충당할 수 있다.

현실이 그렇게 만들어지고 있다. 2014학년도 서울대 입학생 3369명 중 일반고 출신은 1572명으로 46.7퍼센트였다. 서울대 역사상 일반고 출신 비중이 전체의 절반 아래로 내려간 최초 해였다. 나머지는 특목고(801명, 23.8퍼센트), 자율고(683명, 20.3퍼센트) 출신 학생들이 차지했다. 우리나라 전체 고교생 가운데 일반고 학생 비중은 71.6퍼센트, 특목고와 자율고는 각각 3.5퍼센트, 7.9퍼센트 정도다. 이를 두고 언론은 '일반고의 몰락'이라고 평가했다.

일반고는 앞의 고교 위계 서열표에서 4군을 차지한다. 1~3군이 향유하는 특권교육의 대상이 아니다. 계층 구조상 평범한 노동자계급 자녀들이 대다수를 차지한다. 차별적이고 값싼 직업교육과 대중교육의 색깔을 가질 가능성이 높다. 1~3군 학교에서 특권교육을 받는 학생들은 사회 상층계급으로, 4~5군 학교에서 싸구려 직업교육을 받는 학생들은 하층계급으로 편입되는 구조로 해석할 수 있다. 학교와 학교교육이 학생들을 지배계급과 노동계급으로 미리 분화시키면서 사회적 차별을 고착화하는 시스템으로 작동한다는 것.

미국의 진보적인 교육사회학자 보울스와 진티스, 이탈리아 정치학자 안토니오 그람시를 인용해 보자. 보울스와 진티스는 "교육의 조직은 직업의 구조 또는 노동시장의 구조에 대응한다"라고 주장했다. 안토니오 그람시는 직업학교가 "학생들의 운명과 장래 활동이 미리 결정"돼 "사회적 차별을 영속"시킨다고 비판했다.

마이클 애플이 언급한 내용들이 인문교육과 직업교육의 분리에 따른 문제, 직업교육의 근본적인 모순에 대한 쟁점들을 이해하는 데 도움을 준다. 애플은 인문교육과 직업교육의 분리가 여러 분야에서 반민주적인 목적에 복무해 왔다고 단언했다. 상류 문화의 지식을 일상생활의 지식보다 가치 있는 것으로 여기게 하고, 청소년을 육체노동 트랙과 대학에 가고 전문직에 종사할 트랙으로 분리시킨다는 이유에서였다.

직업교육이 가진 근본적인 모순에 대해 언급한 부분도 눈길을 끈다. 애플에 따르면 직업교육은 한편으로 학교교육을 받지 못할 학생들에게 아주 오래전부터 지금까지 교육의 기회를 제공해 왔다. 다른 한편으로 그것은 저소득층과 고소득층이라는 이중 트랙을 제도화한다. 중·상층 자녀들이 고소득의 전문직을 갖기 위해 상급학교로의 진학을 준비할 때 저소득층 자녀들은 그들과 구분되어 취업 준비를 하게 된다는 것이다.

직업학교 신입생은 학교가 제공하는 금속공예, 목공 등과 같은 다양한 전공 실습실을 순환한다. 교사들은 자신의 실습실이나 교실에서 자율성이라는 명분 속에 고립되어 있다. 학생들에 대한 기대치는 낮고, 학생들에게 제공되는 수업은 최저 수준이다. 직업학교의 이러한 모습은 백여 년 전에 산업혁명을 지원하기 위해 최초로 시스템이 디자인된 이래로 이제껏 변한 적이 없는데, 이 시스템은 저소득층 출신의 15살 청소년은 반드시 그들이 장래에 무슨 직업에 종사할지를 알고 있어야 한다는 비민주적이고 시대착오적인 가정에 근거하고 있다(우리 중 누가 15살 때 지금 자신이 하고 있는 일을 할 거라고 예측할 수 있었을까?).

_마이클 애플(2015), 《마이클 애플의 민주학교》, 살림터, 193~194쪽.

요즘 아이들은 문제가 많다:
청소년 미성숙론

1

학교 내 비민주적인 차별 문화의 또 다른 예로 학생을 바라보는 시선의 문제가 있다. 학교와 교사, 우리 사회 어른들의 학생관은 단순하고 명확하다. 학생은 미성숙한 존재다. 학생을 불완전하고 미숙한 존재로 보는 시각은 사법적 판단 과정에서 힘을 발휘할 정도로 강력하다. 학생을 포함한 청소년 담론의 핵심을 차지하고 있다.

2004년 3월 25일, 헌법재판소(아래 '헌재')가 초·중등학교 교육공무원의 정당 가입과 선거운동을 금지하고 있는 〈정당법〉 제6조 단서 제1호 및 〈공직선거및선거부정방지법〉 제60조 제1항 제4호에 대해 서울 지역 중학교 교사 2명이 신청한 헌법소원 청구를 기각했다. 문제의 조항들이 정치적 표현의 자유, 평등권, 인간으로서의 존엄과 가치 및 행복추구권을 침해하지 않는다고 판단했다.

판결문의 판시 사항이 4가지였는데, 그중 마지막이 평등권에 관한 것이었다. 해당 조항이 대학교원의 정당 가입 및 선거운동의 자유를 허용하면서 초·중등학교의 교원에 대해서는 금지하는 것이 헌법상 평등권을 침해하는지 여부가 주요 내용이었다. 헌재는 그 둘 사이의 차별이 '합리적'이므로 헌법상 평등권을 침해하지 않는다고 판단했다. 구체적인 근거는 다음과 같았다.

초·중등학교에 근무하는 교원이 정당의 발기인 또는 당원이 되는 것을 금지하고 있는 것은, (중략) 우리나라의 정치적 현실과 역사적 경험에 비추어 행정의 중립성·효율성의 확보뿐만 아니라 특히 교원의 활동이 미성숙한 학생들의 가치판단에 중대한 영향을 주고 있으므로 교육자로서의 특별한 처신이 요구되고, 피교육자인 학생들의 기본권 또는 학부모들의 자녀에 대한 교육권과의 갈등을 예방하기 위해 부득이하고 필요한 조치이기도 하다.

_2001헌마710

헌재는 학생들이 감수성과 모방성과 수용성이 왕성하여 교사들이 이들에게 미치는 영향이 매우 크다고 보았다. 교사들의 활동이 근무시간 내외를 불문하고 학생들의 인격과 기본 생활 습관 형성에 중요한 영향을 끼친다고 지적했다. 우리나라에서 최고의 사법적 권위를 갖는 기관 중 하나인 헌재가 학생들을 모방과 수용의 객체쯤으로 대상화하는 시각을 그대로 드러냈다.

헌재의 관점은 우리 사회에 두루 유통되는 청소년관의 주류를 차지하는 '청소년 미성숙론'을 대변한다. 청소년 미성숙론은 청소년을 행동과 사고의 온전한 주체로 인정하지 않는다. 청소년은 판단력이 부족하다. 어른을 그대로 따라 하는 경향이 강한 미성숙한 존재들이다. 정치사회적 주체의식이 부족해 정치적 자유권을 행사하기에 어려움이 있다. 비청소년들이 주도하는 정치 활동의 영향권 아래 놓이면서 대상화할 수밖에 없다. 이런 논리들의 지배를 받는다.

청소년 미성숙론을 대표하는 언어 표현이 '요즘 아이들'이다. '요즘 아이들'이라는 말은 힘이 세다. 아이들을 둘러싼 문제의 배경과 이유를 모조리 빨아들인다. 무사안일주의에 빠진 학교가 방임과 무책임의 핑계로 삼는다. 학생을 품지 못하는 교사가 무능하다는 비난에서 벗어날 수 있다. 끊임없이 끼어들어 잔소리하는 부모가 자신들의 욕망을 은폐하기 쉽다. '문제' 있(는 것처럼 보이)는 아이를 '요즘 아이들' 담론으로 분석하는 순간 그들은 자신들에게 부과된 책무와 책임을 내던질 수 있다.

10대 청소년을 바라보는 우리 사회의 일반적인 시선을 돌아본다. '요즘 아이들'로 살아가는 10대의 '정체성'을 '중2병', '괴물', '급식충', '등골브레이커'라는 말들에서 찾는 사람들이 많다. 아이들 대다수가 평범하게 지내건만 미성숙해 어디로 튈지 모르는 '환자'나 혼돈 속에서 어른에게 도발하는 골칫덩어리, 사회와 제도에 빌붙거나 부모 등골을 빼먹는 '기생적인' 존재로 취급받는다.

'요즘 아이들' 담론은 아이들 하나하나의 개별성을 거세한다. '요즘 아이들'의 시선으로 학생들을 바라보면 교실이 거대한 획일주의의 단련장이 된다. 모두가 공부를 잘해야 한다. 모두가 선생님 말을 잘 들어야 한다. 모두가 꿈을 가져야 하고, 모두가 열심히 노력해야 한다. 모두가 적극적이고 자기 주도적이어야 하며, 모두가 창의적이어야 한다. 이 외에도 우리는 '모두가'로 시작하는 목록을 끝없이 이어 갈 수 있다.

2

'요즘 아이들' 담론은 다양하고 복합적인 배경 담론과 함께 유통된다. 대표적인 것이 '나이주의ageism'다. 나이주의는 나이에 따른 차별, 나이에 따라 사람을 규정하며 사회적 규범을 요구하는 제도나 이데올로기, 넓게는 사회구조를 가리키는 말이다.[42] 1970년대 미국에서 제안된 개념으로, 당시 노인에 대한 차별을 가리킬 때 쓰였다.

의무학교교육 시스템은 청소년 담론의 하나로 나이주의가 유효하게 쓰일 수 있다는 사실을 잘 보여 주는 사례다. 공교육 시스템의 주요 기제 중 하나인 의무교육제도는 대상자들의 나이를 준거로 구획된다. 일정 연령 범주에 속하는 청소년들을 서로 다른 특정한 학교제도 시스템 안에 집어넣어 공통의 교육과정에 따라 교육 활동을 펼치는 게 오늘날 대다수 국가에서 이루어지는 의무교육 운영 방식이다.

이때 학교는 학생 청소년 각자가 자신들의 개별성이나 주체성을 키우기 힘든 획일화의 공간이 된다. 그러나 그들이 특정 연령대에 이르렀다고 해서 그런 폭력적인 공간에서 살아가야 한다는 점을 정당화할 수 있는 근거는 거의 없다.

나이주의는 어떻게 '요즘 아이들' 담론을 뒷받침하는가. 최근 청소년운동 분야에서는 나이주의가 청소년 억압의 근간이 되는 이데올로기이자 사회구조이며, 청소년만이 아니라 모든 연령의 사람들에게 적용되고 있다고 본다. 이는 현대 국가의 특징과 관련된다. 현대 국가는 국민을 '관리'한다. 나이를 정확하게 따져 이에 따라 각종 제도를 만든다. 연령에

---

42. '나이주의'의 개념과 특징에 관한 내용은 공현(2016), 〈나이주의, 왜?〉,《오늘의 교육》제34호 (2016년 9·10월호), 교육공동체 벗, 11~14쪽을 참조하였다.

따라 교육, 취업이나 승진, 혼인, 출산이나 육아 등 생애 주기 틀에 따른 개인적·사회적 책무를 부과한다.

　　자본주의는 생산성의 극대화를 위해 미숙한 아동에 대해서는 학교를 통한 도제교육과 일시적 노동이 유예를 부여하고, 나이 든 노인에 대해서는 '늙음=무능'으로 도식화하면서 정년이라는 제도를 만들어 노동으로부터 비자발적으로 배제시켰다. 이는 생산성을 기준으로 특정 연령을 타자화하고 배제하는 문화로 연결된다. (중략) 보다 근본적인 문제는 나이에 따른 구분은 학습자의 현재적 권한과 책임을 과거와 미래로 분산시킨다는 것이다. 이렇게 현재적 개인에게 권한과 책임이 제거될 때, 개인은 늘 현재의 삶을 살지 못하며 자기 삶에서 무책임한 존재가 되며, 삶에서 자유롭지 못하고 타자와 제도의 지배에 쉽게 노출된다.

_정용주(2016), 〈나이주의와 교육〉,《오늘의 교육》(제34호, 2016년 9·10월호),
교육공동체 벗, 77쪽.

　　청소년 미성숙론에 따르면 아이들이 어떻게 해서든 성숙해져야 하는 존재로 간주된다. 자아에 대한 탐구와 헌신으로 일정한 정체감을 갖게 하거나(사회심리학), 적절한 보상과 처벌로 지적·도덕적 반응을 유도하거나(행동심리학), 청소년의 창조적 능력을 인정하고 그들 자신에게 인격 형성의 책임을 부여하거나(인간주의), 가족·학교·전체사회 등 다양한 사회 체계들에서 적절한 환경을 구축하는(맥락주의)[43] 등의 '성숙화 메뉴'가 제

---

43. 김성윤(2014),《18 세상》, 북인더갭, 201쪽.

공되어야 한다.

청소년 문제를 연구하는 소장학자 김성윤은 이와 같은 청소년 미성숙론이 '정치적'인 것이라고 규정한다. 엄격한 의미의 이론이 아니라 세상(어른, 사회)의 필요에 의해서 만들어진 것이라는 이야기다. 그 정체가 무엇인지 밝혀져야 하는 존재가 청소년이고, 그들의 문제가 해결되어야 현재의 정치·경제 체제가 유지되기 때문이라는 이유에서다. 김성윤은 대중정치가 시작되면서 거의 모든 인구를 통치의 대상으로 삼게 된 현대의 정치학과, 자본주의적 생산양식과 더불어 노동력의 사회적 재생산을 요구하는 현대의 경제학을 숙고하도록 하자고 제안한다.

김성윤 유의 '관리되는 청소년론'은 10대를 중심으로 펼쳐지는 우울증 담론을 통해서 뒷받침된다. 최근 5년 사이 청소년 우울증이 15.3퍼센트, 청소년 우울증 증세 중 하나인 수면장애가 56.4퍼센트 늘었다고 한다. 청소년들의 '성정'이나 '태도'가 원래 그래서일까. 우리 사회의 전반적인 시선은 대체로 그런 쪽에 가까운 것 같다.

그런데 우리는 아이들에 대한 판단이 주관적이고 자의적일 수밖에 없다는 점에 유의하지 않으면 안 된다. 예를 들어 특정한 행동 주체에 대한 관찰자의 '관점'이 달라지면 태도나 행동에 대한 '해석' 역시 상이해진다. 미국의 토머스 암스트롱이 《주의력 결핍 장애 아동이라는 신화The Myth of the A.D.D. Child》(1997)에 정리해 놓은 아래 표[44]를 보라.

---

44. 오즐렘 센소이·로빈 디앤젤로(2016), 《정말로 누구나 평등할까》, 착한책가게, 126쪽에서 재인용했다.

부정적이고 비정상	긍정적이고 정상
과잉행동	활동적임
충동적	자발적
산만함	창의적
몽상에 잘 빠짐	상상력이 풍부함
집중도가 낮음	집중 범위가 넓은 포괄적 사고
예측하기 어려움	유연함
따지기 좋아함	독립적임
고집이 세고 짜증을 잘 냄	신념이 강하고 예민함
공격적	적극적
주의력 결핍 장애	독특함

3

요즘 아이들 담론은 청소년에 관한 또 다른 중요한 담론인 '청소년 공포Ephebiphobia' 담론으로 이어진다. 인터넷 〈위키피디아〉에서는 'Ephebiphobia'를, '젊은이youth', '청소년adolescent'을 뜻하는 그리스어 'éphēbos'와, '공포fear', '공포심phobia'을 뜻하는 'phóbos'가 결합된 말로 풀이했다. 커크 애스트로스가 1994년 《청소년 공포를 넘어서Beyond Ephebiphobia》를 쓰면서 처음 만든 신조어라고 설명하고 있다.

청소년 공포론 역시 여느 사회적 담론과 마찬가지로 정치사회적 배경을 갖고 있다.[45] '성인중심주의Adultism'에 저항하는 단체로 알려진 미국의 'The Freechild Project' 자료에 따르면 '청소년 공포'는 미디어와 정치, 학

---

45. 아래 '청소년 혐오' 관련 내용은 십대섹슈얼리티인권모임 활동가 쥬리가 《미디어스》에 쓴 '우리 사회의 청소년 혐오'(2016년 7월 2일) 기사를 참조했다.

교 현장에 만연한 아동·청소년에 대한 전 사회적 공포를 총칭하는 용어로 사용된다. 그것은 아동과 청소년에 대한 고정관념을 기반으로 거대 미디어가 아동과 청소년을 부정적으로 묘사하는 방식을 통해 강화된다.

청소년 공포론은 민주주의, 사회문화, 교육, 경제에 두루 영향을 미친다. 민주주의 측면에서 청소년은 참정권을 부정당하고 공동체의 의사결정에서 배제된다. 정치인이나 정치 조직은 투표권이 없는 청소년층의 권리를 대변하지 않는다. 사회 전체적으로 청소년을 악마화demonize하는 문화적 현상이 만들어진다. 한 가족 안에서 부모가 청소년 자녀와 그 친구들에게 공포를 느끼는 풍조가 퍼진다.

청소년 공포 담론의 시원은 역사가 깊고 그 영향의 자장권이 넓다. 자명하고 자연스러운 '상식'처럼 알고 있는 교육 시스템의 역사적인 맥락 속에 청소년 공포론이 은밀하게 숨어 있다. 대다수 국가에서 청소년 교육정책으로 채택하고 있는 의무교육 시스템은 청소년 공포론을 배경으로 나타났다. 주요 훈육 방식 중 하나인 체벌이나 학교에서의 나이(학년) 구분 방식 들 역시 청소년 공포론의 영향을 받은 것들이다.

19~20세기 많은 청소년들이 일자리를 찾지 못하고 거리에서 시간을 보내자, 그들에게 공포를 느낀 사회와 어른들이 학교를 의무화하여 청소년이 낮 시간 동안 거리에 모여 있지 않도록 만들었다는 것이다. 다양한 연령의 청소년들이 서로 소통하고 협력하는 것을 두려워한 결과가 나이(학년) 구분이라고도 설명한다. 경제 측면에서는 청소년이 의미 있는 직업을 가질 수 없도록 하는 구조, 가게들이 '보호자 동행 없이 18살 미만 출입 금지' 간판을 내거는 현상, 청소년이 거리에 많이 보이는 동네를 어른들이 피하는 바람에 상권이 변화하는 현상도 ephebiphobia의

결과라고 말한다.

_쥬리, '우리 사회의 청소년 혐오', 《미디어스》 2016년 7월 2일 자 기사.

지배문화가 '정상' 행동을 규정한다. 캐나다 교육학자 오즐렘 센소이와 로빈 디앤젤로의 주장이다. 청소년들을 뒷담화하는 비청소년들(교사, 학부모)의 의식 이면에 청소년들의 행동을 평가하는 지배집단으로서 (의도적으로든 비의도적으로든) 갖게 되는 '특권 의식'이 작동한다. 센소이와 디앤젤로의 논지에 따르면 그들은 청소년들을 억압하고 통제하고 임의적으로 평가함으로써 자신들의 이익을 얻기 때문에 그렇게 한다. 청소년 미성숙론의 정치성과 일맥상통한다.

그들은 청소년들의 경험을 쉽사리 무시하고 그들의 경험이 갖는 의미를 함께 이야기하려 하지 않는다. 사회구조적으로 복잡하게 얽힌 청소년 문제를 제대로 보거나 고치고 싶은 의향이 없다. 눈에 보이는 문제들은, 김성윤이 '블랙박스'에 빗댄 '요즘 애들'을 통해 너무 쉽고 자연스럽게 해결하려 한다. '해결'이 아니라 '방치'나 '무시'에 불과한 무책임한 처사라는 점을 잘 알면서도 그렇게 한다. 그래서 "요즘 아이들은 문제가 많다"라는 말이 정치적 사기나 사회문화적 허구에 가깝게 보인다.

개인은 악하고 공동체는 선하다:
공동체주의

1

우리 사회에서 '개인'과 '개인주의'라는 말들은 대체로 부정적인 뉘앙스를 풍긴다. 긍정적인 맥락에서 쓰이는 예를 찾기 힘들다. 개인은 악하고 공동체는 선하다는 논리가 자연스럽게 받아들여진다. 개인주의가 부정적인 의미의 이기주의에 대한 유의어처럼 쓰인다.

'개인'과 '개인주의'라는 말들을 떠올리며 물어본다. 개인주의자는 민주주의에 약일까 독일까. 개인주의라는 말이 갖는 일반적인 어감이나 쓰이는 맥락을 떠올리면 '독'에 가까운 것처럼 보인다. 개인은 공동체의 결속력을 떨어뜨리는 존재다. 개인주의자는 공공의 요구나 이익보다 자신의 욕망이나 이익에 충실하다. 개인주의는 '이상'으로서의 공동체주의와 대립하는 이미지를 갖는다. 그래서 개인주의자는 이기주의자를 가리키는 다른 말처럼 통용된다.

'個人(개인)'의 '個'는 '사람'을 뜻하는 '亻'과 '굳다, 단단하다'를 가리키는 '固'로 이루어져 있다. 한 사람의 독립성이 이미 굳어진 상태에 있음을 나타내는 글자가 '個'다. '개인'의 영어 단어 'individual'은 라틴어 'individualis'에서 나왔다. '나눌 수 없는 것'을 뜻하는 라틴어 'individuum'에 뿌리를 대고 있는데, 'in+dividuus(divisible)', 또는 'in+divido(divide)'의 합성어다. 공동체에 소속되지 않고 홀로 서 있는 존재라는 뜻도 가지고 있다. 동서양에서 쓰이는 '개인'이라는 말에는 모두 독립성이 들어 있다.

역사적으로 개인주의는 17세기부터 21세기까지 나타난 자유주의 담론의 계보 안에 위치한다.[46] 자유주의는 사회적 집합성에 대해 개인이 도덕적으로나 존재론적으로 우월하다고 주장하는 인간 본성 개념을 포용한다. 그런 점에서 자유주의는 개인주의에 바탕을 둔다.

자유주의자들은 개인을, 각 개인이 자유롭고 합리적인 선택으로 자신을 구성한 '자기 창조물'로 본다. 이러한 관점에 의하면 '개인'은 특별한 단서 조항 없이 선험적으로 '전제'되는 존재다. 그들은 사회 이전에 존재한다. 이론적으로 그들은 사회적이거나 문화적인 영향을 받지 않는 "근저의 형이상학적 가정 위"[47]에 위치한다.

자유주의 전통에서 강조하는 개인은 강한 독립성을 갖는다. 그러므로 개인이 사회적이거나 문화적인 영향을 받지 않은 채 "형이상학적 가정"이라는 추상적인 토대 위에 놓인다고 보는 발상은 위험해 보인다. 필연적으로 사회를 이루며 살아갈 수밖에 없는 인간의 '운명'과 맞지 않을 것 같기 때문이다. 그럼에도 불구하고 개인이 강조되어야 할 어떤 특별한 이유가 있을까.

---

46. 자유주의 관점에서 바라본 '개인', '인간 본성' 등에 관한 내용은 마크 올슨 외(2015), 《신자유주의 교육정책, 계보와 그 너머: 세계화·시민성·민주주의》, 학이시습, 119~129쪽을 참조하였다.
47. 마크 올슨 외(2015), 위의 책, 169쪽.

2

'개인'의 반대편에 '사회'나 '공동체'가 있다. 우리 사회 일각의 왜곡된 개인주의 신화 때문일까. 대개 중립적으로 보이는 이 말들이 '목적'이 되고는 한다. 개인은 악하고 사회나 공동체는 선하다. 그러나 도당徒黨들에게도 '사회'가 있고 파벌派閥들 역시 '공동체'를 이룰 수 있다는 존 듀이의 논변을 떠올려 보자. 요컨대 사회나 공동체는 그 자체로 절대선이 아니다.

듀이는 도당 '사회'나 파벌 '공동체'가 진정한 의미의 사회나 공동체가 아니라고 보았다. "의식적으로 전달되어 공유되는 많은 관심이 존재하고, 다른 공동양식[48]과의 다양하고 자유로운 접촉점이 존재하"[49]지 않기 때문이다. 도당이나 파벌들에게는 공통의 관심이 많지 않다. 그들이 갖고 있는 거의 유일한 관심사는 물건을 훔치거나 무리를 지음으로써 얻을 수 있는 사적 이익이다. 도당과 도당, 파벌과 파벌 사이에는 자유로운 왕래나 상호작용이 없다. 무언가를 서로 주고받는 기회를 갖지 못하므로 공유하는 가치가 거의 없다. 이러한 문제는 도당이나 파벌에만 국한되지 않는다.

도당이나 파벌의 고립이나 배타성은 그 반사회적 경향을 드러낸다. 그러나 스스로 고립되어, 다른 집단과 충분히 상호작용할 수 없게 하는 '독자적인' 관심을 추구하는 집단이라면 어디에서나 이러한 경향을 볼 수 있다. 이런 집단의 주요 목적은 보다 넓은 여러 관계를 통해서 자기를 개혁하고 진보케 하는 것이 아니라, 이미 얻은 것을 지키는 데 있다.

---

48. '사회', '공동체'와 같은 것을 말한다.
49. 존 듀이(2008), 《민주주의와 교육》, 동서문화사, 97쪽.

서로 고립된 국가, 보다 큰 사회와는 아무런 관련이 없는 듯 사사로운 내부 문제에만 집중하는 가정, 가정이나 지역사회의 관심에서 떠난 학교, 부자와 빈자, 교양이 있는 사람과 없는 사람의 차별에서 앞서 말한 특징이 나타난다. _존 듀이(2008), 《민주주의와 교육》, 동서문화사, 99~100쪽.

듀이의 비판적인 시각을 학교에 적용해 보자. 오늘날 '학교 공동체' 담론은 이론의 여지가 없는 자명한 명제처럼 받아들여진다. 반문해 보자. 실제 학교가 온전한 공동체 정신에 걸맞게 굴러가고 있는가. 듀이는 가령 "지역사회의 관심에서 떠난 학교"가 도당이나 파벌이 갖는 고립이나 배타성을 가질 수 있다고 경고했다. 학교가 '공동체'를 지향할 때 "생활의 경직이자 형식적 제도화를 조장하고, 집단 내부의 정적이고 이기적인 이상을 일으[50]키는 쪽으로 향할 수 있다고 보았다.

공동체는 지고의 가치가 아니다. 그 자체로 궁극의 목표가 아니다. 우리가 그것을 무비판적으로 이해하고 사용할 때, '공동체'라는 말은 심각한 결과를 가져올 수 있다. 개인이나 개인주의를 인정하지 않는 극단의 공동체주의는 한 사회를 전체주의와 독재 체제로 향하게 한다. 미국의 저명한 교육철학자인 넬 나딩스가 공통 교육common education과 강한 일체감, 공동체 의식이 파시즘의 핵심적 특징이라고 주장한 까닭이 여기에 있다.

미국 교육학자이자 문학평론가인 에릭 도널드 허시 2세는 이탈리아 철학자이자 교육자인 지오반니 젠틸레를 컬럼비아 교육대학에서 출발한 진보적 교육 이념의 숭배자로 묘사했다. 그런데 젠틸레는 이탈리아 전체주의 독재자 무솔리니 치하에서 교육부 장관으로 일한 학자였다. 일반적으

---

50. 존 듀이(2008), 위의 책, 100쪽.

로 '파시즘 철학자'로 불렸으며, 스스로 그렇게 생각했다. 젠틸레는 열정적으로 공동체 정신과 그 정신의 일체성에 대한 글을 썼다. 그에게 공동체는 지고의 가치이자 궁극의 목표였다.

듀이는 과정과 수단으로서의 공동체를 생각했다.

> 만약 우리가 여하간 공동체의 이상이 이미 저 위에 있다고-신에 의해서든 특정한 이데올로기에 의해서든 특정한 지식 체계에 의해서든 구성되어 있다고-가정한다면, 교사의 과업은 거의 무수한 전달에 가깝다고 말할 수 있을 것이다. 그러나 민주적 공동체democratic community라는 것이 끊임없이 구성하는 작업이라고 말한 듀이의 생각에 우리가 동의한다면, 교사의 과제는 의사소통이 필요하고, 공통의 관심사를 만들어 내며 확장하고, 반성과 숙고를 격려하는 일일 것이다. 의사소통을 하기 위해 공통의 지식 체계가 필요한 것이 아니라, 그것을 만들기 위해 의사소통이 필요한 것이다.   _넬 나딩스(2016), 앞의 책, 103~104쪽.

듀이는 개인과 개인 사이의 관계와 상호작용을 강조했다. 민주주의적인 교육을 통한 개인의 변화를 믿었다. 그는 민주주의를 "공동 생활의 한 양식, 연대적인 공동 경험의 한 양식"[51]으로 정의했다. 사람들이 어떤 하나의 관심을 공유하면, 그들 각자는 자신의 행동을 다른 사람들의 행동과 관련하여 생각해야 한다. 자신의 행동에 목표나 방향을 부여하기 위해 다른 사람의 행동을 숙고해야 한다. 공동 생활, 공동 경험이 이루어지는 토대다. 학교를 민주주의의 공동체로 재편하고자 할 때 고려해 봄 직

---

51. 존 듀이(2008), 위의 책, 101쪽.

하다.

하나의 관심을 공유하는 사람들의 수가 더 넓은 범위로 확대되어 간다는 것은 어떤 의미일까. 듀이는 그것이 사람들이 자기 활동의 완전한 인식을 방해하는 계급적·민족적 장벽을 파괴하는 것과 같은 일이라고 보았다. 다른 사람과 접촉하는 지점이 많아지고 더 다양해진다는 것이, 개인이 반응해야 할 자극이 더 다채로워짐을 의미하는 것으로 이해했다. 그 결과 개인의 행동 변화가 조장된다는 것이 듀이의 생각이었다. 그의 논지에 따르면 개인의 능력은 다른 사람과의 관계와 상호작용에서 극대화한다. 상호 간 관심을 차단하고 접촉을 막는 배타적인 집단에서는 그러한 능력이 억눌린다.

'개인'과 '공동체'를 중심으로 교육의 본질적인 차원의 일부를 살펴보았다. 범박하게 정리해 보자. 개인은 그 자체로 목적이어야 한다. 그렇지 않으면 공동체의 일부에 종속되어 수동적인 존재로 전락할 수 있다. 다만 고립된 개인이어서는 안 된다. 공동체를 만드는 '과정'에 끊임없이 개입하고 참여하는, 공동체 내 다른 개인과 상호작용 하며 관계를 맺는 개인이어야 한다.

개인이 소거된 공동체는 파시즘으로 이어질 수 있다. 각 개인의 고유성을 인정하지 않는, 개인 간 관계와 상호작용이 충분하지 않은 공동체는 개인을 억압한다. 특유의 능력을 기르거나 발휘하지 못하게 한다. 개인의 진정한 능력은 공동 생활과 공동 경험의 양식인 민주주의 공동체를 지향할 때 커진다. 오늘날 학교가 나아가야 할 방향이다.

우리는 시키는 일만 한다:
책무성과 책임성

1

왜곡된 개인주의와 공동체주의는 학교 구성원들에게 그릇된 신호를 준다. 우리는 시키는 일만 한다. 우리는 주어진 일만 한다. 책무성 문화다.

책무성은 신뢰가 사라진 학교를 지배하는 핵심 기제 중 하나다. 책무성이 지배하는 학교에서 이루어지는 교육 활동은 경직된 규율이나 행동 규범의 영향력 아래 놓인다. 상호 불신의 악순환에 빠진 교사들은 관료적이고 위계적인 톱다운Top Down 시스템에 따라 정해진 업무만 수행한다. 교무실이 매뉴얼이 규정하는 기계적인 직무 수행 절차의 지배를 받는다. 교육 전문가로서 자율적으로 판단하고 결정하는 기회가 줄어든다. 각종 지침과 요령에 순종하는 '기계 교사'가 넘쳐난다.

일종의 계약주의가 학교를 지배한다. 계약주의는 감시, 점검, 보고, 기록 등 '순응 강화 체제'를 집행하는 일에 많은 비용을 지출한다.[52] 그 결과 집단의 전체적인 이익이 줄어들고, 구성원들 간 협력적 활동이 약해진다.

---

52. 올슨이 시크의 《혁신의 정신(The Spirit of Reform)》에서 인용한 내용이다. 아래 계약주의의 문제점이나 한계에 대한 시크의 주장은 마크 올슨 외(2015), 《신자유주의 교육정책, 계보와 그 너머》, 학이시습, 300~301쪽을 참조해 정리했다.

공공 서비스 가치가 침식되면서 자기 봉사적 가치가 그 자리를 대체한다.

학교와 교사가 계약주의를 뛰어넘는 데 무엇이 필요할까. 교사들이 상호 신뢰를 바탕으로 전문가로서의 책임을 다하는 일이 필요하다. 외적 책무성과 내적 책무성이라는 개념을 통해 좀 더 구체적으로 알아보자.[53]

외적 책무성은 낮은 신뢰 관계를 기반으로 한다. 선형 관리에 근거하며, 위계적이고 외적인 통제와 제재로 유지된다. 계약적 순응, 정보의 공식적 보고와 기록 등을 필요로 한다. 그 과정은 대개 몰개성적이다. 성과 관리와 평가 시스템으로 표상되는 외적 책무성 형식에서 전문적 실천가라는 도덕적 주체의 위상은 약해진다.

이런 일들은 중립성 윤리the ethics of neutrality와 구조 윤리the ethics of structure와 같은 것을 통해 발생한다. 교사들이 의사결정이나 정책에 대한 책임이 더 큰 권위를 지닌 사람, 예컨대 교장에게 있다고 생각할 때 중립성 윤리가 나타날 수 있다. 중립성 윤리는 '왜'라는 판단을 내리지 않는 군인에게 적합하며, 관리주의 문화와 함께한다. 구조 윤리는 정치적 구조와 권력관계 때문에 도덕적 책임이 가능하지 않다고 가정할 때 작동한다. 외적 책무성은 도덕적인 주체에게 의존하지 않는다. 지시와 명령에 복종하고 조직의 가치에 순응하는 것만으로 충분한 정당성을 갖는다.

내적 책무성의 기반은 높은 신뢰다. 그것은 도덕적인 주체, 전문적인 책임과 관련된다. 성과 평정, 규율과 제재 등 외적 동기가 아니라 헌신, 충성, 의무감 같은 내적 동기로 유지된다. 서로 다르거나 상충하는 이익을 가진 이해관계자들에게 설명할 책임을 지는 도덕적 의무를 갖는다. 이 일은 때로 관료주의 시스템의 지시에 대한 거부로 이어질 수 있다.

---

53. 외적 책무성과 내적 책무성, 중립성 윤리와 구조 윤리 들에 관한 더 구체적인 내용은 마크 올슨 외(2015), 위의 책, 304~308쪽을 참고하기 바란다.

외적 책무성이 지배하는 학교에서는 신뢰가 갈수록 줄어든다. 교사라는 전문가가 도덕적인 주체이자 실천가로서 인정받는 전문가적 책무성 형식에 입각할 때 줄어든 신뢰를 원래 상태로 복원할 수 있다. 그 바탕에 내적 책무성 형식이 깔려 있다.

2

나는 '전문가적 책무성'을 '전문가 책임주의'로 고쳐 부르고자 한다. 신자유주의 담론의 기초가 되는 '외적 책무성'은 '책무성'으로, 전문가 책임주의의 바탕을 이루는 '내적 책무성'은 '책임성'으로 바꿔 명명한다. 이를 코드가 정리한 두 가지 책무성 형식에 적용하면 다음과 같다.[54]

외적 책무성: 책무성	내적 책무성: 책임성
낮은 신뢰	높은 신뢰
위계적 통제	권한이 위임된 전문적 책임
계약적 순응	헌신, 충성, 의무감, 전문성
계선 구조를 위한 공식 보고와 기록 과정	복수의 이해관계자들에게 설명 책임을 짐
축소된 도덕적 주체: 중립성 윤리, 구조 윤리	앙양된 도덕적 주체: 숙의, 재량

외적 책무성과 내적 책무성은 넬 나딩스가 《21세기 교육과 민주주의》에서 위계 구조의 '위로 향하는 책무성accountability'과 '아래로 향하는 책임성responsibility'에 대응하는 것처럼 보인다. 나는 나딩스의 책무성이 위

---

54. 마크 올슨 외(2015), 위의 책, 308쪽.

계적인 권위주의 시스템을 기반으로 한 개념이라고 이해한다. 그것은 관료들이 틀에 박힌 행정 절차 하나하나를 규칙이나 규정에 견줘 한 치의 어긋남 없이 따르듯이 교사들이 교육 활동을 펼칠 때 그들에게 주어진 매뉴얼과 지침대로 따를 것을 강요한다. 그렇지 않으면 '벌'이 뒤따른다.

책무성은 권위에 대한 지나친 순응을 조장한다. 위계 구조 시스템에서 위쪽을 겨냥하므로 보상이나 징벌에 대한 교사들의 취약점에 관심을 두는 경향이 강하다. '승진'이라는 '당근'과 '징계'라는 '채찍'이 관료적인 교직 사회를 이끌어 가는 핵심 축이라는 사실을 부인하고 싶은 교사들은 거의 없을 것이다.

그러나 책무성보다 더 강력하게 교사에게 힘을 발휘하는 것이 책임성이다. 책임성은 권한의 사슬에서 아래쪽을 겨냥한다. 교사들 각자의 돌봄과 역량에 의존한다. 이때 교사는 적어도 부분적으로 학생들의 신체적·정서적 안전, 그리고 그들의 지적 성장뿐만 아니라 도덕적·미적·사회적 성장에 책임이 있는 존재가 된다.

학생들이 다음 학년이나 과정을 준비할 때, 그들은 반드시 영구적이거나 장기적인 학습과 관련되어야 한다. 여러 해가 지나면, 학생들은 학교에서 배운 것의 많은 부분을 잊어버리게 된다. 정말, 우리들 모두 한때, 시험을 통과하기 위해 익혔던 많은 세세한 부분을 곧잘 잊고 만다. 그러나 책임성을 가진 교사들은 학생들이 어떤 마음의 습관, 지적 호기심, 그리고 배움을 계속할 열정(혹은 적어도 의지)을 보존하기를 바란다. 교사는 수업의 단원이 학습의 즐거움을 죽이고 있는 것을 보았을 때, 교사는 학습하려는 욕구를 회복시킬 수 있는 새롭고 가치 있는 활동을 슬기롭게 만들어 낸다. _넬 나딩스(2009), 위의 책, 49쪽.

낮은 신뢰 관계를 기반으로 이루어지는 책무성 문화가 신자유주의적인 교육정책이 전면화하면서 널리 퍼졌다. 전문가 책임주의가 사라지고 외적 규제와 평가가 대세를 이루었다. 그러나 법률이나 강요된 규칙을 통해 전문가들의 윤리적 행위를 직접 통제하려는 시도는 일반적으로 성공적이지 않다.

전문가로서 전문적인 삶을 살아가려는 그들 자신의 노력에는 고도의 윤리 의식과 도덕적 실천이 요구된다. 책무성 문화는 그런 기반을 무너뜨린다. 전문가 주체의 윤리적·도덕적 의식과 실천이 그들이 하는 일로부터 분리된다. 전문가적인 삶이 일에 대한 전문적인 식견과 전문가로서 갖춰야 하는 윤리·도덕 체계를 기반으로 한다는 사실이 간과된다. 도덕적 책임을 지지 않는 '전문가 기계', 자신의 전문적인 영역 안에 고립되어 홀로 살아가는 반쪽짜리 전문가가 득세한다.

모든 선택은 합리적이다:
선택권 담론

1

이런 상황을 상상해 보자. 부모가 자식을 위해 '최선의 선택'을 한다. 가족은 그런 선택을 위한 '정치적 결정'이 이루어지는 최소 단위 공동체다. 부모의 권력이 절대적으로 행사되는 '비민주적 공동체'일 가능성이 높은 공간이다. 우리 집 부모가 이익 극대화를 위해 고심한다. 이웃집 부모가 그렇게 한다. 이제 모든 부모가 자식을 위한 최선의 선택 대열에 동참한다.

그들은 타인에게 위해를 가하려는 의도가 없다. 자녀의 안녕과 행복을 바랄 뿐이다. 우리는 그들을 '선한' 이기주의자들로 부를 수 있지 않을까. 그럴 수 있다. 그렇다면 그런 이 가족과 저 가족으로 이루어지는 더 큰 공동체(사회, 국가)가 어떻게 될까. 앞서 인용한 듀이의 말을 다시 가져와 보자.

도당이나 파벌의 고립이나 배타성은 그 반사회적 경향을 드러낸다. 그러나 스스로 고립되어, 다른 집단과 충분히 상호작용할 수 없게 하는 '독자적인' 관심을 추구하는 집단이라면 어디에서나 이러한 경향을 볼 수 있다. 이런 집단의 주요 목적은 보다 넓은 여러 관계를 통해서 자기를 개혁하고 진보케 하는 것이 아니라, 이미 얻은 것을 지키는 데 있다. 서로 고립된 국가, 보다 큰 사회와는 아무런 관련이 없는 듯 사사로운 내부 문제에만 집중하는 가정, 가정이나 지역사회의 관심에서 떠난 학교, 부자와 빈자, 교양이 있는 사람과 없는 사람의 차별에서 앞서 말한 특징이 나타난다. _존 듀이(2008), 앞의 책, 99~100쪽.

가정이나 학교는 언제든 도당이나 파벌이 될 수 있다. 도당이나 파벌이 된 가정은, 듀이식 표현으로 "생활의 경직이자 형식적 제도화를 조장하고, 집단 내부의 정적靜的이고 이기적인 이상을 일으키는" 고립 상태에 빠진다.

그러나 가정이나 학교가 '도적 무리[도당徒黨]'가 되어서는 안 된다. 모든 가족은 고립된 통일체가 아니다. 그들은 다른 유사한 여러 집단뿐 아니라 직업단체, 학교, 사회기관과 밀접하게 연결되어 있다. 하나의 가족이 가지고 있는 관심사는 다른 가족들에게도 마찬가지일 가능성이 높다. 어느 한 부모가 소중히 여기는 가치는 다른 부모에게서도 거의 비슷하게 나타난다.

선택권 옹호자들은 어떤 사람들인가. 그들 중에는 오늘날 우리의 공교육 시스템이 실패했다고 보는 사람이 많다. 그들은 국가가 관리하는 학업성취의 통일된 기준을 옹호하고 권장한다. 학교와 교사에게 강한 책무성을 요청한다.

기준에 미달하는 학교와 교사는 선택지의 하위 지점에 놓여 배제된다. 국가가 설정한 기준을 충족하고, 강한 책무성 문화의 지배를 받는 '좋은' 학교와 '우수한' 교사가 집중적인 선택 대상이 된다. 배경과 능력과 역량이 뛰어난 학부모와 학생들이 그들을 선택한다. 치열한 선택 경쟁 과정에서 낙점을 받은 몇몇 학교와 교사들이 자기충족적으로 성공한다. 다른 사람의 기대나 관심으로 인해 자연스럽게 능률이 오르거나 결과가 좋아지는 일종의 피그말리온 효과pygmalion effect가 작동하는 것이다.

선택권 담론에는 몇 가지 가정이 더 숨어 있다. 첫째, 소비자들의 교육적 선택의 질이 전문 지식을 갖춘 공급자가 제공하는 교육의 질보다 우수하다. 둘째, 어떤 교육적 선택을 해야 할지에 대해 소비자들이 공급자보다 더 잘 안다. 요컨대 학부모와 같은 교육 선택자의 판단을 우위에 두는 선택 모델에서는 교육자(학교, 교사)의 지식이 두 번째로 중요한 것으로 간주된다.

우리는 선택이 경제 성장을 촉진하고 희소한 자원을 배분하거나 활용하는 데 더 효율적인 방법이라고 이해한다. 이와 같은 사고의 밑바탕에는 국가 개입보다 시장 기제가 제대로 작동하는 일에 더 큰 관심을 두는 태도가 깔려 있다. 이에 따르면 개인의 선택을 극대화하는 것이 국가의 책임이나 책무보다 우선시된다. 사회적 시민성이나 복지 권리보다 개인의 재산권이 전면으로 나선다. 선택을 촉진하는 일은 소비자 주권과 시장 자유라는 자본주의의 두 가지 이상을 반영한다.

학교 선택권 담론이 '과학 이론'의 하나처럼 받아들여지게 된 역사적인 계기가 있다. 첩J. E. Chubb과 모T. M. Moe가 1990년에 발표한 《정치, 시장, 그리고 미국의 학교》에서부터였다고 한다.[55] 첩과 모가 주목한 것은 미국 공립학교와 사립학교의 조직 양식의 차이와 학업성취 간 관계였다.

첩과 모는 자율적인 조직 구조를 가진 사립학교의 효과성을 다양한 데

---

55. 첩과 모의 연구 및 학교 선택권 담론에 관한 내용은 김재춘(2004), 〈미국의 교육개혁 논의에 있어서 학교 선택권 담론〉,《공교육: 이념·제도·개혁》, 원미사, 532~551쪽을 참조했다.

이터를 통해 입증했다. 이들은 학교교육의 질을 높이기 위해 정부가 학교 운영에서 손을 떼야 하며, 대신 학부모들이 원하는 학교를 선택할 수 있게 하는 바우처voucher 제도를 주장했다. 이들의 기본 관점은 학교 선택권이 더 적은 관료 규제, 더 좋은 학교 경영자 리더십, 더 높은 교사 전문성, 더 넓은 범위의 학문 프로그램을 촉진한다고 보는 것이었다.

시선을 돌려 우리나라 현실을 보자. 학교 선택 담론이 극에 달했던 때는 이명박 정권 시절이었다. 당시 정부 교육정책을 총괄 지휘한 이주호 교육과학기술부 장관이 국회의원 시절에 쓴《평준화를 넘어 다양화로》라는 책은 다음과 같은 핵심 주장으로 요약된다.

> 평준화 체제가 학교를 관료주의화시켰다. 평준화를 위해 정부가 재정 지원을 하는 만큼 학교를 통제할 수밖에 없었고, 그 과정에서 학교의 관료주의 경향이 강해졌다. 이 문제를 극복할 수 있는 시스템으로서 자율형 사립고와 같은 수요자의 요구에 부응하는 학교가 필요하다.
>
> _서용선 외(2013),《혁신교육 미래를 말하다》, 맘에드림, 158쪽에서 재인용함.

"수요자의 요구에 부응하는 학교"와 같은 구절에 주목해 보자. 이런 표현은 학생과 학부모의 '욕망'을 자극한다. 그들의 요구에 따른 학교 선택이 자연스러운 권리처럼 받아들여진다. 일반적으로 긍정적인 의미와 가치를 갖는 '다양성', '자율성', '자유'와 같은 학교 선택 담론의 이미지를 착색한다. 이명박 정권 시기 태동한 '고교 다양화 프로젝트'와 '자율학교' 정책, 현 박근혜 정부가 의욕적으로 추진하고 있는 '자유학기제' 정책이 그와 같은 학교 선택 담론의 연장선에서 나왔다. '다양화'와 '자율'과 '자유'는 공통적으로 긍정적인 의미를 환기하는 단어들이다.

수요자를 우선시하는 시스템을 특징으로 하는 학교 체제가 고교 다양화 프로젝트의 일환으로 출현하였다. 자율형 사립고가 그것이다. 자율적인 학교 운영에 따른 효과, 예를 들어 교육 혁신이나 책임성 제고와 같은 좋은 열매를 얻었을까.

나는 그렇게 보지 않는다. '귀족 학교' 비판을 받는 기존 자립형 사립고와 과학고, 외국어고 등 특수목적고에 더해 자율형 사립고가 새로 출현함으로써 명맥이 간신히 유지되어 오던 평준화 시스템이 거의 해체 수준에 이르렀다. 앞서 본 고교 서열표를 보라. 학교 간 서열화 체제가 학교교육 혁신의 결과라고 보기는 힘들다.

2

선택에는 한계가 있다. 먼저 구조적인 것. 선택의 전제와 결과로 상정되는 '아름다운' 말들이 있다. 다양성, 효율성, 자유 따위다. 선택 시스템 아래 살아가는 모든 사람이 그런 말들의 실제적인 효과를 누릴 수 있을까.

부유한 가정과 가난한 가정의 선택지는 다르다. 상대적으로 부유한 가정의 선택 범위가 넓다. 정치사회적으로 특별한 부류에 속하는 가정은 그들의 부와 권세에 힘입어 집중적인 '역선택'의 대상이 된다. 학생이 학교를 선택하는 것이 아니라 학교가 학생을 선택한다. 학교가 부유하고 권세 있는 가정을 '고객'으로 모셔 온다.

가난한 가정은 선택 범위가 좁다. 학교 수준이나 질과 무관하게 집에서 가까운 학교를 고를 수밖에 없다. 집에서 가까운 학교는 수적으로 제한되어 있다. 가난한 가정이 고르는 학교는 더욱 가난해진다. 이제 부유한 학교와 가난한 학교, 부자 가정과 가난뱅이 가정 공동체 사이의 불평등이 점점 커지고 사회적 분열과 갈등이 늘어난다.

구조적으로 학교 선택권은 집단적인 차원에서 이루어지는 '제로섬zero sum 게임'같이 작동한다. 학교 선택권을 부여받은 학부모 개개인이 그 기회를 잡아 합리적으로 선택한다. 비슷한 조건 아래 있는 또 다른 학부모들이 유사한 선택을 한다. 점차 개개인이 고를 수 있는 합리적인 선택의 대안이 줄어들거나 아예 사라진다.

다음으로 '합리성'의 문제. 학교 선택의 합리성 기제는 이렇게 굴러간다. 사람들이 자발적으로 나쁜 학교를 탈출해 좋은 학교로 향한다. 학교와 교육을 선택하게 되면 학교 간 경쟁을 강화해 학교와 교육이 다양성과 개별성으로 유도된다. 당연히 선택의 문호가 모든 사람에게 열려 있다. 그러나 거듭 말하지만 모든 학부모와 학생이 '좋은 학교'를 선택하기는 힘들다.

> '좋은' 학교와 '나쁜' 학교 간에 선택을 해야 할 때, 합리적 학부모라면 누구나 자신의 자녀를 위해 '좋은' 학교를 선택할 것이다. 그러나 '나쁘다'고 생각되는 또 다른 집단의 학교들과 구분될 수 있을 때에만 소위 '좋은' 학교를 알아차릴 수 있다. 더 나아가 모든 학부모가 '좋은' 학교와 '나쁜' 학교를 선택할 수 있는 동등한 사회적 위치에 있을 수는 없다. _마크 올슨 외(2015), 《신자유주의 교육정책, 계보와 그 너머》, 학이시습, 321쪽.

'좋은' 학교를 선택할 수 있는 학부모 계층은 제한되어 있다. 우리나라에서 일반적으로 '좋은' 학교로 알려져 있는 학교들을 떠올려 보자. 특목고, 국제중·고, 자립형·자율형사립고는 고비용 구조로 운영되는 시스템이다. 사회경제적으로 어려운 계층의 학부모들이 감당하기 어렵다. 이런 상황에서는 '선발 효과screening effect'가 상당한 영향력을 발휘할 수밖에 없다.

선발 효과의 작동 방식은 이렇다. 높은 사회경제적 배경 아래서 탁월한 학업성취도를 보여 주는 학생들이 '좋은' 학교를 선택해 입학한다. 학교 전체의 학업성취 능력이 높게 평가된다. '좋은' 학교가, 교육력이나 교육의 질 향상을 통해서가 아니라 우수한 학부모 집단 자녀들을 중심으로 한 우수한 동일 학생 집단을 선발한 결과라는 것.

선발 효과가 위력을 행사하는 상황에서는 계층 간 교육 격차가 갈수록 커진다. 일부 계층의 학부모들이 학교 선택권에 따라 '합리적인' 결정을 내리면 내릴수록 선택에서 구조적으로 배제된 다른 계층의 학부모들은 교육 선택의 기회를 상실한다.

앞서 듀이가 가족과 학교의 '사회적' 성격을 강조한 까닭이 무엇이었는지 생각해 보자. 그것은 도당이나 파벌의 반사회적 성격을 강조하기 위해서였다. 도당이나 파벌이 자신들의 것을 지키는 데 골몰함으로써 사회와 국가 전체가 퇴보하는 것을 우려해서였다. 부모들이 자기 자식을 위해 최선을 다하는 삶이 비록 '선한' 의도에서 비롯했을지라도 사회 전체적으로는 손해가 될 수 있다.

이는 마치 미국 생물학자 가렛 하딘이 주창한 공유지의 비극tragedy of the common이나 공공재public goods의 논리와 비슷하다. 모든 목동이 함께 이용하는 공유지로서의 목초지가 있다. 어떤 목동도 자신의 가축이 다른 목동의 가축 때문에 풀을 덜 뜯는 상황을 받아들일 수 없다. 자신만 방목을 줄이면 혼자 손해를 보기 때문이다. 이 목동이 가축을 무제한적으로 방목한다. 저 목동 역시 그렇게 한다. 결국 모든 목동과 가축의 생존이 걸린 공유지가 파괴된다.

깨끗한 공기와 물, 믿을 수 있는 안전한 이웃은 대표적인 공공재다. 누가 어떻게 생산하는지와 상관없이 누구나 자유롭게 누릴 수 있다. 누군가가 보통의 환경에서 공공재를 생산해 공급할 유인 체계를 갖기는 힘들다. 그럴수록 공공재의 생산량이 점점 줄어든다. 그 결과 모든 사람이 고통을 받는다.

3

학교 선택권은 학부모와 학생의 '합리성'을 전제로 작동한다. 대다수 학부모와 학생이 '최선'의 선택을 위해 노력한다. 사회 전체적으로 경쟁이 격화한다. 개인들(학생, 학부모)이 최선의 선택과 결정에 이르는 길이 점점 어려워진다. 협력과 신뢰가 줄어든다. 그럴수록 사람들은 다른 사람들이 자신을 배신할(경쟁할) 것이라고 '합리적'으로 가정한다. 결국 무한 경쟁의 악순환 시스템이 사회 전체를 지배한다.

선택은 교육 '소비자'의 재량권을 증가시킨다. 교육에서의 선택 담론은 개인의 자유를 확대하고 합리적인 소비자들이 이익을 추구할 수 있게 한다는 논리와 맞물리면서 반박하기 힘든 '도그마'처럼 군림한다. 부모들이 사랑하는 자녀를 위해 선택하는 것이므로 도덕적·윤리적 정당성을 갖는 것처럼 보인다. 이렇게 물어보자. 그와 같은 선택이 자녀에게 진정으로 '이익'이 되는가. '그렇다'고 대답하기 힘들 것 같다. 우리는 치열한 선택 경쟁에서 성공한 부모의 자녀들이 좀 더 경쟁적인 교육 시스템 아래서 '학습 기계'가 되어 간다는 사실을 잘 알고 있다.

선택권 논리는 시장주의를 기반으로 한다. 이런 식이다. 선택을 당한 '좋은' 학교는 시장에서 살아남고 그렇지 못한 '나쁜' 학교는 도태된다. 이를 통해 전체 교육 생태계가 '좋은' 학교 중심으로 자연스럽게 재편된다. 국가의 개입과 간섭이 점점 줄어든다. 정부와 행정으로부터 자유로운, 분권과 자율과 자치를 기반으로 하는 학교교육 시스템이 정착할 수 있을까.

시장에 대한 일반적인 '오해'를 지적하고 싶다. 보통 사람들의 상식과 달리 시장은 자유롭게 형성되거나 작동하지 않는다. 시장은 국가 권력으로부터 독립적인 영역으로 출현하지 않았다. 시장에는 자유로운 영역이 존재하기 힘들다. 시장은 정부의 활동, 특히 군사적인 활동에서 비롯된 부작용의 결과였거나 정부 정책에 의해 직접적으로 만들어졌다.[56]

동전은 군인들에게 물자를 공급하는 수단으로 만들어진 뒤 민간에 널리 퍼졌다. 비인격적인 냉정한 시장은 군 부대의 이동, 도시 약탈, 공물 탈취, 전리품 처리를 위한 목적에서 만들어졌다. 현대적인 중앙은행 제도는 전쟁 비용을 조달하기 위해 구축되었다.

선택권 담론은 교육을 시장에서 거래되는 상품으로 본다. 시장은 자유롭다. 개인의 합리적인 선택은 최선의, 최대의 이익을 가져온다. 개인의 자유가 보장되는 대신 국가는 뒤로 물러난다. 실제로 그러한가. 우리가 살핀 기존 연구들은 '아니오'라는 답을 내놓았다. 선택권 담론은 허구적인 이데올로기다.

---

56. 미국에서 노엄 촘스키와 더불어 '행동하는 지식인'의 대표 주자로 평가받는 데이비드 그레이버 런던정경대 교수가 《관료제 유토피아》(메디치, 2016)에서 지적한 내용이다.

2. 창:
정책과 제도

정책은 정부가 특정한 목적 수행을 위하여 권력을 매개로 수행하는 활동의 추상적 집합체로 정의할 수 있다. 기본적으로 정치적 목적성을 띤다. 정치사회적 변동, 권력 변환, 경제 환경, 당대의 이념 지형과 밀접하게 관련된다.

제도는 공식적인 규범이나 체계로, 관습이나 도덕이나 법률의 형태를 갖는다. 따라서 정책과 제도는 상호 불가분의 관계로 맺어져 있다. 정책이 제도에서 나오거나, 제도가 새로운 정책 형성의 출발점이 되기도 한다. 정책은 제도의 산물이고, 제도는 정책의 결과다.

교육정책과 교육제도 역시 동전의 양면이다. 교육은 공공성, 조직성, 사회성을 띠므로 규칙, 절차, 관행의 자장권 아래 놓인다. 그러한 규칙과 절차와 관행이 교육제도다. 교육정책은 국내외 역사의 흐름이나 사회 현실에 따라 변화하면서 교육제도를 통해 구현된다.

1968년 도입된 중학교 무시험 입학제도[57]는 1948년 정부 수립 이후 꾸준히 이어진 초등의무교육이나 교육 기회 확대 정책 과정에서 나왔다.

---

57. 실제로는 중학교 입학을 위한 초등학생들의 과열 과외가 배경 요인이었다. 그런데 지나친 과외 풍조의 근본을 따져 보면 중등교육 시스템의 미비나 교육 기회의 협소함 등 복합적인 요인이 자리 잡고 있었다.

2000년대 중반 시작된 교원평가제도는, 1980년대 전 세계적으로 범람한 신자유주의 이념의 여파가 1995년 5·31 교육개혁 방안(아래 '5·31 교육개혁안')으로 스며든 이후 학교교육의 질 관리와 교원의 책무성 제고 정책을 펼치는 과정에서 도입되었다. 실제 5·31 교육개혁안이 제안한 교육 체제의 운영 방법에 자율성과 책무성, 평가 기제의 활용 등이 포함되어 있었다.

우리나라 교육정책과 교육제도의 운용은 주로 국가가 주도했다. 그 특징을 이른바 국가주의라고 명명할 수 있다. 1948년 정부 수립 후 본격화한 교육 시스템 재건과 초등의무교육 확대, 1960년대 이후 1980년대까지 꾸준히 이어진 중등교육 기회의 확대와 직업교육의 확충 등은 전 국가적인 차원에서 이루어질 수밖에 없었던 거대한 프로젝트였다.

국가 주도의 교육정책과 교육제도가 일대 변화의 흐름을 타기 시작한 것은 1990년대 들어서면서부터였다. 전 세계적으로 광범위한 영향을 미친 신자유주의 사조에 따라 교육정책 운영 과정에서 국가의 역할을 축소하고 시장주의 원리를 확대해야 한다는 주장이 득세하기 시작했다. 그러나 정도의 차이가 있지만 교육정책과 교육제도 운용의 국가 주도 경향은 오늘날까지 면면히 이어지고 있다.

1995년의 5·31 교육개혁안이 본격적인 출발점이었다. 이후 학교 평준화 정책의 근간을 유지하면서도 학생과 학부모의 선택권을 강화해야 한다는 목소리가 커지면서 학교 다양화 정책이 도입되었다. 학교와 교사의 책무성을 제고하고 학교교육의 질을 향상시키기 위한 명목으로 교원평가제도, 성과급제도 등 각종 평가 기제가 정립되었다. 교육 성과를 평가하고 보상 체계를 구축하는 시장주의 기제들이었다.

교육정책과 교육제도의 거시적인 흐름을 면밀히 살펴보면 그 바탕에 특정한 규범과 가치가 깔려 있음을 알 수 있다. 해방 이후 지금까지 우리나라 교육정책의 주류 논리는 공리주의를 기반으로 한 인간자본론human capital theory, 개인의 자유와 선택을 중시하는 자유주의 관점 들이었다. 교육을 인재 양성이나 경제 성장 등 외적 가치 획득을 위한 수단으로 보거나, 교육 시스템이 맹목적인 능력주의와 과도한 경쟁주의에 함몰된 배경을 이런 데서 찾아볼 수 있다. 대표적인 시장주의 평가 기제인 교원평가제도와 성과급제도, 경쟁 시스템을 기반으로 한 교원인사제도인 교장제도가 이렇게 만들어졌다.

국가가 교육을 주도한다 :
국가주의 교육정책

1

우리나라 공교육 시스템은 서구 근대 공교육 시스템을 기반으로 한다. 평등, 국가주의(민족주의), 경제적 이윤 추구를 위한 순치된 노동력 양성 등의 세 가지 축이 서구 공교육 시스템을 지탱했다.[58] 평등은 공교육의 이념으로, 국가주의와 순치된 노동력은 공교육의 현실로 이해할 수 있다.

근대 교육 시스템은 한 가지 중요한 전제를 밑바탕에 깔아 놓고 있다. 교육을 천부인권의 한 범주로 보는 것이다. 이러한 관점에 따르면 부모가 교육의 핵심 주체가 된다. 국가가 교육을 지배하는 것은 교육권을 어느 누구도 간섭할 수 없는 신성한 권리로 간주한 근대 교육 이념에 대한 부정이다. 하지만 근대적인 국민경제 체제가 도입되고 국가 간 경쟁 시대가 시작되면서 사정이 바뀌었다. 부국강병을 위해 전 국민을 애국자로 만들기 위한 애국교육이 천부 인권으로서의 부모 교육권의 주장을 추월하게 되었다.

평등 교육에 대한 관점도 이런 맥락에서 이해된다. 근대 공교육은 노동

---

58. 정재걸 대구교육대학교 교수가 황원철 외의 《공교육》(원미사2004)에 실은 논문 〈한국 공교육의 이념〉에서 전개하고 있는 논지다.

자들의 투쟁보다 자본가들의 이윤 추구와 밀접하게 관련된다. 자본가들 입장에서 보면 순치된 노동자들의 온건한 노동력을 대량으로 확보하여 활용하는 일이 이윤 추구를 위한 중요한 관건이 된다. 그런 점에서 근대 공교육은 진정한 의미의 평등교육 시스템이 아니라 부국강병을 위한 국가주의 교육관과 값싸고 순치된 노동력 양성이라는 목표로 무장한 현실주의 시스템으로 이해해야 한다.

역사적으로 볼 때 주로 노동자 자녀들을 대상으로 이루어졌던 의무·무상교육의 출현도, 교육을 통해 순치된 노동력을 확보하려는 자본가들의 노력의 하나로 볼 수 있다. 영국 공교육은 산업혁명 이후 등장한 노동자 자녀들에 대한 자선사업의 하나로 시작되었다. 교회나 상류층 자선기관에서 일요일에 노동자 자녀들을 모아 읽기, 쓰기, 셈하기 등 기초교육을 시켰다. 그 뒤 공장법이 제정되면서 기초교육은 도덕교육과 종교교육 중심의 대중교육으로 정착되었다. 국가나 자본가들은 이런 교육을 펼치는 학교 기관들에 돈을 투자하지 않았다. 그들은 학교를, 많은 수의 학생을 소수의 교사가 가르치는 대중교육기관으로 운영했다.

학교의 등장과 강제 교육(의무 공교육)은 부모에게 가계 수입의 감소를 의미했다. 학생들은 배울 의지나 의욕이 없었다. 효율적으로 가르치기 위한 교육학적 방법론이 연구되고 도입되기 시작했다. 학습 동기를 유발하여 학습의 효율성을 높이는 교육이론이 발전했다. 동물 실험을 바탕으로 그 결과를 인간(학생)에게도 적용할 수 있다고 본 행동주의 교육학도 이와 같은 현실주의적인 대중교육의 산물로 볼 수 있다.

존 로크의 노동학교안과 제러미 벤담의 감옥학교panopticon, 파놉티콘는 현실주의를 기반으로 한 대중교육으로서의 공교육의 실상을 잘 보여 주는 사례다. 로크는 건강한 노동자 부부가 노동으로 부양할 수 있는 식구

수를 3살 이하의 아동 2명으로 보았다. 그는 3살 이상 14살까지의 노동계급 자녀들을 부모로부터 격리해 노동학교에 수용할 것을 제안했다. 벤담은 중산층 자녀들을 위한 실과학교christendom와 별도로 감옥학교를 주창했다. 감옥학교는 최소한의 비용으로 최대한의 감시와 처벌 효과를 가능하게 하는 시스템이었다. 전체적으로 근대적인 학교의 원형은 감옥에 가까웠다.

우리나라는 서구의 공교육 시스템을 구성했던 '이념'으로서의 '평등주의'와 '현실'로서의 '국가주의, 경제주의'를 어떻게 받아들였을까. 의무교육의 점진적 확대, 중학교 무시험 진학제도와 평준화 체제의 확장, 선발의 공정성을 중시하는 제도에서 지역균형전형이나 저소득계층우선전형 등 차등적 보상 원칙을 적용한 대학입학전형제도로의 변화 등은 평등주의에 입각한 교육정책이 해방 이후 우리나라 교육정책의 거시적인 흐름인 것처럼 보인다. 실제로도 그랬을까.

평등주의와 국가주의와 경제주의 각각 또는 상호 간 비중의 다과와 중요도의 선후와 사회적 영향력의 강약이 크게 바뀐 듯하다. 이념 지위는 이미 국가주의와 경제주의가 차지한 것처럼 보인다. 평등주의는 교육의 장식품으로 전락한 것 같다.

민선 교육감 시스템을 도입했음에도 불구하고 실질적인 교육 분권과 자치가 온전히 이루어지지 못하고 있다. 교육부(정부)가 교육정책의 큰 줄기를 총괄하는 시스템의 기저에 국가주의가 깔려 있다. 평등주의의 대표적 기제인 고교 평준화 제도는, 이명박 정부 출범 이후 도입된 고교 다양화 정책('고교 다양화 300프로젝트'), 자율학교 정책, 국제학교(국제중, 국제고) 정책 등으로 유명무실해졌다.

경제주의가 이끄는 공교육 시스템은 확고부동한 현재진행형이다. 2016

년 1월 28일 박근혜 정부가 발표한 '2016년 교육부 업무계획'에 대학구 조조정, 사회맞춤형 학과, 일학습 병행제 들이 포함되어 있었다. '사회가 원하는 인재 양성'이 이들 교육정책의 핵심 기조로 깔려 있다. 사회의 수 요에 부응하는 교육이 현실주의의 이름으로 강력한 영향력을 발휘하고 있다.

2

오늘날 학교는 진로 교육, 진로 탐색, 자기 주도 학습, 역량 개발 등의 용어들이 지배하고 있다. 이들은 기본적으로 공리주의와 신자유주의를 바탕으로 하는 교육정책의 부산물이다. 공리주의와 신자유주의 이념에 따르면 효율과 선택이 교육제도의 핵심 기조이자 운영 원리로 작동한다. 교육이 사회에 어떤 이익을 가져오는지가 주요 관심 사항이다.

신자유주의는 '시장만능론'이라는 키워드로 대표된다. 성과 경쟁, 규제 철폐, 소비자주권, 자율성, 다양성 등 신자유주의의 가치들이 이를 뒷받 침한다. 교육 분야에서는 교원평가제도와 성과급제도가 신자유주의 이념 을 확산시키는 정책적 수단이다. 공교육은 '비효율'의 대명사가 되어 공공 의 '적'처럼 간주된다. 학교 민영화, 비용 대비 편익을 제고하기 위한 재정 효율화가 강조된다.

신자유주의 교육정책의 고갱이를 잘 드러내는 말이 '교육 서비스'다. '교육'과 '서비스', '소비자', '수요자' 등의 말들이 서로 결합하여 자연스럽 게 쓰이기 시작한 때는 5·31 교육개혁안이 마련된 1995년 즈음부터였다. 5·31 교육개혁안은 김영삼 전 대통령이 이끈 문민정부 시절 대통령 직속

자문기구인 교육개혁위원회(아래 '교개위')가 주도해 만들었다.

당시 교개위는 실질적인 교육 '공급자'인 국가를 뒤로 빼는 대신 그 임무 대행자인 학교와 교사를 현실적인 '공급자'로 내세웠다. 학생과 학부모는 '수요자'로 규정되었다. 국가는 교육 문제로 인해 발생하는 갈등 국면에서 뒤로 한 발짝 벗어났다. 교육 문제의 대립 구도는 학교·교사와 학생·학부모 사이의 싸움으로 교묘하게 재배치되었다.

의미심장한 일화가 있다. 5·31 교육개혁안 마련의 핵심 주체로 알려진 박세일 전 한반도선진화재단 이사장과 일군의 경제학자들이 당시 교개위에서 '소비자'라는 용어를 강력하게 고수하려고 했다고 한다. 그러나 '소비자'라는 용어는, 교육계 소속 위원들의 강한 반발로 최종 결정 단계에서 채택되지 못하고 결국 '수요자'라는 말로 대체되었다.[59]

5·31 교육개혁안 이후 교육이 서비스 상품이라는 시각이 급속하게 퍼져 나갔다. 교육을 제공하는 공급자들 사이에 벌어지는 경쟁 체제가 중요해졌다. 교육 공급자들 사이의 경쟁이 교육 부문 전체의 경쟁력을 높인다는 논리가 뒤따랐다. 교육 경쟁력이 국가 경쟁력을 강화하고, 선의의 경쟁 구도가 교육 소비자들인 학생과 학부모에게 이익이라는 구도가 만들어졌다.

신자유주의 교육 체제 아래서 학교와 교사는 지속적인 혁신의 '대상'이 되었다. 이들의 힘은 격돌하는 또 다른 교육 주체들에 의해 조금씩 약해졌다. 가령 학교운영위원회school governing body, 아래 '학운위'는 달리 말하면 교육 소비자를 다수파로 하는 조직이다. 신자유주의의 초창기 '전사'였던 영국의 대처 정권이 개혁에 저항하는 지방교육청과 교사를 제압하

---

59. 5·31 교육개혁안 마련에 참여한 김신일 전 교육과학기술부 장관이 2015년 5월 9일 교육행정학회 세미나 기조 강연에서 이런 사실을 밝혔다고 한다.

기 위해 이용한 기구가 학운위였다.

공교육 시스템의 시장화는 다음과 같은 방식으로 작동한다. 교육 소비자인 학생과 학부모가 교육 공급자인 학교와 교사를 평가한다. 평가 결과를 학생과 학부모에게 제공한다. '선택권'을 가진 학생과 학부모가 '우수한'(또는 '우수하다고 알려진') 학교나 교사를 선택한다. 학교나 교사들 사이에 생존을 위한 필사적인 경쟁이 촉발된다. 교육의 질이 높아지고, 교육 소비자들이 양질의 교육을 제공받는 결과로 이어진다.

학교와 교사를 경쟁시키기 위해 줄 세우기, 차별화 전략 들이 투입된다. 이명박 정권 당시 이주호 장관이 이끈 교육과학기술부가 야심차게 추진한 고교 다양화 프로젝트, 참여정부 시기에 도입되어 점점 강화되어 온 교원평가제도와 국민의 정부 때부터 추진된 성과급제도 등이 교육 시장화를 위한 구체적인 수단들이다.

이들 시스템의 밑바탕에는 교사들의 교육 활동 동기를 금전적 보상 기제로 자극하려는 발상이 깔려 있다. 그런데 이러한 발상은 교사의 자존감을 훼손하고 자발성을 약화시킨다. 금전적이거나 물질적인 동기부여 체제에 반감을 갖고 있는 교사들이 많다. 낮은 금전적 동기부여 의식을 갖는 교사 집단에게 교원평가제도나 성과급을 통한 '당근'과 '채찍'은 반발과 냉소를 불러왔다. 교원평가제도가 교원 집단 사이에서 폐지 1순위로 거론되는 정책이라는 점은 시사적이다.

오늘날 표면적인 교육 담론에서 신자유주의적인 시장만능론은 찾아보기 어렵다. 그사이 신자유주의를 기반으로 한 교사 대상화 정책들이 폐기되었는가. 그렇지 않다. 교사 통제의 핵심 기제인 교원평가제도와 성과급제도가 강화되었다. 갈수록 더 많은 학교와 교사가 교육과정 재구성과 새로운 교육 활동 운영 등을 강조하면서 '자율'과 '다양성'에 눈길을 주고 있다. 그러나 학교의 자율성과 교사 교육 활동의 다양성이 제대로 발현되고 있는지에 대해서는 확신하기 힘들다.

3

국가가 교육정책을 형성하고, 그것을 학교 현장에 보내 집행하게 하는 것은 전형적인 톱다운 방식이다. 공교육 다양화 정책의 일환으로 마련된 각종 교육제도들(고교 다양화 300 프로젝트, 자율학교제도, 국제학교제도, 교과교실제도)을 보면 정부가 정책 형성과 집행, 평가에 이르기까지 전 과정을 총괄하는 시스템이다. 성과 평가나 사후 점검을 통해 일정한 기준에 미치지 못하면 예산 삭감이나 지정 취소와 같은 징벌적 보상 체계가 함께 운영된다. 표면적으로 학교 자율에 따른 결정이나 교육 수요자 선택권을 내세우고 있으나 국가주의를 기반으로 한 학교와 교사 통제 기제가 교묘하게 작동하는 것이다.

교육정책과 교육제도 운용상의 국가주의 경향이 보편화한 데에는 몇 가지 역사적 배경이 있다. 교육정책의 주체가 국가여야 한다는 관념이 서구에서 공교육 시스템이 출발한 당시부터 강하게 퍼져 있었다. 일제 강점기와 해방, 한국전쟁을 거치면서 교육 재건과 학교 시스템 확충이라는 거대 프로젝트를 현실적으로 담당할 주체가 국가밖에 없었다.

교육정책과 교육제도의 국가 주도 경향은 불완전한 교육자치제도와 맞물려 있다는 점에서 사안의 심각성이 있다. 교육자치의 핵심은 교육행정을 일반행정과 분리하는 데 있다. 이를 통해 교육행정의 지방 분권화를 촉진함으로써 교육 문제에 대한 시민들의 민주적인 참여나 학교 민주주의를 정착시킬 수 있고, 헌법이 규정한 교육의 자주성과 전문성과 정치적 중립성을 실질적으로 보장할 수 있기 때문이다.

우리나라 교육자치의 역사[57]를 보면 우여곡절이 많았다. 1949년 공포된 〈교육법〉은 시·군 단위 자치기관으로 법인인 교육구를 두고 의결기관으로 교육위원회를 두도록 했다. 교육구는 제1차로 도지사, 제2차로 문교부와 내무부의 지휘 감독을 받았다. 집행기관은 교육감이었다. 그 뒤 한국전쟁으로 법령 실시가 미뤄지다가 1952년 〈교육법시행령〉이 제정, 공포되면서 시군 단위의 교육자치제도가 실질적으로 첫발을 내딛게 되었다.

교육구와 교육위원회로 대변되는 제1공화국(1948~1960) 시기의 교육자치 시스템은 완벽하지 못했다. 교육행정이 일반행정에 예속되어야 한다는 전통적인 관료주의적 사고방식이 실질적인 교육자치를 가로막았다. 문교부가 교육자치제도를 준비하는 동안 내무부 관리들이 집요하게 방해 공작을 펼쳤다는 기록도 있다.

4·19 혁명으로 수립된 제2공화국(1960~1961)에서 완전한 교육자치를 위한 개편작업이 시작되었으나 박정희의 5·16 군사정변으로 무산되었다. 정변 세력은 교육자치를 중단시켰다. 시·군 교육구를 시·군 교육과로 편입함으로써 교육위원회가 가졌던 의결권과 예산심의권을 지방행정기관에 넘겨 버렸다. 폐지된 교육자치제도는 1964년 부활한 뒤 그 기본 골격을 1991년까지 유지했다. 시·도에 교육행정 집행기관으로 교육위원회를 설치하고, 교육위원회 추천과 문교부 장관 제청으로 대통령이 교육감을 임용하게 하는 등의 과도기적이고 불완전한 형태였다.

1990년 〈지방자치법〉 개정에 이어 〈지방교육자치법〉이 제정되었다. 이를 바탕으로 1991년 9월에 전국 15개 시·도 교육위원회가 구성되었다. 1991년 상반기의 지방의회 의원선거에서 선출된 시·도의회 의원들이 교육위원들을 선출해 교육위원회를 발족시키는 방식이었다. 교육위원회 위원장을 교육위원회에서 호선으로 뽑는 등 교육자치를 위한 제도적 틀이 마련되었다. 이후 노무현 정부 때인 2006년 12월 〈지방교육자치법〉 개정으로 교육감 주민 직선제가 전격 도입되면서 좀 더 완전한 교육자치 시대가 펼쳐지게 되었다.

교육자치는 교육행정과 지방행정의 분리로 완성된다. 교육행정의 자주성을 보장하기 위해 일반행정으로부터 독립하고, 지방 분권과 주민 자치를 실현하기 위해 중앙정부로터 독립해야 한다. 중앙정부의 예속과 국가주의 교육정책의 영향권에서 벗어난 지방교육자치가 교육자치의 실질적인 의미다.

핵심은 재정과 인사의 독립이다. 인터넷 〈지방교육재정알리미〉 사이트(http://www.eduinfo.go.kr/) 공시 정보에 따르면 2016년 현재 지방교육재정의 재원구조별 규모가 국가(중앙정부) 이전수입[60] 79.7퍼센트, 지방자치단체 이전수입 20.2퍼센트로 국고 의존율이 매우 높다. 우리나라 전체 교육예산과 관련한 구조적인 난점이 지방교육재정의 자립화를 가로막고 있다는 게 일반적인 시각이다. 각 시·도 교육청 서열 2위인 부교육감과 예산을 관장하는 기획관리실장을 교육부 장관이 임명한다. 교육감 견제를 위한 통제 장치라는 분석이 많다.

국가가 교육정책과 교육제도를 주도해야 한다고 보는 관점은 국가가 교육의 공공성과 공익성을 최대한 보장할 수 있다는 점을 전제한다. 이를 위해 유능하고 합리적인 관료 집단이 있고, 그들이 교육정책과 교육제도를 공교육 정신에 맞춰 추진할 수 있다고 본다. 교육에서 정치권력의 집

---

60. 현재 내국세의 20.27퍼센트를 중앙정부에서 지원하는 방식으로 이전이 이루어지고 있다.

중화가 중시하는 기본 논리다.

　나는 우리가 모종의 현실주의 논리에 따라 교육제도나 교육정책을 국가나 중앙정부가 주도해야 한다는 전제를 인정할 수 있다고 본다. 다만 이러한 전제가 온전하게 통용되려면 몇 가지 선결 조건이 필요하다. 정책 수립과 제도 집행의 주요 담당자들인 교육 당국(교육 관료)이 공공성에 대한 인식, 공교육에 대한 비전과 철학 등 최소한의 요건을 갖추고 있어야 한다. 정부가 이른바 '학교 정치'를 인정하고, 분권과 자율과 자치를 기반으로 하는 학교 민주주의 시스템 정립을 위해 노력해야 한다. 지금까지 살펴본 우리 현실은 이와 거리가 먼 것 같다.

평가가 교사의 경쟁력을 키운다:
교원평가제도

1

대한민국 교사 40만여 명을 평가하는 제도가 새로 마련되었다. 교원업적평가와 교원능력개발평가로 이루어져 있다. 교원업적평가는 크게 '근무성적평정(근평)'과 '다면평가'로 이루어진다. 기존 평가 기제는 '근평', '교원능력평가', '성과급제도' 세 가지였다. 새 평가 시스템은 근평과 다면평가를 통합한 교원업적평가와, 기존 시스템을 거의 그대로 차용한 교원능력개발평가로 이루어진 이원 체제다.

교원업적평가에서 근평이 차지하는 비중은 60퍼센트다. 교장이 40퍼센트, 교감이 20퍼센트를 맡는다. 정성평가 방식으로 이루어진다. 교장과 교감의 영향력이 클 수밖에 없는 구조다. 평가의 주관성과 임의성이 심각한 문제로 대두될 수 있다.

일종의 동료평가에 해당하는 다면평가 비중은 40퍼센트다. 다면평가관리위원회(다면평가위)가 담당한다. 정성평가 42퍼센트, 정량평가 8퍼센트다. 다면평가위에는 외부 위원이 50퍼센트 이상 들어가야 한다. 외부 위원은 교장이 위촉하는 전문위원이나 학부모위원들로 구성된다. 교사들이 학교 바깥의 통제 아래 놓일 수 있게 되는 시스템이다.

학교성과급제도와 개인성과급제도로 나뉘어 있던 기존 성과급제도는 학교성과급제도를 폐지하면서 개인성과급제도 하나로 일원화하였다. 다면평가 결과를 100퍼센트 반영해 결정한다. 성과급제도에 활용되는 다면평가는 정성평가 20퍼센트, 정량평가 80퍼센트로 구성된다.

교원업적평가와 교원능력개발평가의 결과에 따라 승진과 임금 차등 지급 등이 좌우된다. 훈령 제정을 통해 강제성을 부여하고, 연수 프로그램을 강화함으로써 교육부의 통제와 관리 수준을 높였다.

승진과 성과급을 좌우하는 교원업적평가에서는 관리자 평가가 절대적이다. 승진 점수는 교장 평가 40퍼센트, 교감 평가 20퍼센트, 교사평가관리위원회가 만든 평가지에 따른 동료교원 평가가 40퍼센트로 이루어져 있다. 관리자 평가 비율 60퍼센트는 정성평가, 동료교원 평가 비율 40퍼센트는 정성 항목 32퍼센트, 정량 항목 8퍼센트로 되어 있다.

새로운 교원평가제도는 법률적 강제력이 더 강해졌다. 기존 교원평가제도는 법률적 강제력이 약했다. 교육부의 〈연수에 관한 규정〉과, 이를 바탕으로 각 시·도 교육청이 마련한 지침에 따라 이루어졌다. 새로운 제도는

〈교원능력개발평가훈령〉(〈훈령〉)에 근거해 이루어진다. 교원평가를 규정한 첫 번째 '정식' 법률 규정이라 할 수 있다. 〈훈령〉 제17조에는 교원이 교원평가 거부·방해·해태 시 징계에 회부할 수 있는 근거 조항을 담고 있다. 교육감이 임명하는 평가관리위원회가 심의를 통하여 징계를 요청할 수 있다.

2

이른바 무능력 교사, 문제 교사를 퇴출하려면 평가가 필요하지 않은가. 평가 기준을 합리적으로 정해 공정한 절차에 따라 실시하면 긍정적인 결과를 가져올 수 있지 않을까. 이런 문제를 중심으로 현행 교원평가제도의 이면을 살펴보자.

시계를 7개월 전인 2016년 1월 26일로 돌리자. 〈국가공무원법〉 일부개정안이 국무회의를 통과했다. 공무원 보수나 임용과 승진이 '직무성과'를 중심으로 전환되고, '공직가치' 조항을 신설하며, 성과평가미흡자의 일정 기간 직무성과와 역량을 심사해 직위해제를 할 수 있도록 하는 등의 내용이 들어갔다. '공무'의 성과를 무엇을 기준으로 평가할지 알 수 없으나 저성과 공무원을 '성과 평가' 결과에 따라 옥죌 수 있는 법률적 수단을 갖춘 것이다.

'공직가치' 조항들을 통해 국가(정부)에 대한 '충성도'와 '복종도'를 높임으로써 공무원의 (시민이 아닌) 국가 종속성을 강화했다. 입법예고 기간 중 '애국심, 민주성, 청렴성, 도덕성, 책임성, 투명성, 공정성, 공익성, 다양성' 등 9개 항목이었던 공직가치가 국무회의 통과 개정안에서는 '애국심, 책임성, 청렴성' 등 3개 항목으로 축소된 것이 방증이다. 다양성과 공익성과 민주성 등 민주주의 가치와 원칙에 부합하는 항목들은 고스란히 빠졌다.

다면평가관리위원회 구성이 교사를 강하게 압박하는 모양새를 갖추고 있다. 교감이 당연직으로 참여하고 학교장이 위촉하는 학부모 위원과 전문가 위원이 참여한다. 교원이 아닌 위원의 비율을 50퍼센트 이상으로 정해 놓았다. 전체적으로 교장, 교감 등 관리자의 의도와 학교 외부의 입김에 따라 평가 기조와 방향이 결정될 수밖에 없는 시스템이다.

정성평가나 정량평가의 활용 방식이 교묘하다. 승진에 활용되는 다면평가 결과 비중 40퍼센트의 구성 요소 비중을 눈여겨보자. 정성평가 지표가 32퍼센트, 정량평가 지표가 8퍼센트다. 교육부 예시안의 정성평가 지표를 보면 크게 '근무수행태도'와 '근무실적 및 근무수행능력'으로 구성되어 있다. 전자는 '교육공무원으로서의 태도'가, 후자는 '학습지도', '생활지도', '전문성 개발', '담당업무' 등이 평가 요소다.

이들 평가 요소를 중심으로 교장의 권력 구도 아래 있는 다면평가위원회가 평가를 주관한다. 승진을 준비하는 교사들이 교장 눈치를 더 강하게 봐야 하는 구조다. '주관'에 따른 정성평가 결과를 받아들이지 못하는 교사들이 많아질 경우 학교가 불신과 반목과 분열에 빠지게 되는 문제도 생길 수 있다.

성과급지급에 활용되는 다면평가에서는 정성평가가 20퍼센트, 정량평가가 80퍼센트다. 정량평가 지표 예시안을 보면 '학습지도', '생활지도', '전문성 개발', '담당업무' 등의 평가영역이 있다. '주당 수업시수', '수업공개 횟수', '교내외 수업 컨설팅 횟수', '교내외 수업 동아리 활동 참여 실적', '학생·학부모 상담 실적', '생활지도 곤란도', '학년 곤란도', '공연 및 전시

회 지도', '학생경연대회 지도', '업무 곤란도', '업무 추진' 등이 평가 문항
으로 들어가 있다.

우리는 새로운 교원평가제도가 가져올 문제점을 쉽게 짐작해 볼 수 있
다. 실적 포장과 부풀리기를 위한 전시적이고 형식적인 업무 처리 방식이
늘어날 것이다. 정성평가나 정량평가 근거 자료로 활용한다는 목적 아래
학습지도안이나 교과서, 교무수첩, 기타 학습 관련 자료들을 공개하게 하
거나 검열할 가능성도 배제하기 힘들다.

새로운 교원평가제도는 법률적 정당성이 약하다. 민주주의 국가의 행정
은 법치주의를 기본으로 한다. 주권자 국민이 정당성을 부여한 국회에서
만든 법률에 따라 정책을 실현해야 한다. 법치 행정이 가져야 하는 법률
우위의 원칙[61]과 법률 유보의 원칙[62] 들이 그것이다. 그것이 교육정책 실행
의 민주성을 확보하는 길이다.

새로운 평가 기제는 훈령에 따라 실시된다. 《법률용어사전》에 따르면
훈령은 상급 행정기관이 하급 행정기관의 권한행사를 지휘하기 위하여
발하는 명령이다. 하급관청을 구속함으로써 그 지휘에 따라 활동케 하는
구속력이 있을 따름이어서 일반 사인에 대해서는 구속력을 가지지 않는
다고 한다.

훈령이 법규명령(법규의 성질을 가지는 명령)이 아니라 행정명령(법규의
성질을 가지지 않는 명령)이라는 점, 행정의 예방적 감독수단의 성격을 갖
는다는 풀이에 주목하자. 교육 당국이 징계 운운하면서 법률적 강제력을
말하고 있지만 정식 법률(상위법)에 따른 것이 아니라는 점에서 법률적
정당성이 약하다.

---

61. 모든 행정이 법률에 위반되지 않아야 함을 뜻한다.
62. 행정기관의 행정권 발동에는 법률의 근거가 있어야 함을 뜻한다.

정부는 〈훈령〉 제17조에 "평가 및 맞춤형연수 등을 고의로 거부·방해·해태하는 교원에 대해서는 시도교육청 평가관리위원회의 심의를 통하여 징계 등을 요청할 수 있다"는 조항을 넣었다. 이에 대한 법률적 다툼 여지가 있는지와 관련하여 전교조가 민변에 질의를 했다. 민변은 "교원평가 훈령 외의 어떤 법률에도 '교원의 평가 참여 의무'가 명시적으로 규정된 바 없으므로, '교원의 평가 참여 의무'가 '직무상의 의무'인지 여부에 관하여는 다툼의 소지가 클 수밖에 없습니다"라고 의견을 냈다. 상위법 없이 강행되는 제도의 한계를 보여 주는 대목이다.

평가의 주관성과 임의성 문제가 있다. 교장과 교감 평가가 '정성평가' 100퍼센트로 진행된다. 관리자의 '입맛'에 따른 평가가 가능한 기제다. 교사들 사이에 주어진 책무 중심의 눈치보기식 업무 분위기가 조성될 수 있다. 관리자 평가의 주관성과 임의성은 가벼운 문제가 아니다. 인사관리 전문가 팀 베이커가 최근작 《평가제도를 버려라》에서 지적한 '뿔 효과'와 '후광 효과'를 통해 알아보자.

우리는 한 사람에 대한 전반적인 의견을 바탕으로 그 사람의 행동을 해석하려는 경향이 있다. 그것은 우리의 의식 여하와 무관하게 작동한다. 뿔 효과는 좋아하지 않는 사람의 행동을 부정적으로 해석하려는 경향을 말한다. 부하 직원이 3번 지각을 했다면 불성실과 게으름의 증거로 해석할 수 있다. 관리자가 그전부터 이미 그를 좋게 보지 않았을 가능성이 있다. 후광 효과는 정반대다. 관리자가 실제보다 부하 직원의 행동을 더 좋게 평가한다. 누군가의 행동을 평가할 때 일종의 인지 편향 현상이 나타나 주관적인 판단 경향을 보이는 것이다.

승자독식 체제를 정당화하는 문제도 있다. 교사평가관리위원회에서 결정한 성과급 평가 지표(정성 20퍼센트, 정량 80퍼센트)에 따라 성과급 등급이 결정된다. '평가사항'(근무실적 및 근무수행능력)과 '평가영역'(학습지도, 생활지도, 전문성 개발, 담당업무)이 서로 중복된다. 교원업적평가상의 승진 점수가 '상대적으로' 유리한 교사가 성과급 최고 등급인 S등급을 받을 가능성이 거의 100퍼센트라는 이야기다.

새로운 교원평가제도를 거칠게 정리하면 교사의 책무성과 관리자의 통제권을 강화하는 평가 시스템이라고 할 수 있다. 동료들 간 신뢰 관계를 바탕으로 이루어지는 협력 시스템과 거리가 멀다. 오히려 서로가 서로에게 경쟁 상대가 되므로 신뢰 관계가 갈수록 침식된다.

성과 중심의 교원평가제도에 깔린 배경 기제를 직시할 필요가 있다. 그것은 낮은 신뢰 관계, 위계적인 통제, 계약적 순응, 계선 구조를 위한 공식 보고와 기록 과정을 기반으로 한 외적 책무성 기제다. 전형적인 신자유주의 평가제도다.[63] 이와 같은 제도는 엄격한 상명하복 시스템 아래서 일하는 군인에게나 적합할 것 같다. 관리주의 문화와도 관련된다.

> 신자유주의적 책무성 정책과 관리적 통제는 (중략) 교육적 실제의 장을 정의해야 하는 가치와 원칙에 헌신하는 정도를 줄인다. 목적을 특정하고 성과를 점검하는 일을 포함한 여러 가지 관리적 기법은 교사들이 이타주의와 지적 독립, 상상력과 같은 근본적인 교육적 가치에 적대적으로 행동하도록 자극할 수 있다. _마크 올슨 외(2015), 위의 책, 308쪽.

새로운 교원평가제도는 '왜'라는 질문을 필요로 하지 않는다. '왜'라는 질문을 던지지 않는 교사가 교사라고 할 수 있을까. 나는 새로 만들어진

---

63. 마크 올슨 외(2015), 《신자유주의 교육정책, 계보와 그 너머: 세계화·시민성·민주주의》, 학이시습, 304~308쪽 참조.

평가제도가 '말 잘 듣는 교사 만들기 제도', 또는 '말 안 듣는 교사 길들이기 제도'라고 생각한다. 국가와 정부의 명령에 맹종하는, 애국심과 충성심 넘치는 교사, 교장의 지시와 명령에 순응하는 교사, 전문직 종사자로서의 자존감을 버리고 학생과 학부모 눈치를 보는 교사를 양산하는 제도로 전락할 것이다.

교사는 돈이 있어야 움직인다:
성과급제도

1

교사들을 대상으로 하는 성과급제도의 역사는 100년을 훌쩍 넘어선다. 존 맥베스 미국 케임브리지 대학교 석좌교수의 고찰에 따르면, 19세기 말 미국에서 성과급제도가 최초로 도입되었다.[64] 이후 공정한 운영이 불가능하다는 점이 입증되면서 1920년대에 폐지되었다. 성과급 개념이 다시 출현한 것은 레이건 미국 대통령이 집권한 1980년대 무렵이었다. 14개 주에서 계획을 도입하고 6개 주가 필요한 입법조치까지 취했다. 소기의 성과는 거두지 못했다고 한다.

성과급제도와 비슷한 계획을 채택했던 다른 나라들도 그 정도를 약화시켰다. 성과급을 대체하는 추가 급여는 교사의 업무 수행이나 학생의 성과에 대해서라기보다 추가적인 임무와 자격증에 주어지게 되었다. 나는 이것을 일종의 '수당화' 조치를 취한 것으로 이해한다.

2011년 7월 18일,《뉴욕타임스》가 뉴욕 시가 성과급제도를 폐지했다는 사실을 보도했다. 뉴욕 시는 3년 동안 교원들에게 성과 상여금으로 5600

---

64. 국제교원노조연맹(2015),《교사의 전문성, 어떻게 만들어지나》, 살림터, 206쪽 참조.

만 달러를 지출했다. 교육부 장관이 그 비용과 효과를 따졌다. 부정적이라는 연구 결과가 나왔다. 교육부 장관은 그 결과에 따라 제도 폐지를 발표했다. 당시 연구 보고서에 "상여금은 교사들이 업무를 수행하는 방식이나 학생들의 시험 점수에 대해 뚜렷하게 드러나는 효과를 보이지 못했다"라는 구절이 적혀 있었다고 한다.

우리나라 교육제도에 성과급제도가 도입된 것은 2001년이었다. 당시 성과급 차등 비율은 20퍼센트였다. 그 뒤 2015년에 차등 지급 비율이 50퍼센트까지 늘어났다. 2011년부터는 학교별 성과급제도가 도입되었다. 4년간 운영된 학교별 성과급제도는 2016년부터 폐지되었다.

기간제 교사와 같은 비정규직 교원들에게는 한동안 성과급이 적용되지 않았다. 그 뒤 전국교직원노동조합(전교조)을 비롯한 교육시민사회단체의 반발이 거세지자 2013년부터 지급하기 시작했다. 그러나 학교별 성과급은 제외되고 개인별 성과급만 지급되었다. 차등 지급률은 처음부터 70퍼센트에서 100퍼센트에 이르렀다. 기준 호봉 수도 14호봉으로 한정해놓았다. 정규직 교원들과 비정규직 교원들을 철저하게 차별하는 지급 시스템을 고수했다.

성과급제도는 2016년에 크게 바뀌었다. 학교별 성과급을 폐지하는 대신 이를 개인별 성과급에 포함했다. 등급 간 차등률은 70퍼센트 이상으로 상향 조정하도록 했다. 예를 들어 어느 학교가 차등률을 70퍼센트로 선택하면 최고 에스(S) 등급(425만여 원)과 최저 비(B) 등급 간 차액이 161만 원 정도 된다. 50퍼센트 차등률을 따르면 최대 차액이 92만 원 수준이다.

성과급 지급을 위해서는 등급 산정을 해야 한다. 이때 활용되는 것이 평가 기준이나 평가 항목이다. 문제가 많다. 대부분 '결과'로서의 '성과'가 아니라 일상적인 업무 활동에 초점이 맞춰져 있다. 담임이나 부장 보직 여부, 수업 시수, 기피 업무 담당 여부, 연수 시간 따위가 평가 기준으로 활용된다.

교육을 통한 변화는 더디다. 측정하기 힘들다. 학생들이 '성장'하거나 어떤 '성과'를 보여 준다면, 일반적으로 그것은 교사가 학생들과 맺는 관계 여하에 따라 결정될 가능성이 클 것으로 예측된다. 요컨대, 유능한 교사 아래서 탁월한 학생들이 나온다. 수업의 질은 교사의 수준을 넘지 못한다. 그럴까.

국제교원노조연맹(2015)을 보면 〈학습 들여다보기Visual Learning〉(2009)라는 제목의 교실·교과 효과성에 대한 메타분석 연구 사례가 인용되어 있다. 존 해티가 성취도에 관련된 800가지 메타분석을 종합한 결과를 바탕으로 작성한 보고서로, 교육의 '효과'나 '결과'와 관련하여 가장 많이 인용되고 폭넓게 인정받고 있다.

이에 따르면 성취도에 영향을 주는 요인 중 가장 높은 수치를 갖는 것이 '학급 환경'이다. 수치가 56이다. 두 번째로 높은 수치를 갖는 영향 요인은 '목표에 도전'으로 52다. '교사 유형' 요인은 42로 순위가 7번째다. 수치가 43인 '숙제' 요인보다 한 단계, 46인 '학부모 참여' 요인보다 두 단계 낮다.

이렇게 해석해 보면 어떨까. 학생들의 성취도에 영향을 주는 요인 중 교사는 학부모나 숙제보다 낮은 효과를 발휘한다. 교사 대신 학부모 지도와 숙제하기 등을 강화하면 학생들의 성취도가 높아진다!

학습 환경이 매우 중요하다는 것과 목표를 갖는 것이 도움이 많이 된다는 것일까? 그렇다면 학습 환경은 어떻게 측정하며, 그것을 교사가 얼마나 통제할 수 있을까? 목표는 누구의 것을 중시하고, 어떤 목적에 봉사해야 하는가. (중략) 우리가 '숙제'와 '학부모의 참여'를 활용하여 무엇을 하려는지, 그리고 이런 요인은 무엇을 알 수 있게 하는가? 이렇게 논쟁거리가 많은 영역에 깊이 발을 들여놓을수록 관련된 질문이 계속 더 많이 제기된다.

_국제교원노조연맹(2015),《교사의 전문성, 어떻게 만들어지나》, 살림터, 207~208쪽.

2

성과급제도는 교원평가제도와 더불어 대다수 교사들이 '폐지 1순위'로 꼽는 교육정책이다. 반발이 거세다. 그 대표적인 저항 방식이 균등 분배다. 2015년 전교조 설문조사에 의하면 교원 개인 성과급 균등 분배에 2877개교 7만 1965명이 참여했다. 전국 초·중·고교의 25퍼센트, 전체 교원의 15퍼센트가 참여한 수치다. 2016년에는 전국 3520개교에서 7만 5627명이 균등 분배에 참여했다.

정부는 성과급을 통해 교단을 경쟁주의와 성과주의 체제로 끌고 가려고 하는 것 같다. 균등 분배는 정부가 강제하는 성과급제도에 대한 교사들의 조직적인 저항 행동이다. 전교조 설문조사를 보면 교사 91퍼센트가 성과급제도 폐지를 주장하고 있다. "교사를 힘들게 하는 정부 정책" 1위가 성과급제도(36퍼센트), 2위가 교원평가제도(30퍼센트)다.

교사는 학생, 학부모와 더불어 이른바 '교육 3주체' 중 하나다. 대표적인 평가 기제인 성과급제도는 '주체'여야 할 교사들을 '대상화'한다. 교육에서는 성과를 측정하기 힘들다. 개인별 성과 등급은 교사의 자존감을 훼손할 가능성이 크다. '교원의 사기 진작'을 강조하는 교육부의 성과급 홍보와 무관하게 대다수 교사들이 성과급 폐지를 반대하는 이유일 것이다. 노동조합인 전교조와 교장과 교감 등 학교 관리자 중심의 교총에서도 성과급 폐지를 한목소리로 내고 있다.

교육부는 단호하다. 폐지 의지가 없다. 2017년부터는 교사들의 균등 분배 시도를 원천 봉쇄하려 들고 있다. '교육공무원 징계양정 등에 관한 규칙'을 개정해 교사가 거짓이나 부정한 방법으로 성과급을 지급받으면 징계할 수 있는 기준을 신설하려고 한다. 그 정도에 따라 최소 견책부터 최고 파면까지 징계할 수 있는 근거를 마련한다는 것이다.

그런데 성과급 균등 분배 행위는 징계 사유가 되기 힘들다. 민주사회를 위한변호사모임(민변) 노동위원회가 지난 5월 23일 교육부의 '교육공무원 징계양정 등에 관한 규칙' 개정안에 대해 내린 법률 해석 결과였다.[65]

민변 답변 자료에 따르면 "성과급 지급 요건을 충족하지 못한 교원이 부정한 방법으로 성과급을 수령한 것이 아닌 이상, 적법하게 지급받은 성과급은 교원의 '사적 재산'에 해당한다. 지급받은 성과급을 어떻게 사용하든 이는 '직무상의 행위'가 아닌 '사적 재산 처분행위'에 해당한다"면서 "교원의 성과급 균등 분배는 자유로운 재산권 행사로서 '공무원이 성과급을 거짓이나 그 밖의 부정한 방법으로 지급받은 행위'에 해당하지 않는다"라고 판단했다고 한다.

성과급제도가 바라보는 교사관은 기능주의적이다. 교사는 여하한 경우에도 성과를 내야 하는 단순 직공으로 간주된다. 공장 직공이 기계나 조립라인 앞에 늘 있어야 하는 것처럼 학교와 교실에서 기계적으로 살아갈

---

65. 《교육희망》 5월 23일 자 "민변 "성과급 균등 분배, '징계 사유' 안 된다" 기사 참조.

것을 강요받는다. 한 치의 빈틈이나 조그마한 실수도 용납하지 않는다.

성과급제도는 사람을 경제적인 유인에 따라 행동하는 존재로 전제한다. 일반적으로 사람들이 '채찍'보다 '당근'을 좋아한다는 점에서 타당하다. 이 논리는 사람이 경제적 유인에 따라 행동할 것이라는 해묵은 가정에 기초해 있다.

몇 가지 전제 조건이 더 있어야 한다. 성과 평가 기준이 합당하고 공정한가. 평가 과정과 절차가 합리적이고 공평한가. 평가 결과가 조직과 개인에게 건설적인 영향력을 주는가. 즉 생산성에 도움을 주는가. 성과급제도 같은 전통적인 평가 기제가 이런 역할을 한다고 보기 어렵다.

앞에서 한국지엠, 지이, 마이크로소프트 등 성과 전쟁의 최전선에 선 굴지의 대기업들이 평가 시스템을 뜯어고친 사례를 살펴보았다. 성과주의를 바탕으로 한 평가 기제의 문제에 대한 '반성'의 결과가 아니었을까. 글로벌 기업들의 평가제도 혁신은 이미 트렌드가 된 듯하다. 세계 유명 기업 30곳이 이미 전통적인 성과 중심 평가 시스템을 버렸다는 보도도 나왔다.

우리 정부는 거꾸로 가고 있다. 성과연봉제를 도입하지 않는 공공기관은 인건비와 경상경비를 동결 또는 삭감하겠다고 한다. 성과급을 균등 분배하고 교원평가를 거부하는 교사들을 징계하겠다고 한다. 실효성이 의심스러운 평가 기제를 일방적으로 도입해 놓고 무조건 따르라는 식이다. 필패의 제도가 될 수밖에 없다. 대상자들의 마음을 얻지 못한 정책이 성공한 사례는 없다.

정부의 평가 철학은 경쟁 시스템에 바탕을 두고 있다. 상대평가 시스템에 따라 평가자들을 서열화하고, 그 결과를 성과급 등급 산정과 승진에 활용한다. 교원능력개발평가, 성과급, 근무성적평정 등 각기 다른 이름으

로 불리던 평가 기제들을 '교원업적평가'로 '교원능력개발평가'로 간소화
하고 법률적 강제력을 부여했다.

나는 교원평가 결과를 승진과 보수에 반영하는 순간 교단이 불신과 불
화의 장으로 전락할 것이라고 확신한다. 성과 평가 시스템을 사용한 국내
외 대기업체에서 입증된 결과다. 다른 곳이 아니라, 일반적으로 성과 평정
이 비교적 무난하다고 간주되는 '기업체'에서 그랬다.

교장제도가 학교 리더를 만든다:
교원승진제도

1

교장은 대학이나 학원을 제외한 각급 학교의 으뜸 직위, 또는 그 직위에 있는 사람이다. 달리 '학교장'이라고 한다. 교감은 학교장을 도와서 학교의 일을 관리하거나 수행하는 직책, 또는 그런 사람이다. 교장과 교감의 업무와 권한은 〈초중등교육법〉 제20조에 규정돼 있다. 교무 총괄, 인사, 교육이 교장이 해야 할 업무다. 교감은 교무 관리, 교육 등의 일을 해야 한다.

제20조 (교직원의 임무) ① 교장은 교무를 통할하고, 소속 교직원을 지도·감독하며, 학생을 교육한다. ② 교감은 교장을 보좌하여 교무를 관리하고 학생을 교육하며, 교장이 부득이한 사유로 직무를 수행할 수 없는 때에는 그 직무를 대행한다. 다만, 교감을 두지 아니하는 학교의 경우에는 교장이 미리 지명한 교사가 그 직무를 대행한다.

교장만큼 학교 민주주의의 '주적' 대접을 받는 대상이 있을까 싶다. 우리나라에서는 '교장'을 말할 때 통상적으로 '제왕적'이라는 수식어를 앞에 붙인다. 근거 없는 과장적 표현이 아니다. 법률에 따라 규정되는 실제적인 권한이 막강하다. 교직원 인사, 예산 편성과 집행, 교육과정 운영 등 학교 전반을 총괄하고 주요 사항을 결정한다. 권력이 교장에게 집중되어 있으니 권위주의에 쉽게 빠져든다. 우리나라 교장제도 자체가 비민주적이고 반지성적인 파행을 저지르기 쉬운 구조다. 선한 교장과 악한 교장의 문제가 아니라 현행 교장제도의 근원적인 한계를 뜯어고치는 차원에서 그 해법을 모색해야 하는 이유다. 교장제도에 관한 한 '사람'보다 '제도'가 문제다.

교사가 교감, 교장으로 이어지는 승진 대열에 끼어들려면 대상자 목록인 '명부'에 이름을 올려야 한다. 교감, 교장 임용은 명부에 들어간 순서대로 이루어진다. 일종의 연공서열적 시스템이다. 여기에 교사 집단에서 장학사를 선발하는 '전직' 제도가 교장 선발 경쟁 시스템으로 변질되어 활용되고 있다.

우리나라 초·중·고교에서 교장이 되기 위해서는 젊은 시절부터 차근차근 준비해야 한다. 챙겨야 할 것이 많다. 현행 교장제도의 핵심은 '점수'다. 교사가 교감 임용을 받으려면 점수를 따야 한다. 30대 중반부터 미리 점수를 준비하지 않으면 늦는다고 한다. 최근에는 그 시기가 더 빨라진 것 같다. 임용 직후부터 점수를 채우려고 분투하는 신규 교사들이 많다.

교감, 교장으로의 승진 통로로 활용되는 수단이 '전문직'으로의 전직이다. 전문직은 장학사, 연구사, 장학관, 연구관 등으로 불리는 교육행정가들이다. 각 시·도 교육청과 지역교육지원청을 비롯해 교육연수원이나 교육연구정보원 등 교육청 산하 기관에서 근무한다. 전문직은 교사 출신이지만 그들은 자신들을 교사로 여기지 않는다. 유엔UN은 1966년 〈교원의 지위에 관한 권고〉 제6항에서 "교원은 전문직으로 간주되어야 한다"라고 규정했다. 그러나 우리나라에서 교사는 교사일 뿐 전문직으로 간주되지 않는다. 대신 이들 교육행정가들이 '전문직' 호칭을 갖는다.

전문직으로의 입직이 명실상부한 '전문직'이 된 것을 보증하는 것은 아니다. 그보다 교감과 교장 승진이 예정된 장교 집단에 진입한 것처럼 여겨진다.[66] '기수' 문화가 장학사 사회에 만연해 있어 군대처럼 수직적 명령과 복종 관계의 지배를 받는다.

전문직 집단의 전근대적인 기수 문화가 미치는 영향은 막강하다. 승진 대상자들은 명부에서 조금이라도 상위로 올라가기 위해 점수 차이를 벌리고 싶어 한다. 핵심 고리가 가산점이다. 현행 승진제도에서는 경력 점수를 채워 교감 임용 명부에 들어가는 일이 어렵다. 학교에서 교육 경력을 채우고 연구 점수를 어느 정도 딴 뒤에는 임용 명부에 들기 위한 점수를 가산점을 통해 얻는 것이 유리하다.

교육청 장학사들이 승진 대상자들에게 가산점을 주기 위해 사업을 '만드는' 사례가 이렇게 해서 결정된다. 교육청 기획 사업이 교육행정가 관료 집단의 인맥 관계에 따라 사적으로 집행된다. 가산점 제도가 특정 교육정책을 추동하는 행정 수단으로 활용되지 않고 승진 경로에 들어선 교사들의 점수 부여 기제로 왜곡되는 것이다.

현행 교장제도가 완전한 연공서열 구조는 아니다. 경쟁과 업적 중심의 평정이 일부 섞여 있다. 학교장 임용에 반영되는 경력이 예전의 25년 이상에서 현재 10년 이상으로 감소되었다. 공모제 교장제도 도입 이후 풍부한 현장 경험과 교육 능력을 갖춘 교사들이 교장직으로 들어가는 비중이 조금 늘었다. '경쟁 선발'의 효과라고 볼 수 있겠다.

---

66. 한국교육연구네트워크(2013), 《교장제도 혁명》, 살림터, 198쪽.

문제는 그런 '경쟁력' 있는 교장제도인 교장 공모제를 교육부 스스로 위축시키고 있다는 점이다. '공모(공개 모집)'의 본질을 구체화하려는 노력 대신 교장 자격증을 가진 교사에 한해 공모제에 응하도록 하는 식으로 교장 공모제를 왜곡하고 있기 때문이다. 교장 기득권 집단의 조직적인 반발이 배후에 깔려 있다. 교장 자격증 제도와, 전직 개념이 승진으로 왜곡된 장학사 충원 제도가 교장제도의 핵심 문제임을 알 수 있다.

2

오늘날 우리나라 교장제도는 관료주의 시스템이 갖는 공모자 문화를 잘 보여 준다. 교감, 교장으로 이어지는 승진 대열에 합류하고 싶어 하는 교사는 승진이 각자의 능력에 달려 있다는 능력주의를 기꺼이 받아들인다. 능력 있는 교사가 승진한다. 승진에 필요한 '능력'이 무엇인지는 그들만 안다.

교장제도 충성파들에게 승진 시스템을 작동시키는 룰은 공평하다. 그들은 학교 관료주의를 지탱하는 규칙이나 규제가 모든 구성원들에게 동일하게 적용된다는 명제를 자명한 사실처럼 받아들인다. 승진 명부에 이름을 올릴 수 있게 만드는 승진 규정들이 합리적인 평가 기준이라고 생각한다. 교실에서 학생들과 함께 교육에 힘쓰는 교사가 승진에서 멀어지는 구조적인 난점은 눈에 들어오지 않는다. 이미 승진한 교감, 교장을 통해 '꽃놀이패'처럼 휘둘리는 승진 구조 역시 제대로 보려 하지 않는다.

현행 교장승진제도는 경력 평정, 근무성적 평정, 연수성적 평정, 가산점을 합산한 점수를 바탕으로 이루어져 있다. 승진 후보자들이 다점자 순으로 승진 후보자 명부에 등재된 뒤 그 순서에 따라 교감, 교장에 임용되는 방식이다.

교장 승진 심사를 위해 지역교육청에 교장임용심사위원회가 설치되어 있다. 교장 승진 대상자는 학교경영제안서를 작성해 제출한다. 이후 학교교육관, 학교경영관리, 지역사회관계, 리더십 등을 심사 기준으로 하여 면접을 치른다. 교장임용심사위원회에서 적격의 교장 임용 후보자를 결정해 교육감에게 건의하면 교육감이 교육부 장관에게 추천한다. 이후 교육부 장관 제청으로 대통령이 최종적으로 임용한다.

교장임용심사위원회, 학교경영제안서 등이 교장의 역량과 자질을 제대로 검증할 수 있을까. 회의적이다. 점수만 잘 관리하면 역량이나 자질과 무관하게 승진 대열에 안착할 수 있는 구조적인 문제가 있기 때문이다. 승진 명부에 오르는 데 필요한 가장 중요한 요소는 점수다. 경력 점수와 근무성적 점수가 큰 비중을 차지한다. 그런데 경력 자체가 교장 '자격'을 완전히 보증해 주지 않는다. 근무성적이, 평가권자인 교감과 교장의 입맛에 따라 자의적으로 결정된다. 평가의 타당성이나 공정성이 부족하다. 소수점 몇 자리까지 나뉘어 있는 평정표를 신뢰하는 이는 별로 없다.

교장은 학교 안에서 절대자처럼 군림한다. 제도적으로 그렇고 관습상 그렇다. 권위적인 교장이 될 것인가 민주적인 교장이 될 것인가는 그의 바람과 의지에 달려 있다. 제도와 구조가 그를 민주적인 교장으로 세우는 데 한계가 있다. 민주적인 교장이 되는 일은 현행 시스템 아래서는 거의 불가능하다. 교장이 되는 교사들 자신의 민주적 리더십이나 자질이 부족해서가 아니다. 기득권을 재생산하는 구조로 되어 있는 현행 교장 자격증 중심의 승진제도가 갖는 폐쇄성 때문이다.

교장 자격증은 교장 (자격) 연수를 받았다는 일종의 '수료 증서'다. 실제 자격(교장으로서의 역량, 자질, 소양 등등) 여하와 무관하게 승진 명부에 이름이 올라 연수를 받으면 교장 자격이 있는 것으로 간주된다. 단순한 '수료 증서'가 '자격증'으로 변신하는 시스템이다. 현행 교장제도는 교장 후보군의 수를 배타적으로 조정함으로써 기득권을 유지하는 시스템이다. 교장들의 기득권과 지위적 권익을 보호하는 이익단체를 조직적으로 운영하면서 강한 정치사회적 영향력을 행사한다.

교장들은 현실 정치권력과 강한 연대를 형성한다. 기존 질서 체제를 강조하는 현실 권력의 특성상 정권은 대체로 보수적인 기득권 집단인 교장들을 정치적인 동반자로 간주한다. 역사적으로 우리나라 정치권력은 교육을 권력 이데올로기 확산의 기제로 삼고 학교를 정권의 도구로 이용해 왔다. 이런 상황에서 '순치된 조직의 장'으로서 교장들이 통제에 유용하게 쓰이는 존재가 되었다.

누가 학교장이 되는가. 교육의 본질 차원에서 접근하면 우리에게 낯선 질문이 된다. 바람직한 교장이 갖추어야 할 기본적인 '자격' 기준을 실제 현실에 적용해 본 경험이 별로 없기 때문이다. 현재로서는 '젊은 시절부터 승진 점수를 차곡차곡 잘 쌓아 가는 교사'가 교감, 교장으로 승진할 가능성이 높아진다. '교육적으로' 올바른 현상이라고 보기 어렵다.

2장
불한당들의 습속

관료제도가 모두에게 편리하다:
관료주의

1

관료제도는 인류 역사와 함께 출발했다. 인류학자들은 인류 초창기의 관료제가 메소포타미아와 이집트에 존재했다고 보았다. 당시 관료제는 매우 공고했다. 왕조나 지배 엘리트들이 교체되는 동안 거의 변함없이 수천 년에 걸쳐 이어졌다. 일단 만들어진 관료제를 없애기란 사실상 불가능했다.

고대 중국 관료 조직은 외래 침략자들조차 제거하지 못할 정도로 강한 생명력을 갖고 있었다. 사무실과 보고서와 시험을 갖춘 시스템을 운용하고 있어서 오늘날과 크게 다르지 않았다. 데이비드 그레이버 런던정경대 교수는 중국 관료 조직이 '천명天命, Mandate of Heaven'으로 표현되었다고 설명한다. 언제나 제자리에 확고히 머무르는 특성이 천명이라는 말 속에 잘 담겨 있다고 보았다.

관료제를 제거할 수 있는 유일한 방법은 간단하다. 그레이버에 따르면 로마제국에서 고트족 왕 알라리크나 칭기즈 칸이 중동의 특정 지역에서 그랬던 것처럼 그냥 그들 모두를 죽이는 것뿐이었다. 상당수의 관료들을 살려 두면 그들은 몇 년 안에 반드시 누군가의 왕국을 관리하게 될 수밖에 없다고 보았다. 그만큼 관료제의 생명력은 끈질기다.

그 비밀이 어디에 있을까. 그레이버는 '비인격적 냉담함'에서 찾았다. 그는 관료주의적 일처리 방식이 가진 매력의 속성을 현금 거래와도 같은 비인격적 냉담함으로 규정했다. 관료제적 일처리와 현금 거래 모두 '영혼'이 개입하지 않는 삭막한 행위다. 단순하고, 누구나 예측할 수 있다. 모든 사람을 동일하게 취급할 수 있다는 점에서 누구에게나 편리해 보인다.

관료주의의 비인격적 냉담함은 합리적인 효율성으로 연결된다. 문제는 합리적인 효율성에 관해 말하는 것이 그 효율성이라는 게 실제로 무엇을 위한 것인지에 대해 말하는 것을 회피하는 방법으로 변한다는 것. 합리적인 효율성은, 실재하지 않는다는 점에서 궁극적으로 '비합리적인' 목표다. 그런데 관료제를 신봉하는 자들은 그것을 인간 행동의 궁극적인 목적으로 가정한다.

관료제의 효율성이나 합리성은 실재하지 않는 허상의 이미지다. 실제 효율성이나 합리성과 무관하므로 그것과 연관되게 보이게 만드는 평가가 중대한 일이 된다. 관료들이 하는 일의 대부분이 무엇인가를 평가하는 일이 된 까닭이다.

관료주의는 '개인'을 거세한다. 비인격적인 냉담함이 위계를 중시하는 권위주의로 이어진다. 이 문제는 1960~1970년대 네덜란드 사회심리학자 기어트 홉스테드가 주창한 개념인 '홉스테드 차원들Hofstede Dimensions'을 통해 알아보자.[67]

홉스테드 차원들은 아이비엠IBM 유럽 본사의 인적자원 담당 부서에서 의뢰한 연구를 통해 나왔다. 전 세계 사람들을 상대로 문제 해결 방식,

---

67. '홉스테드 차원들'에 관한 내용은 말콤 글래드웰이 쓴 《아웃라이어》(김영사, 2009)의 208~247쪽을 참조했다.

협업 방식, 상급자에 대한 태도에 대해 인터뷰한 뒤, 그 결과 나온 방대한 데이터베이스를 바탕으로 만들어졌다.

홉스테드 차원은 세 가지로 이루어졌다. 개인이 집단보다 자기 스스로를 얼마나 더 중요하게 생각하는지에 따라 구별되는 '개인주의-집단주의 척도individualism-collectivism scale', 모호한 것이 얼마나 받아들여지는가에 따르는 '불확실성 회피uncertainty avoidance' 특정 문화가 위계질서와 권위를 얼마나 존중하는지를 나타내는 '권력 간격 지수Power Distance Index, PDI' 들이었다.

관료주의 문화와 관련하여 가장 눈길을 끄는 것이 권력 간격 지수다. 홉스테드가 권력 간격 지수를 조사하는 데 활용한 질문들을 보자.

> 가. 직원들이 관리자의 의견에 동의하지 않음에도 두려움 때문에 그 것을 드러내지 않는 일이 얼마나 자주 발생하는가?
> 나. 나이 많은 사람이 얼마나 존중받고 또한 두려움의 대상이 되고 있는가?
> 다. 권력층이 특권층으로 받아들여지고 있는가?

홉스테드의 발견은 항공산업계에 큰 영향을 미쳤다. 여객기 사고를 예방하는 데는 조종실 안에서 완곡어법을 추방하고 협동심을 높이는 일이 중요하다고 한다. 이를 위해서는 조종실의 권력 간격 지수를 낮추어야 한다. 홉스테드는 부기장들이 자기 의견을 드러내는 것이 그가 자라 온 문화의 권력 간격 지수에 큰 영향을 받는다는 점을 밝힘으로써 그들로 하여금 스스로를 돌아보게 할 수 있었다.

권력 간격 지수가 높은 조직에서는 조종실 내 부기장들처럼 하급자들 사이에 일종의 '침묵의 카르텔'이 형성된다. 중요한 결정의 순간에 하급자들이 침묵을 지킨 채 상급자가 결정을 내려 주기를 바란다. 누구도 대안을 내놓을 생각을 하지 않는다.

권력 간격 지수가 항공기 조종실에서만 위력을 발휘하지는 않을 것이다. 권력이 있는 모든 곳, 상급자와 하급자가 함께 살아가는 공간에서는 끊임없이 '판단'과 '결정'이 내려진다. 그러한 판단과 결정의 적용 결과가 구성원 모두에게 크고 작은 영향을 미친다. 삶의 양태, 내면의 작동 방식이 권력 간격 지수 여하에 따라 달라질 것이다.

학교는 각종 위원회로 굴러간다. 평가주의 문화가 두루 퍼져 있다. 실적과 성과에 집착하고, 의미를 찾기 힘든 형식과 의례를 챙긴다. 일정한 시간을 채운 뒤 결과물을 내놓으면 교육적 의미가 있는 '성과'로 포장된다. 구조적인 위계 관계를 악용하여 평교사들을 '부하 직원' 대하듯 하는 교장과 교감이 여전히 많다. 교사들은 알게 모르게 관료주의적인 관행과 습속과 감성에 길들여진다. 학교가 관료주의의 소굴이 된다.

끝없이 공문이 '내려온다'. 교사들은 아침부터 오후 늦게까지 공문에 매달린다. 수치화한 각종 교육 활동이 개조식으로 일목요연하게 정리되어 보고서에 담긴다. 살아 숨쉬는 '개인'과 '에피소드'와 '스토리'가 끼어들 여지는 거의 없다. 숨결이 사라진 무미건조한 공문서만 위계적인 순서와 절차에 따라 지정된 결재 라인을 타고 교육청과 교육 당국으로 '올라간다'. 질긴 습속이다. 첨단 교육의 시대를 향해 가는 21세기에, 사고와 행동으로 20세기를 체득한 교사들이 유사 이래 19세기까지 면면히 이어져 온 고풍스러운 관료주의 문화의 지배를 받고 있다.

2

관료주의의 지배를 받는 조직에서는 다양한 규칙과 규제 장치가 복잡하게 작동한다. 규칙과 규제 장치는 권력 관계 속에서 감시와 처벌을 위한 근거로 활용된다. 학교 현장에 넓게 퍼져 있는 시시티브이CCTV 만능주의, 행동을 점수로 재단하는 상벌점제가 관료주의 문화의 한 단면을 보여준다. 경찰 제복을 입은 학교폭력 전담 형사가 학교에서 강의를 하는 모습도 예사롭지 않다.

관료주의는 평가와 보고서를 중시한다. 학생과 교사는 수시로 각종 평가 기제의 대상이 된다. 교육 활동의 성과를 정량적으로 표현한 수치로 서로 비교당한다. '정성'이라는 이름의 평가로 책무의 압박을 받는다. 그 결과 자율성을 상실하고 무력감에 빠진 그들 사이에 규칙과 규제가 위력을 발휘하는 악순환이 펼쳐진다.

교육 활동과 행정 처리 과정에서 형식주의가 위력을 발휘하는 까닭도 이와 비슷하다. 지난 학기 전출입 업무를 담당하는 선생님과 대화를 나눈 적이 있다. 학생부 기록 문구들 중의 '-하였습니다'를 '-함'으로 바꾸고, 문장 끝에 누락된 마침표('.')를 반드시 집어넣어야 한다고 요구하는 어느 학교 전출입 담당 교사와 두 시간 가까이 실랑이를 벌였다고 한다. 한 학생의 전출 업무 처리 과정에서 생긴 일이었다. 결론이 나지 않아 통화가 끝난 뒤 애먼 주변 동료 교사들과 함께 한참 갑론을박했다고 한다.

학교생활기록부 기재 요령이라는, 전국적으로 통용되는 지침이 있다. 교육부 학교정책과가 총괄·기획을 맡은 책자다. 2016학년도판을 보니 집필위원 11명, 검토위원 6명이 참여해 200쪽이 넘는 대분량으로 작성했다. 책자를 전체적으로 살펴보았다. 종결체와 구두점에 관한 규정을 찾아볼 수 없었다. 그렇다면 예의 전출입 담당 선생님들 간의 대화를 어떻게 이해해야 할까. 공적 서류의 표기에 관한 최소한의 상식적인 유연함을 불허하는 관료주의 행정의 폐해라고 말하면 지나칠까.

행정 권력은 규칙과 절차를 통해 학교와 교사를 지배한다. 고리타분한 교사 집단을 포함하여 경직된 사고 행태를 보이는 관료들은 규칙 만능주의자들처럼 살아간다. 그들의 일처리는 철저하게 '요령'과 '지침'과 '매뉴얼'을 따른다.

여기서 심각한 문제가 불거진다. 학교의 관료주의화와 사회의 급격한 변화는 교사들의 '불만'을 키운다. 몇 가지 요인이 있다. 교사들에 대한 통제 시스템이 교묘해지고 강력해진다. 역할 과부하가 발생한다. 수업과 같은 전통적인 교육 활동 외에 학생 상담과 돌봄, 행정 업무, 재정 처리 등의 일을 수행해야 한다. 교육자와 상담가와 행정가의 역할을 동시에 맡아야 한다. 교직의 전문성을 약화시키는 평가 기제, 학생들의 급격한 변화가 교사들을 불안하게 한다.

오늘날 대부분의 학교와 교사가 수행하고 있는 역할은 복잡하고 다양하다. 이는 과거 부모, 조부모, 지역사회 공동체, 교회, 기타 사회기관에서 수행했던 책임을 학교가 떠맡아 수행해야 하는 상황에서 비롯되었다. 교육과 돌봄(보육)의 '풀 서비스'를 요구하는 오늘날의 교육 시스템에서 교사들은 '슈퍼맨'이 되어야 한다.

시장주의가 교육 담론을 지배하고 있다. 이익이 첫머리에 놓인다. 경쟁과 효율성과 성과가 이를 뒷받침한다. 학생들과 학부모들은 스스로를 소비자로 자리매김한다. 이런 시스템 아래서 교사는 사무원, 생산 라인 노동자, 관리인같이 일한다. 전문가와 학자와 정책 입안자의 지혜와 생각을 전달하는 일을 하는 사람으로, 교육계 위계질서의 최하층 근처에 있는 존재처럼 묘사된다.

그 맨 밑바닥에 학생이 있다. 그들은 순종하거나 도발한다. 교사들은 '진격'하는 학생들과 교실에서 '전투'를 치른다. 학교는 학교폭력 매뉴얼이 과도하게 통제하는 공간이 되어 있다. 도덕적·윤리적인 차원에서 각자의 양심과 정의에 비추어 마땅히 행해지거나 금지되어야 할 행동들이 '상·벌점 체크리스트'의 검사 항목으로 전락해 있다. 복잡하고 다양한 규제 장치가 교육적 효과를 가져오는 수단이 아니라 처벌(벌점, 징계)의 방편으로만 활용된다.

학교와 교사가 책무성, 규칙, 평가, 징벌에 의존하는 방식의 문제는 무엇일까. 넬 나딩스는 이와 같은 방식이 비난을 피하려 하고 권위 있는 사람들의 간섭을 줄이려고 자기 방어적 행동을 조장할 가능성이 크다고 지적했다. 그는 책무 대신 책임을 강조했다. 책임을 강조하면 스스로 책임져야 할 사람들의 요구에 주의를 기울이는 책임을 지게 되고, 자신의 동료에게 조심스럽게 응답하도록 자신을 격려하게 된다는 이유에서다.

책무성accountability은 자기 방어적 기제를 발동시킨다. 이와 달리 이보다 아름다운 개념인 책임감responsibility은 타인의 존재와 요구를 깨닫고 존중할 것을 강조한다. 마르틴 부버(1878~1965, 종교철학자-필자 주)는 "모든 참된 삶은 만남encounter이다. 우리에게 할당되고 위임된 삶의 영역에 대한 책임을 실천해야 한다. 적절한 반응으로서 중요할 수 있는 행위의 관계를 획득하기 위해"라고 썼다. 시선의 마주침, 미소, 손가락을 들어 경고하는 것, 부드러운 암시, 실망스럽게 눈을 찌푸리는 것 등 이런 행동들은 학생을 독특하고 특별한 인간 존재로 인식하는 총체적 반응이다. 이렇게 정립된 관계는 끊임없는 사회적 상호작용은 물론이고 효과적인 가르침을 위한 단계를 상정한다.

_넬 나딩스(2016), 《21세기 교육과 민주주의》, 살림터, 295~296쪽.

교사는 학생을 믿고 기다리는 존재다. 교사는 모든 학생이 괜찮은 인격과 품성의 소유자라는 것을 믿을 만한 이유와 근거를 끊임없이 찾아 갖춰 놓고 있어야 한다. 학생이 공부를 잘하고 말을 잘 들어야 아끼는 것이 아니라 공부를 못하고 나쁜 짓을 해도 끝까지 신뢰를 잃지 않는, 그런 무조건적이고 제한 없는 사랑을 베푸는 교사가 필요하다.

관료주의를 신봉하는 학교와 교사가 즐겨 쓰는 말이 있다. "법대로 합시다." "규정대로 하세요." 당연한 말이지만, 법과 규정이 만능은 아니다. 법과 규정의 적용은 더욱 그렇다. 그러나 유감스럽게도 우리는 법과 규정을 명목으로 학교 민주주의를 질식시키는 수많은 습속에 둘러싸여 있다.

감시가 학교의 교육력을 높인다: 감시 문화

복도 '순시'를 지나치다 싶게 하는 학교관리자가 있었다. 창문을 통해 교실을 노골적으로 들여다보지는 않았으나 감시당하고 있다는 느낌이 강하게 들었다. 횟수가 거듭될수록 불쾌함이 커졌다. 가만히 있어서는 안 되겠다는 생각이 들었다. 그분의 '순시'(?) 업무를 체크해 교무수첩에 기록하기 시작했다. 나중에 '증거'로 들이밀어 한번 따져 보기 위해서였다.

학교관리자로 통칭되는 교장과 교감은 복도 순시를 즐겨 한다. 수업 시작종이 울리면 복도를 돌며 교사들이 수업을 잘하고 있는지 둘러본다. 교사들의 주요 업무인 수업에 대한 임장 지도라는 명목이 따라붙는다. 요새는 '수업 컨설팅'이라는 그럴듯한 이름이 붙어 있다. '지도'니 '컨설팅'이니 하는 말을 내세우지만 별로 유쾌하지 않다. 지도나 컨설팅을 빙자한 교사 감시나 통제에 가깝게 보여서다.

관리자들이 복도를 순회하며 교사를 감시하거나 통제하는 것은 순진한 방식에 가깝다. 파울로 프레이리는 교장이 교장실에 앉아서 교실에서 교사가 하는 행동 하나하나를 지켜보거나 엿듣는 방법으로 통제한다고 말했다.[68] 프레이리의 견해에 따르면 교사들은 교장이 20명, 50명, 100명이

---

68. 파울로 프레이리(2003), 《프레이리의 교사론》, 아침이슬, 54쪽.

나 되는 교사들을 한꺼번에 감시할 수 없다는 것을 잘 알고 있다. 그러나 한편으로 자신이 언제 어느 때라도 감시당할 수 있다는 것 또한 잘 안다.

교사들에게는 금기가 만들어진다. 프레이리는 이와 같은 상황을 아나 마리아 프레이리의 "금지당한 몸"이라는 개념을 빌려 설명했다. 교사들이 교사로 존재하는 것을 금지당한다는 것이다. 이제 금기에 포박된 교사는 스스로를 좁은 울타리 안에 가둔 채 조금씩 주체의식을 잃어 간다. 사유와 실천의 진정한 주인이기를 포기한다.

그 분은 부지런하고 성실했다. 며칠 만에 메모를 네댓 번 했다. 어떤 날은 복도 순시가 오전과 오후 두 번에 걸쳐 있었다. 수업이 없는 시간까지 고려하면 두 번 이상 복도를 돌았을 가능성이 있었다. 복도 순시를 '의무감'에서 행하는 것처럼 보였다.

나는 그 분의 동태(?)를 더 꼼꼼히 기록했다. 내 머릿속에는 공책을 흔들어 보이며 '지금 교사들 감시하는 거요 뭐요? 이거 너무하는 것 아니요?' 하고 따지는 며칠 뒤 상황이 그려졌다. 그 뒤 깜박 잊어 메모하기를 몇 번 놓쳤다. 그 분도 바쁜 일과들 때문이었는지 복도 순시 횟수가 점점 줄어들었다. 메모를 통한 내 역감시(?)가 끝까지 갔다면 전체 교무회의 시간에 조그만 설전이 오갔을 것이다.

대체로 학교관리자들은 교사를 믿지 못한다. '성장'을 위한 노력을 별로 하지 않는 게으르고 무능한 교사가 원인 제공자일까. 학교 성과에 대한 그들 자신의 지나친 기대와 사명감, 또는 욕심 때문일까.

관리자들의 믿음을 얻지 못하는 교사들은 감시와 통제의 대상이 되어 '죄수'처럼 취급을 받지만, 그들은 전문직 종사자다. 유네스코와 같은 최고 권위의 국제기구가 1960년대 중반에 널리 공표했다. 우리 〈헌법〉과 〈교육기본법〉이 그렇게 규정하고 있다.

1966년 유네스코는 〈교원 지위에 관한 권고〉 제6항에서 "교원은 전문직으로 간주되어야 한다"라고 규정했다. 우리나라 〈헌법〉 제31조 제4항은 교육의 전문성, 자주성, 정치적 중립성에 관한 내용을 담고 있다. 〈교육기본법〉 제14조 제1항에는 "교원의 전문성은 존중되며"라는 구절이 나온다.

교사의 전문성은 고도의 자율성을 통해 구현된다. 교육 당국과 학교관리자들이 교사 집단을 믿고 따르는 신뢰 관계가 전제되어야 한다. 나는 이러한 사실을 인정하지 않으려 하는 대표적인 부류가 학교관리자들이라고 본다. 교사 집단을 대상화하는 교육 당국의 시선 문제도 간과할 수 없다. 그들이 내세우는 이유가 무엇이든 학교관리자들이나 교육 당국이 전문직 종사로서의 교사를 믿지 못하는 한 학교는 확실하고 심각하고 지속적으로 정체될 것이다.

2015년 12월 3일 서울시교육청 교육연구정보원이 〈학교장의 민주적 의사결정 방식과 교사의 직무 몰입 간의 관계〉라는 논문을 발표했다. 학교를 운영하는 과정에서 학교장이 교사들의 의견을 많이 반영할수록 교사의 수업 몰입도가 크다는 내용이 주요 골자였다.

예의 연구에 따르면 교사들이 의사결정에 많이 참여하는 학교에서는 교사의 수업 몰입 수준이 35.3퍼센트로 조사됐다. 반면 교사들의 의사결정 참여도가 낮은 학교는 수업 몰입도가 16.7퍼센트로 절반에도 미치지 못했다고 한다. 직무 몰입 수준 역시 일반 교사들이 학교교육과정을 구성하는 데 더 많이 참여하는 학교일수록 더 높게 나타났다.

서울시교육청이 거창한 제목의 연구 분석 보고서를 통해 내놓은 결론은 '주인교사론'과 '머슴교사론'을 통해 간단히 설명할 수 있다. 학교 내 의사결정 구조에 주도적으로 참여하는 교사는 '주인'이 된다. 자신의 전문가적 역량과 열정을 최대한 발휘하려고 노력한다. 그것이 자신이 주인으로 있는 집(학교)을 살리고 키우는 길이기 때문이다. 이런 집의 앞날은 흥성興盛 뿐이다.

'머슴교사'는 정확히 그 반대다. 학교 내 의사결정 구조에 참여하는 등의 민주주의적인 의결 과정을 직접 경험하지 못한 교사는 그나마 있는 능력과 의지를 최대한 아껴 둔다. 훗날 그것을 자신의 이익 실현을 위한 일에 쓰기 위해서다. 그의 관심사는 제몫으로 떨어질 '파이'다. '머슴'으로 있는 집(학교)이 망하더라도 자신만 살아남으면 된다. 머지않아 망쇠亡衰가 그들의 집을 강타한다.

구경꾼 교사의 침묵은 효율적이다:
침묵과 순응주의

　학교에는 구경꾼 교사가 많다. 학교교육 시스템이 구경꾼 교사를 양산한다. 교사는 교실이라는 독립된 공간에서 수업한다. 기본적으로 교사 개인이 수업을 계획하고 실행하고 그 결과를 점검해야 한다. 언제든 고립화로 이어질 수 있다. 교사들이 맡는 행정 업무는 '분장'이라는 명목으로 매 학년 초 잘게 쪼개진다. 교사들이 자신이 맡은 업무가 아니면 좀처럼 학교 일에 끼어들지 않고 멀찌감치 서서 구경꾼처럼 바라볼 수 있는 구조다. 그들의 구경과 침묵은 구조적이다.

　지난 학기 학교에 어떤 일이 있었다. 보기에 따라 '사건'으로 볼 수 있었다. 모든 선생님이 알아야 할 중대 사안으로 판단되어 주간 교무회의 시간에 말을 꺼냈다. 손을 들어 발언권을 얻은 뒤 말을 시작했을 때는 이미 회의 시간이 상당히 흐른 뒤였다. 본격적으로 발언할 내용의 배경과 이유를 길게 설명했다. 금방 회의를 끝내야 하는 시간이 되었다.

　모른 체하고 몇 마디 더 이어 갔다. 회의를 이끌던 교감 선생님이 수업 시작 시간이 다가오니 발언을 마무리해 달라고 했다. 할 수 없이 다음 기회를 예약하고 중단했다. 시간이 좀 더 있었더라도 다 말하기는 힘들었을 것이다. 심각한 사안이었다. 한두 시간의 발언과 토론으로 결론이 쉽게 날 성싶지 않았다.

학교 교무회의 시간은 대체로 부장 교사, 해당 주에 예정된 주요 업무의 담당 교사, 교감, 교장 순서로 발언이 이어진다. 틀에 박힌 형식이다. 레퍼토리도 마찬가지다. 학교관리자들의 업무 지시, 주요 부서 부장들의 업무 전달과 협조 부탁 등으로 채워진다.

그 몇 달 전이었다. 교장 선생님이 교무회의 시간에 '토론거리'를 가져와 이야기하자고 했다. 단순 전달 사항이나 지시 사항은 업무 쪽지나 메신저로 주고받아도 충분하다. 그런데 아무리 단순한 사안이라도 30~40분 정도의 교무회의 시간으로는 충분치 않을 때가 많다. 그러나 교장 선생님은 아실까. 오늘날 우리나라 학교는 교사들이 토론거리를 가져와 이야기하려 해도 이런저런 여건과 분위기 때문에 제대로 말하기 힘든 문화의 지배 아래 있다.

수년 전부터 '벌떡교사'로 살려고 나름 노력해 왔다. 갈수록 '벌떡'의 방식에 회의감과 두려움을 느끼고 있다. 부족한 설득력과 토론 전술의 부재 때문인지 말이 통하지 않을 때가 많다. 학교관리자들이나 성향이 다른 선생님들 사이에 시끄럽고 문제를 일으키는 교사, 교사 간 협력을 저해하며 분란을 일으키는 교사라는 '낙인'의 두려움도 있다. 대체로 모른 체하며 지내지만 걱정이 많다. 교사들이 침묵을 지키는 학교가 제대로 굴러가기 힘들다고 보기 때문이다.

학교에는 꽤 긴 시간이 소요되는 토론거리 외에도 함께 논의할 이런저런 문제들이 많다. 그런 자리에서 선생님들 사이에 서로 다른 의견이나 애초 안과 반대되는 의견이 나올 때가 있다. 각자 자신의 의견을 자유롭게 제시하고 토론과 토의를 통해 최종 결정하는 민주주의적인 회의문화를 경험해 볼 수 있는 살아 있는 기회다. 그런 자리에서 '벌떡' 일어난다.

다른 분들은 그렇지 않은 것 같다. 회의가 조금 길어지면 빨리 끝내라고 채근한다. 본격적으로 토론을 할 만하면 다수결로 결정하자고 한다. 일찍 끝나는 회의의 미덕(?)을 예찬하는 그들에게는 죄가 없다. 다수결이라는 민주주의의 황금률이 그들에게 형식적 알리바이를 제공한다. 교무실은 조용한 침묵의 공간이 된다. 교사들은 시나브로 자신만의 '섬'에 갇힌다.

그러나 민주주의는 시끄러움과 소란 속에서 성장한다. 99명이 찬성 의견을 가질 때조차 단 한 사람의 반대 의견이 크게 외쳐질 수 있어야 한다. 하나의 조직 안에서 반대 의견의 표출이 줄어들면 조직의 생동감과 활동 범위와 다양성이 갈수록 줄어들 가능성이 커진다. 이러한 '위험'을 기꺼이 감내할 용기가 있는가. 반대를 위한 반대만 아니라면 순종보다 저항이 낫다. 순종이 창의성과 주체성을 억누르고, 그런 방식으로 만들어진 '공감대'를 통해서는 창의적인 대안이 나올 수 없다는 증거가 많이 있다.[69]

교무실에는 '좋은 게 좋다'는 식의 관성적인 공감대가 자주 만들어진다. 교사들이 민주주의에 대한 직접 경험이나 학습이 부족하고, 자발적이고 자율적인 토론을 통해 의견을 교환하고 결론을 도출하는 경험을 별로 하지 못하고 있다는 점에서 이는 매우 자연스러운 현상이다. 민주주의보다 더 중요한 것은 부정적인 의미의 '관계'이며, 나는 이것이야말로 관료적인 학교 조직에서 교사들을 추동하는 거의 유일한 힘이라고 본다.

관계가 지배하는 교무실에서 진정한 의미의 대화와 토론이 존재할 수 있을까. '공감대론'과 '관계론'이 교무실을 통제하는 상황에서 어떤 교사가 관성에서 벗어나고 관계를 불편하게 만드는 이야기를 꺼낼 수 있을까.

---

69. 국제교원노조연맹(2015), 《교사의 전문성, 어떻게 만들어지나》, 살림터, 144쪽.

교무실은 서로 다르면서 모두가 같아지는 역설의 공간이 된다. 교사들은 갈수록 자신의 색깔과 목소리를 잃고 구경꾼이 된다.

교사들의 구경꾼 심리는 논리가 단순하다. "나는 안다. 하지만 내가 안다는 것을 알고 싶지 않다. 그러므로 나는 알지 못한다." 알고 싶지 않은 것, 보고 싶지 않은 것과 적당히 거리를 둔다. 그것들을 외면하고 회피한다. 우리가 각자의 신념을 멋대로 간직하면서 이 세상에 대해 책임을 지지 않은 채 살아가게 하는 손쉬운 방편이다.

그런 점에서 구경꾼 교사들의 침묵은 효율적이다. 아는 사실을 모른 체하고 외면하고 회피함으로써, 그것을 알고 그것에 계속 관심을 주었을 때 따라오는 여러 가지 부담스러운 결과들을 거부할 수 있는 명분을 쥐게 된다. 평범한 이들이 '중립적인 구경꾼'이 됨으로써 결과적으로 악의 편에 서고, 구조적 폭력에 둔감하거나 심지어 지지하는 기제를 여기에서 찾을 수 있다.

학교에서 가르치는 지식이 진리다:
지식 절대주의

1

    교사들은 교육과정이나 교과서에 담긴 지식을 절대화하는 경향이 있다. 교사 자신이 가르치는 지식이 객관적이며, 무오류의 절대성을 갖는다고 믿는다. 그러나 절대적으로 객관적인 지식은 없다. 교과서에 실려 있는 '사실'이라고 해서 절대성과 객관성을 갖는 것이 아니다. 지식은 시대의 흐름과 당대의 역사적인 상황, 문화적인 기준에 따라 진화하고 변한다. 학교에서 유통되는 지식이 사실에 기초한 중립적인 지식이라는 믿음은 사회 지배층이나 주류들이 설파하는 핵심적인 신화 가운데 하나다.

    1981년 미국 교육학자 진 애니언이 사회 계급에 관한 중대한 연구를 했다.[70] 노동계급·중간계급·상류층 학교 학생들 각각에게 '(1) 지식이란 무엇인가, (2) 지식은 어디에서 오는가, (3) 지식을 만들어 낼 수 있나, 있다면 어떻게' 등 일련의 질문을 던져 사회 계층에 따라 지식에 대한 정의가 어떻게 드러나는지 살펴보았다.

    애니언은 연구 결과를 〈사회 계층과 학교 지식Social Class and School

---

70. 이와 관련되는 내용은 오즐렘 센소이·로빈 디앤젤로(2016), 앞의 책, 39~43쪽에서 가져왔다.

Knowledge〉이라는 논문에 담아 발표했다. 노동계급 가정 학생들은 다수가 지식을 "외우는 것, 질문에 답하는 것, 숙제하는 것"이라고 답했다. 중간계급 학생들은 "외우기, 사실과 역사를 배움, 머리가 좋음, 무언가 배우는 것"으로, 상류층 학생들은 "어떤 생각을 한 다음 이 생각이 잘못된 점을 찾는 것, 무언가를 아주 잘 아는 것, 무언가를 알아내는 학습 방법" 등으로 보았다.

마지막 질문(3번)에 대한 학생들의 답변이 흥미롭다. 노동계급 학생들이 가장 많이 내놓은 답변은 '아니다'(15명)였다. '그렇다'는 1명, '모르겠다'는 4명이었다. 한 학생은 "만들 수 없다. 지식은 교육위원회에서 만들기 때문이다"라고 대답했다.

중간계급 출신 학생들은 '아니다' 9명, '그렇다' 11명으로 나왔다. 이들은 "이야기를 듣고 행동해서 지식을 만들 수 있다", "도서관에 간다", "심화 수업을 받는다" 등의 답변을 내놓았다.

상류층 학생들 중 '아니다'라고 대답한 학생은 4명에 불과했다. 나머지 16명은 '그렇다'고 대답했다. 학생들은 "무언가를 만들어 낸다면 지식을 만들 수 있다", "무언가 발견할 것을 생각해 내고 그렇게 한다", "새로운 것들을 탐구해 본다"라고 대답했다.

학교 지식은 절대적이지 않다. 그것은 국가와 교육과정 입안자(학자, 교사)들이 임의적으로 '선택'하여 결정한 것이다. 중립적인 지식은 존재하지 않는다. 학교에서 통용되는 지식은 특정 계층의 이익을 위해 봉사한다.

그러나 많은 학교와 교사가 교육과정과 교과서 지식을 절대화한다. 그러한 지식을 학생들에게 더 많이 전달해 주고, 학생들에게 더 완전하게 이해시키는 것이 좋은 교육이라고 믿는다. 그리하여 학교와 교사와 교과서가 알려 주는 지식을 더 많이, 더 완벽하게 수용할 수 있는 능력을 가진 학생이 우수하다고 평가된다. 지식에 대한 관점의 차원에서 드러나는 계층별 차이점이 시사하는 점에 주목해 보자.

지식에 대한 개념은 사회 계층과 교육제도가 엮여 만들어진다. 교육제도는 학생들의 사회적 위치와 이들이 접근할 수 있는 자원에 따라 매우 다른 교육을 실시한다. 우리가 학교에서 배우는 지식은 우리가 미래에 어떤 위치에 있게 될지에 구체적인 영향을 미치기 때문에 매우 중대하다.
_오즐렘 센소이·로빈 디앤젤로(2016), 앞의 책, 41쪽.

2

나는 아직도 교직 입직 첫해 나를 괴롭히던 특이한 '병증'을 선명하게 기억하고 있다. 그것은 일요일 저녁 시간처럼 달콤한 휴일 휴식이 끝나갈 즈음 발병했다. 연달아 두세 시간 이어지는 수업 없는 시간이 막바지에 이를 즈음에 생겼다. 가슴 두근거림과 얼굴 화끈거림이 주요 병증이었다.

정체불명의 병증은 일요일 저녁에 최고조에 달했다. 교과서를 펼쳐 놓고 이른바 '수업 연구'를 할 때였다. 교과서 여백이나 본문 행간에 교사용 지도서와 참고서의 설명들을 난외 주석처럼 메모하고 있으면 가슴이 두방망이질하기 시작했다. 책에 파묻은 얼굴을 들어 올려 손으로 만지면 뜨거웠다.

구체적으로 이런 식이다. 교과서를 펼친다. 교과용 지도서와 참고서를 좌우에 둔다. 김소월의 〈진달래꽃〉 단원이라고 하자. 7·5조 3음보의 민요조 율격, 반어와 역설, 한국적 정서인 이별의 '정한情恨'에 대한 이야기들을 지면에 차곡차곡 적어 넣는다.

문득 가슴에서 어떤 소리가 울려 나온다. '민요 율격에 학생들이 감흥을 느낄까? 〈진달래꽃〉 화자의 정한이 왜 중요하지?' 아무 대답도 하지 못한다. 머리에서 시작된 일렁임이 이미 떨려 오기 시작한 가슴으로 내려온다. 얼굴 주변으로 뜨거운 불 냄새가 풍겨 나온다.

수업 연구를 하면서 〈진달래꽃〉을 꽤 만났다. 병증에 한동안 시달렸다. 그런데 〈진달래꽃〉을 만나는 시간이 더는 두렵거나 떨리지 않는다. 10여 년 전쯤이었을까. 3연 3행의 "사뿐히 즈려밟고 가시옵소서"를 놓고 벌인 '창조적인' 고민의 시간을 보낸 이후부터였던 것 같다.

'사뿐히'는 "몸과 마음이 아주 가볍고 시원하게"라는 뜻의 부사어다. '즈려'는 "힘주어"를 의미한다. "갈 테면 가라. 다만 자근자근 눌러 조곤조곤 짓이겨 놓고 가라"라는, "가려거든 나를 죽여 놓고 가라"라는 것. "사뿐히 즈려 밟고"는 '인고忍苦'니 '인종忍從'이니 하는 기존의 해석어들을 순식간에 와르르 무너뜨렸다.

나는 예의 병증을, 수업과 학생들에 관한 한 초심자일 수밖에 없는 젊은 교사가 거쳐야 할 통과의례로 여겼다. 크게 어긋나지 않는 분석일 것이다. 좀 더 시간이 흐르자 나는 그것이 '영혼 없는' 수업 연구와, 그로 인한 색깔 없는 수업에 대한 두려움 때문이라는 걸 알았다.

교사용 지도서는 교사의 업무를 줄여 주는 한편, 매일매일 독립적이고 창조적으로 수업을 준비하면서 느끼는 만족감을 몰수해 간다. 지도서는 언뜻 보기엔 교사의 친구인 것 같지만, 우리의 직업이 우리에게 여전히 허용하는 유일한 지적 자존감, 즉 독자적이고 열정적이고 기발한 창조의 활기를 서서히 박탈한다. 우리는 매일 아침 읽기 수업을 어떻게 진행할 것인지, 매일 오후 영어 수업 시간에 무엇을 할 것인지 구상하는 일을 중단하게 된다. (중략) 결국 우리는 책 가장자리에 빨간 글씨로 조그맣게 인쇄된 주석-어느 먼 도시의 무명의 전문가가 제안해 놓은-에 중독된 가련한 사람이 된다.

_조너선 코졸(2011), 《교사로 산다는 것》, 양철북, 84쪽.

교사의 직업적 가치는 '중개인'에 있지 않다. 교사는 학생들의 배움과 성장을 위해 존재하지 "교과서 저자들의 앞잡이"(조너선 코졸)가 되어 지식을 일방적으로 전달하기 위해 존재하지 않는다. 가르치는 일의 진정한 의미는 개별 교사의 '창조적인' 고민 속에서 무르익는다. 국가교육과정과 교과서와 교사용 지도서가 규정해 놓은 학습 목표나 성취기준으로 이룰 수 있는 것은 특별한 것이 없다.

착한 인성을 가진 학생이 훌륭하다: 인성교육 만능론

학교에는 인성교육 만능론이 있다. 교권 붕괴, 이른바 문제아들의 패륜적인 문제가 수면 위로 불거질 때마다 인성교육을 강화하자는 목소리가 곳곳에서 터져 나온다. 인성교육의 미비가 공교육 시스템의 붕괴와 학교교육의 파행을 불러왔다는 주장도 있다. 학교교육을 둘러싸고 벌어지는 모든 문제들이 제대로 된 인성교육을 통해 모조리 해결될 것 같은 분위기가 만들어진다.

2013년 3월 25일, 부산 해운대구의 한 아파트에서 고등학교 2학년 학생 권 군이 투신자살하였다. 경북 지역의 한 자율형 사립고 재학생이었다. 2학년에 진급해 치른 첫 번째 모의고사에서 인문계 1등을 차지했다. 1학년 때는 반장, 2학년에 올라와서는 부반장을 맡았다. 투신 일주일 전 담임교사와 상담을 하면서 "공부를 열심히 해서 행정학과에 가고 싶다"고 웃으며 말했다. 권 군이 투신 직전 자신의 어머니에게 남긴 유언은 다음과 같았다.

"제 머리가 심장을 갉아먹는데, 이제 더 이상 못 버티겠어요. 안녕히 계세요. 죄송해요."

공부 잘하는 학생이 "머리가 심장을 갉아먹는"다며 자살하자 교육 당국이 내놓은 주요 정책 과제 중 하나가 '인성교육 중심의 수업 강화'였다.

실소가 나왔다. 인성교육에 초점을 맞춰 수업을 하면 자살이 줄어든다?

2014년 8월 경기도교육청이 상벌점제 폐지 내용을 담은 '건강한 성장, 인권 친화적 생활교육 추진계획' 공문을 각 학교에 발송했다. 당시 이재정 경기도교육감은 상벌점제 폐지가, 지도와 훈육 중심의 생활지도에서 탈피해 새로운 생활교육 방안을 제시하는 측면에서 그 의의가 크다고 주장했다.

국내 최대 교원단체인 한국교육단체총연합회(교총) 김동석 대변인이 반박했다. "상벌점제는 생활지도의 수단이 되기도 하지만 인성교육의 한 방편"이다. "학생들은 상벌을 통해 권리와 책임, 옳고 그름을 배우게 된다"라는 말도 덧붙였다. 상벌점제가 인성교육의 한 방편이라는 시각이 낯설었다.

권 군의 자살 사건과 경기교육청발 상벌점제 폐지 논란은 시공간적으로 별개의 사안들이다. 이들을 하나로 묶는 것이 인성교육이다. 인성교육은 자살을 막고, 학생들에게 권리와 책임을 가르친다! 놀라운 능력이다. 전형적인 인성교육 만능론이다. 그런데 이상하다. 그때까지 교육 당국은 인성교육의 '위력'을 몰랐던 걸까.

세계적으로 유례가 없는 〈인성교육진흥법〉(아래 〈인성교육법〉)이 2015년 7월 21일부터 시행되었다. 우리 교육은 좋은 인성과 태도를 지닌 민주시민을 길러 내고 있는가. 문제아들은 순치되고, 교권 붕괴와 같은 학교 파행 사례들이 줄어들고 있는가.

2014년 12월 국회의원 199명이 출석 의원 만장일치로 〈인성교육법〉을 통과시켰다. "건전하고 올바른 인성人性을 갖춘 국민을 육성하여 국가, 사회의 발전에 이바지함"이 이 법의 목적이다. '인성'을 한두 마디로 규정하기는 어렵다. 〈인성교육법〉은 어떻게 규정해 놓았을까.

1. "인성교육"이란 자신의 내면을 바르고 건전하게 가꾸고 타인·공동체·자연과 더불어 살아가는 데 필요한 인간다운 성품과 역량을 기르는 것을 목적으로 하는 교육을 말한다.

2. "핵심 가치·덕목"이란 인성교육의 목표가 되는 것으로 예禮, 효孝, 정직, 책임, 존중, 배려, 소통, 협동 등의 마음가짐이나 사람됨과 관련되는 핵심적인 가치 또는 덕목을 말한다.

3. "핵심 역량"이란 핵심 가치·덕목을 적극적이고 능동적으로 실천 또는 실행하는 데 필요한 지식과 공감·소통하는 의사소통능력이나 갈등해결능력 등이 통합된 능력을 말한다.

〈인성교육법〉은 인성교육의 기본 방향을 "인간의 전인적 발달을 고려하면서 장기적 차원에서 계획되고 실시되어야 한다"라고 밝혀 놓았다. 전통적으로 고귀한 가치를 지니는 핵심 가치와 덕목을 중심으로 인간의 성품과 역량을 장기적으로 기르는 것을 강조했다. 좋은 말들이다. '인성교육'을 잘 받으면 훌륭한 인격자가 될 수 있겠다.

이렇게 물어보자. 〈인성교육법〉에 따라 일정 시간 인성 수업을 이수하면 학생들이 예의를 지키고 효도하며, 정직하고 책임감 있는 삶을 살아가는가. 1920년대 후반 휴 하트숀과 마크 메이는 아이들이 어른들이 지켜볼 때 바르게 행동하라는 덕목의 지시를 따르지만 그들의 감시를 벗어날 때는 자주 규칙을 어긴다는 점을 연구를 통해 설득력 있게 보여 주었다.[71]

하트숀과 메이의 연구 결과는 로렌스 콜버그의 연구로 이어졌다. 콜버그는 인격교육을 "덕목 보따리bag of virtues" 접근이라고 비판했다. 인격교

---

71. 넬 나딩스의 《21세기 교육과 민주주의》 '9장 전인을 위한 교육'을 참조하기 바란다. 인격·도덕 교육과 관련한 내용은 이곳에서 빌려 왔다.

육은 효과가 없으며, 그것은 자주 교화의 형태를 띤다는 이유에서였다. 우리는 교화가 독재 체제나 전체주의 사회에서 즐겨 사용되는 교육 방식이라는 것을 잘 알고 있다.

공동체가 잘못된 방향으로 나아간다면 어떻게 될 것인가? 20세기 전체주의가 부상하는 상황을 보면 덕과 인격이 파시즘과 나치즘 아래에서 크게 강조되었다는 것을 알 수 있다. 정직, 용기, 자기희생, 동료애, 충성심, 그리고 애국심을 열렬히 가르쳤지만, 이 덕목들은 잘못된 방향으로 가고 있었다. 공동체의 도덕적 선과 관련하여 지속적으로 관찰되고, 성찰되어야 한다. 우리는 히틀러 체제 내에서 도덕/사회 교육을 경험한 청소년들에 대해 무한한 동정심을 가져야 한다. 그 당시 미국에서 어린 시절을 보낸 우리들이 그들과 같은 교화를 당했다면 어땠을까 생각하면 몸서리쳐진다.
_넬 나딩스(2016), 앞의 책, 292쪽.

국가가 법률을 통해 인성교육을 강화하겠다고 하자 인성이 대세가 되었다. 많은 대학과 기업이 인성을 평가 요소로 활용하겠다고 밝혔다. 2015년 인성교육 강화 및 대입 반영 확대가 교육부의 주요 업무 과제 중 하나로 제시되었다. 한국대학교육협의회는 2017학년도 입시에 보육·사범대학 중심으로 학교생활기록부상의 인성 발달사항을 핵심적으로 반영하기로 결정했다. 2017학년도 전문대학 입시에서 인·적성을 평가하는 '비교과 전형'으로 선발하는 인원이 2016학년도 대비 196퍼센트가 늘어난다. 대입 수시모집에서 인성면접을 신설하기로 한 대학도 등장했다.

인성교육에 대한 '수요'가 늘자 사교육 시장이 들썩이면서 '인성산업' 규모가 커지고 있다. 인성 평가와 관련된 교육부 인증을 받기 위해 '인성

프로그램'을 개발하거나, '인성교육 실천 인증 급수제'를 논의하는 민간 교육단체들이 생겨나기 시작했다. 한국직업능력개발원에 등록된 인성 관련 자격증 및 자격시험은 200종이 넘는다고 한다. 인성 '자격증'으로 인성을 인증해 준다는 발상이 놀랍다.

어른들(교사, 부모)은 대체로 '착하고 말 잘 듣는' 아이들이 인성이 좋다고 말한다. 그런 인성이 좋으면 교육과 관련된 모든 문제를 해결할 수 있을 것처럼 말한다. 착함과 순응을 좋은 인성으로 보는 논리에 문제가 없는가. '그렇다'고 대답하고 싶은 이들에게 로랑 베그 프랑스 그르노블 대학 사회심리학과 교수가 《도덕적 인간은 왜 나쁜 사회를 만드는가》에 인용한 자신의 흥미로운 실험을 소개하고 싶다.

베그 교수는 성격이 권위에 대한 복종에 미치는 영향을 평가하는 실험을 실시했다. 대인 관계에 유리한 긍정적인 경향들, 예컨대 양심 있고 상냥하며 호감을 주는 성격이나 태도들이 사회적 순응의 형태로 악행을 유도할 가능성이 있지 않을까 하는 의문에서였다.

실험 결과는 놀라웠다. 참가자가 양심적일수록 권위에 쉽게 복종하는 경향을 보였다. 친절하고 순리대로 움직일 줄 아는 사람들, 사회에 나무랄 데 없이 편입되어 있는 사람일수록 권위에 대한 불복종을 꺼려 했다. 성실한 인격의 소유자들이 부당한 명령을 내리는 권위에 잘 저항하지 못한다는 것. 인성교육의 기조와 방향을 고민하고, 인성이 우리나라 교육 문제의 정답이라고 생각하는 이들이 깊이 새겨보아야 할 점이다.

| 3부 |

학교 민주주의는 가능한가

학교가 사회를 바꿀 수 있을까

바르바라 무라카 미국 오리건 대학교 교수는 《굿 라이프》에서 좋은 삶은 다른 사람들과 함께해야 가능하다고 말했다. 성장 너머의 사회를 통해 좋은 삶이 가능해진다고 했다.[72] 오늘날 우리의 삶은 '역설적' 조건에 처해 있다. 좋은 삶의 이상은 오직 '사회' 안에서 생각할 수 있지만, 우리는 그것을 단지 '개인'의 문제로 취급한다.

자신의 고유한 생활 방식을 가꾸고 자유롭게 결정하기 위해 충분한 자원을 동원할 수 있는 사람이 좋은 삶을 살 수 있다. 반면 좋은 삶에 대한 생각과 그런 삶을 가능케 하는 조건을 놓고 함께 또는 사회적으로 논쟁을 벌이는 일은 곧바로 가부장적 사회의 통제를 받는 것과 같은 케케묵은 인상을 풍긴다. 그 결과 우리는 어느 누구에게서도 우리가 어떻게 살아야 하는지에 대해 들으려 하지 않는다. 사회로부터 그런 조언을 듣지 않는 것은 말할 것도 없다.

_바르바라 무라카(2016), 《굿 라이프》, 문예출판사, 6쪽.

---

72. 바르바라 무라카(2016), 《굿 라이프: 성장의 한계를 넘어선 사회》, 문예출판사, 6쪽.

무라카 교수가 말하는 '좋은 삶'을 구현하는 데 민주주의만큼 좋은 것이 없을 것이다. 민주주의는 다른 사람들과 함께할 때 가능해진다. 사회 전체의 성장보다 개인의 변화와 성숙을 지향한다. 민주주의의 생명은 모든 구성원이 공동 삶의 형태와 그것을 규제하거나 가능하게 하는 규범과 제도를 스스로 결정하기 위해 공동체 구성에 참여하는 데 있다.

우리가 유념해야 할 것은 민주주의에 종결이나 완결이 없다는 점이다. 사회는 계속 변화하며, 사람들의 의식과 태도 역시 이에 맞춰 바뀌어 간다. 어제의 민주주의 사회가 오늘은 전체주의 체제가 될 수 있다. 오늘의 자율적인 민주시민이 내일은 체제 순응론자로 변할 수 있다. 민주주의는 완결된 체제가 아니라 하나의 '상태'다. 민주시민은 더 많은 민주주의로 무장하기 위한 노력을 게을리해서는 안 된다.

민주주의는 자율적 사회의 이념과 결부되어 있다. 이상적인 자율적 사회는 전체 구성원이 참여하는 과정을 통해 공동의 삶을 이끄는 가치와 생각을 스스로 규정한다. 그 과정은 끝없이 이어진다. 만약 그러한 과정이 중단되면 사람들은 그들 자신의 행동에 대한 결정 능력을 상실하고 외부에서 주어진 힘에 짓눌리게 되며, 그렇게 되면 외부의 조건들, 곧 몇몇 소수가 해석하는 외부의 조건들이 공동 삶을 규정하게 된다는 이유에서다.

민주주의가 한 사회를 이끌어 가는 핵심 기제로 작동할 수 있으려면 어떻게 해야 할까. 나는 우리에게 민주주의를 기반으로 하는 교육이 학교와 사회를 바꿀 수 있다는 믿음이 있어야 한다고 본다. 교육을, 지배 집단을 위한 사회화 도구나 체제 존속을 위한 노동력 재생산 공정쯤으로 보는 이들이 있다. 마이클 애플 미국 위스콘신 대학교 석좌교수는 교육이 사회적 정체성의 형성에 분명하게 작용한다고 하면서 다음과 같이 말했다.

　　학생들은 우리가 학교라고 부르는 건물 안에서 그들 인생의 많은 부분을 보내고 있다. 그들은 그곳에서 자신의 존재를 드러내는 것과 자신과 같거나 다른 사람들과 함께 있는 것을 관리하는 감정적인 노동을 수행하면서 권위의 관계를 체화한다. 이러한 핵심적인 조직(학교)의 내용과 구조를 변혁하는 것은 우리 행동의 준거에, 우리가 스스로를 누구라고 생각하는 것에, 그리고 우리가 무엇이 될 수 있는지에 관련된 태도와 가치에 지속적인 영향을 미친다.

_마이클 애플(2015), 《교육은 사회를 바꿀 수 있을까》, 살림터, 55~56쪽.

　　애플은 학교를 인종과 계급, 젠더gender, 성 정체성, 능력, 종교 등이 벌이는 다양한 역학 투쟁의 중심에 위치한 공간으로 규정했다. 그에 따르면 학교와 교육과정은 집단 기억과 집단 망각을 놓고 벌이는 격렬한 투쟁의 장이다. 학교는 지배 관계를 반영하는 '중립적인' 공간이 아니라 "진보적 민주주의의 거대한 강줄기"를 이끌어 나갈 수 있는 실천의 공간이다.

게으른 교사가 되고 싶다

학교가 사회 변혁의 공간이 되려면 학교에서의 삶에 대한 관점을 새롭게 하는 것이 필요하다. 오늘날 우리나라 학교는 보이지 않는 규범과 문화로 구성원들의 의식을 지배하고, 국가와 정부가 강제하는 법규와 이에 근거한 각종 규정을 통해 구성원들의 행동을 통제한다. 관료적인 조직 운영의 원리가 학교 시스템을 이끈다. 교사와 학생들은 학교 규정을 준수해 질서를 유지하고, 주어진 일을 최선을 다해 성실하게 수행할 것을 요구받는다.

나는 학교에서 '게으르게' 살아가는 교사가 되고 싶다. '성실'이라는 말을 별로 좋아하지 않는다. 가끔 학생들에게 '빈틈'을 보이려고 의식적으로 노력한다. 과도한 관료주의와 맹목적인 형식주의가 지배하는 교단에서 살아남기 위한 나만의 생존술이자, 학생들과 조금 더 여유 있게 만나기 위한 역설의 전술이다.

나는 끝없는 노력과 열정과 성실을 바라는 우리나라 교육 시스템과 학교 문화와, 잠재적인 교육과정으로서의 교사들의 태도가 두렵다. 그것들은 교육 주체들을 번아웃burn out으로 이끈다. 사전적으로 '소진消盡'으로 풀이되는 번아웃은 심신 탈진 현상을 가리킨다. 피로와 불안과 풀리지 않는 스트레스와 비인간화와 무능력한 기분 들이 대표적인 증상이다.

번아웃을, 심리 정신적 문제 상태를 가리키는 용어로 정착시킨 이는 미국의 정신의학자 허버트 프로이덴버거였다.[73] 그는 1926년 독일에서 태어나 15살이 되던 해에 미국으로 망명해 의사가 되었다. 1970년대, 그는 종합병원 일과 무료진료소 봉사를 병행했다. 아침 8시부터 저녁 6시까지 병원 진료를 보았고, 퇴근 후 밤 11시까지 무료진료소에서 일했다. 진료소 일을 마친 뒤에도 직원들과 회의를 하는 바람에 새벽 2시에 귀가할 때가 많았다. 이런 생활이 수개월간 지속되었다.

프로이덴버거는 점점 냉소적으로 변해 갔다. 그는 환자들에게 이전과 같은 관심을 기울이기 힘들었다. 가족과 함께 여행을 하기로 한 어느 휴가 전날도 새벽 2시가 넘어서야 집으로 돌아왔다. 그는 집에 들어서자마자 침대에 쓰러졌다. 다음 날 도저히 일어날 수 없어 비행기를 놓쳤다. 내리 사흘 동안 잠만 잤다.

잠에서 깬 그는 자신의 목소리를 녹음했다고 한다. 일종의 자가 정신분석을 한 것이다. 그 과정을 수차례 되풀이한 그는 깜짝 놀랐다. 목소리에서 탈진, 불안, 우울, 교만 등의 감정이 배어 나왔기 때문이다. 그는 자신의 불안 증세에 '번아웃'이라는 이름을 붙였다.

프랑스 철학자 파스칼 샤보는 프로이덴버거의 사례를 전하면서 번아웃을 개인적 차원에서뿐 아니라 사회적 차원에서 규명해야 한다고 보았다. 그는 열악하고 강도 높은 고된 노동 환경, 미흡한 규제, 불공정한 대우, 불충분한 보수, 개인 간 갈등 등이 복합적으로 작용한 결과가 번아웃이라고 보았다.

---

73. 프로이덴버거에 관한 일화는 파스칼 샤보의 《너무 성실해서 아픈 당신을 위한 처방전: 굿바이 번아웃》(함께읽는책, 2016)에서 가져왔다.

말하자면 번아웃은 현 시스템에 충실한 자들이 걸리는 질병, '신실한 신도'들이 앓는 질환이다. 번아웃은 '믿음의 위기', 다시 말해 희망을 품었던 자들의 환멸, 어떻게든 열심히 사회를 건설하는 데 이바지하고 그런 사회의 보호 속에 행복한 삶을 영위하기 위해 고군분투하던 자들이 빠지게 된 어떤 정서적 소진 상태를 의미한다.

_파스칼 샤보(2016), 《너무 성실해서 아픈 당신을 위한 처방전》, 함께읽는책, 35쪽.

샤보에 따르면 현시대 이데올로기의 취약점은 오로지 적응에만 관심을 기울이는 데 있다. 그는 적응 자체가 목표가 되어 버린 부조리함 속에서 사람들이 완벽주의의 함정에 빠져 버렸다고 보았다. 일을 통한 자기실현은 꿈꾸기 어렵다. 끝없는 적응 속에서 삶은 목적이 아니라 수단이 된다.

이제는 '현실에 적응하라'고 말하는 대신 '새로운 가치를 수용하라'고 말한다. 모든 의미가 상실되어 가고 있는 이 시대의 가치의 언어는 여전히 따뜻한 위로를 건네는 한 줄기 빛처럼 여겨진다. 가령 여성에게 일과 가정의 조화로운 양립은 '여성 임원'이라는 고결한 우상으로 거듭난다. 산더미처럼 쌓인 업무 처리는 '긍정적인 스트레스'라는 가치의 탈을 둘러쓴다. 이 직무 저 직무 전전하는 삶은 '유연성'이라는 가면을 덮어쓴다. 온갖 모순으로 가득 찬 현실은 '열린 정신', '고차원 사고 능력'이라는 유명한 라이트모티프leitmotive[74]를 통해 극복되어야만 하는 것으로 간주된다. 숫자의 지배에 무릎을 꿇는 행위는 '평가'라고 불리고, 독

---

74. 음악 용어의 하나. 지겹게 반복되는 구호 정도의 비유적 표현을 가리킨다.

촉과 명령으로 가득 찬 전자우편 더미는 '연결성'으로 표현된다. 휴대전화를 항시 켜 두는 것을 '근접성'이라 부르고, 즉각적인 명령 이행은 '기민한 반응'이라고 표현한다. _파스칼 샤보(2016), 위의 책, 74~75쪽.

나는 오늘날 우리나라 학교 민주주의의 가장 강력한 '적들' 중 하나가 여유와 빈틈을 허여하지 않는 학교 문화라고 주장한다. 이러한 학교 문화는 교육 당국과 학교가 원하는 바다. 가장 표면적으로 그것은 꽉 채워진 시간표로 대변된다. 매 시간 경계마다에 있는 10분의 휴식 시간을 제외하고 학생들은 교실로부터의 '탈주'가 엄격히 제한된다. 그때가 수업 시간인 한 책상을 벗어난 교실 밖 공간과 그때의 시간은 금단의 영역이다.

그와 같은 잠재적인 학교 문화가 학생과 교사에게 요구하는 것은 순응과 질서와 성실이다. 우리는 우리 자신의 언어와 행동과 동작을 스스로 길들인다. 서서히, 그렇지만 평생 동안 꾸준히 우리 각자의 삶에 영향을 미칠 내면의 어떤 태도를 형성시킨다. 질서를 지키라. 성실하라. 끝없이 노력하라.

학생들을 진심으로 대하려고 애쓰고, 그들을 편견을 갖고 바라보거나 차별하지 않는 것이 중요할 것이다. 그것은 학생들의 숨통을 죄는 일을 '부지런히'만 하지 않으면 어느 정도 가능하다. 여유와 빈틈이 학생들을, 교사 자신을 살리는 수단임을 믿는다.

핵심은 '적응'에 대한 관점을 바꾸는 일이다. 적응이 다수의 선과 이익의 크기를 극대화할 수 있다면 어느 정도 용인할 수 있을 것이다. 그런데 필연적으로 적응은 우리 사회 피라미드 구조의 상층에 있는 소수들에 의한 지배에 복무하는 언어다. 적응의 신화는 소수 지배를 영속화하거나 절대화하려는 음험한 의도의 그물망 속에서 쓰인다. 적응을 보는 관점의 일대 전변이 일어나야 한다. 학교 민주주의를 위한 각자의 언어가 이로써 터져 나올 수 있다.

학교 민주주의 지수

경기도교육청이 2015년 11월 16일부터 경기도를 A권역과 B권역으로 나누어 '학교 민주주의 지수'를 조사한 적이 있다. 질적·정성적 차원에서 바라볼 수밖에 없는 민주주의를 정량적인 '숫자'로 표시하는 일이 학교 민주주의의 실상을 얼마나 드러낼 수 있을지 솔직히 의구심이 들었다. 그럼에도 불구하고 공교육을 책임지는 지역교육청이 학교 민주주의를 전면에 내세워 평가하고 성찰하는 기회를 마련했다는 점은 눈여겨볼 만했다.

학교 민주주의 지수는 자율과 자치 중심의 학교 문화 구현을 위해 단위 학교의 문화(생활양식), 구조(제도), 민주시민교육(실행)을 진단하기 위한 도구로 만들어졌다. 2015년 한 해 동안 경기도 전체 지역 학생과 학부모와 교원 37만여 명이 조사에 참여했다. 경기도 내 교육 주체들에게 학교 민주주의에 대한 관심을 환기했을 것이라는 점에서 의미가 있었으리라 본다.

학교 민주주의 지수 산출을 위한 주요 지표 체계는 3영역 9개 중분류(아래 가~다)를 바탕으로 구성되어 있었다. 초등학생 고학년용 39개, 중고등학생용 41개, 학부모용 39개, 교원용 44개, 교직원용 29개 지표를 선정했다.

가. 학교 문화: 민주적 가치체계의 형성과 공유, 민주적 소통과 수평적 관계 맺기, 인권 친화적 학교 문화

나. 학교 구조: 학교 민주주의를 위한 인적·물적 자원과 토대, 민주적 리더십 구축하기, 민주적인 의사결정 체제 구축하기

다. 민주시민교육 실천: 교육과정 속에서의 민주시민 역량 함양, 학교생활 속에서의 민주시민 역량 함양, 학교 안과 밖의 연계를 통한 민주시민교육

학교 민주주의 지수 개발의 방향과 기본 원칙과 관련하여 경기교육청이 초점을 맞춘 지점은 "학교의 민주적 재구조화"였다.[75] 학교에서 중요하게 고려해야 할 가치와 원칙으로 '인권', '자기-지배', '삶의 양식으로서의 민주주의' 세 가지를 제시했다.

연구(Ⅱ)는 '인권'을 "민주주의의 필수적 전제이자 최우선적 가치"로 규정하면서 두 가지를 강조했다. 첫째, 민주적 학교는 학생의 인권을 최우선적으로 그리고 최대한으로 보장해야 한다. 둘째, 학교의 제도와 교육 활동이 학생(및 학부모)들을 부당한 지배의 관계(억압, 배제, 낙인 등)에 노출되지 않도록 제반 권리를 보장하고 배려해야 한다. 학교에서 이러한 인권 원칙을 실현하려면 강제적인 자율학습이나 보충수업, 학생을 수동적인 객체로 보면서 관리하고 통제하는 학교 내의 다양한 습속과 기제를 손볼 수밖에 없다.

'자기-지배'는 모든 시민은 자신의 삶에 영향을 끼치는 의사결정 과정에 함께 참여할 수 있다는 자치의 원칙이나 참여의 방식과 관련된다. 연

---

75. 장은주 외(2015), 〈학교 민주주의 지수 개발 연구(Ⅱ)〉, 경기도교육연구원, 45쪽. 아래 '연구(Ⅱ)'로 지칭한다.

구(Ⅱ)는 학교가, 그 구성원들이 가장 기초적인 수준에서 민주적 삶의 양식을 경험하고 실천하는 장소라고 보았다. 의사결정 과정에서 공정한 절차가 준수되고 다양한 주체들의 서로 다른 이해관계, 관점 등이 검토·고려·청취·배려되는 관계가 일상화되어야 한다고 주장했다.

'자기-지배' 원칙은 학교를 민주주의의 산 교육장으로 본 존 듀이의 관점을 떠올리게 한다. 연구(Ⅱ)는 '자기-지배'를 구현하는 데 학급 및 학교 전체 차원의 자치활동 시간 보장, 규율 제정 과정에서의 학생 참여 보장, 가능한 수준에서의 '학생참여예산제' 보장 등이 중요하다고 보았다. 특히 자치로서의 민주주의 원칙이 학교 운영의 일반 원리가 되어야 함을 강조했다.

> 학교는 관리자(사학의 경우 재단)의 전제 영역이 되어서는 안 된다. 교장과 교감은 학교 공동체 구성원들의 민주적 '대표자'로 이해되어야 하고, 모든 이해 당사자(교사/학생/학부모 포함)에 의한 숙고에 따라 필요한 의사결정이 이루어져야 한다. 통제하고 지시하는 리더십이 아니라 사람들의 목소리를 경청하며 지지하고 격려함으로써 조직의 활성화를 꾀하는 수평적 리더십이 발휘되도록 해야 한다. 한마디로 권한을 공유하는 리더십이어야 한다.
>
> _장은주 외(2015), 〈학교 민주주의 지수 개발 연구(Ⅲ)〉, 경기도교육연구원, 47쪽.

연구(Ⅱ)가 주목한 마지막 원칙은 삶의 양식으로서의 민주주의다. 민주주의를 하나의 정부 형식, 지배의 형식으로서뿐 아니라 하나의 삶의 양식으로 간주한다. 이때 학교는 민주주의적인 삶의 양식을 경험하는 가장 기초적인 단위가 된다.

학교 내 의사결정이나 지배의 형식과 관련된 외형적인 제도적 장치 외에 학교 안에서 이루어지는 모든 교육과정과 생활이 중요해진다. 연구(Ⅱ)는 '존엄의 평등', 상호 인정, 포용, 배려, 연대 등과 같은 민주적 가치, 그리고 그에 따른 민주적인 태도와 관계 맺기가 학교 구성원들의 삶을 일상적으로 자연스럽게 지배하도록 하는 것이 중요하다고 지적했다. 그래서 연구(Ⅱ)는 '학교 문화'를 매우 중시한다. 학교를 하나의 '정치공동체'로서보다 "일상적으로 민주주의를 살아 내는living democracy 작은 공동체"로 보기 때문이다.

경기교육청의 학교 민주주의 지수 조사 결과는 71.4점으로 나왔다. 절반인 50점보다 높으니 괜찮은 점수일까. 확신하기 어렵다. 71.4점의 의미를 '해석'하기가 쉽지 않다. 점수에 따른 상대적인 '해석표'가 있을지 모르겠지만 그것이 얼마나 엄정한 과정을 거쳐 만들어졌을지 확언하기 힘들다.

궁금한 점이 또 있다. 경기도를 제외한 나머지 16개 시·도 교육청에서도 이와 비슷한 점수가 나올까. 장담하기 어려운 것 같다. "일상적으로 민주주의를 살아 내는 작은 공동체"의 삶을 보장하는 학교, 그런 공간에서 인권과 자기-지배의 정신을 바탕으로 삶의 양식으로서의 민주주의를 의식하며 살아가는 학생들과 교사들이 과연 얼마나 될지 의심스러워서다.

교육 주체들의 의식과 태도의 변화만으로 교육이, 그리고 학교가 변하기는 힘들다. 정책과 제도의 뒷받침 없는 개혁과 변화 노력이 공염불에 빠질 공산이 크다. 다시 칸트의 말을 빌려 보면 좋은 사람이 좋은 제도를 만드는 것이 아니라 좋은 제도가 좋은 사람을 만든다. 경기교육청의 학교 민주주의 지수 '실험'이 실험으로 끝나지 않고 우리나라 학교 민주주의 문화와 제도를 확산·발전시키는 데 귀한 들무새가 되었으면 좋겠다.

교사의 정치적 중립성과 정치적 자유권

1

학교가 "일상적으로 민주주의를 경험하는 작은 공동체"가 되기 위해서는 어떤 것들을 손보고 바꾸어야 할까. 교사와 학생의 '목소리'를 억압하는 학교 문화, 과도한 경쟁주의, 책무성과 성과주의를 기반으로 한 맹목적인 평가 시스템의 문제들이 있다. 학교를 정치적 '무중력'의 공간으로 만드는 핵심 기제인 정치적 중립성 담론을 정치적 자유권 담론으로 바꾸어야 한다. 제로섬의 무한 경쟁 시스템을 버리고 협력과 공유를 기반으로 하는 자율과 자치 시스템으로 변화해야 한다. 교사를 대상화하는 교원평가제도와 성과급제도, 학생을 '시험 기계'로 만드는 학생 평가 담론을 새로운 시선으로 바라보아야 한다.

교육의 정치적 중립성은 우리 헌법이 일종의 권리 조항으로 새겨 넣은 것이다. 학생과 교사 등 학교교육 주체들이 정치적 외압과 통제로부터 자유로울 권리가 핵심이다. 그런데 아이러니컬하게도 오늘날 정치적 중립성 담론은 학교교육의 핵심 주체인 교사와 학생들의 양심과 표현의 자유를 억압하고 그들의 언어와 목소리를 차단하는 주요 통제 기제로 쓰이고 있다.

정치적 중립성 담론과 관련한 각국 사례를 통해 학교 민주주의를 위한 시사점을 알아보자. 교사의 정치적 자유권 여부와 관련한 전 세계적인 '표준'은 '허용'이다. 2007년 국회도서관 입법정보실이 발표한 '주요국 공무원의 정치 활동 관련 규정' 자료[76]를 통해 전 세계적인 추세와 주요국 현황을 구체적으로 확인할 수 있다.

오이시디 국가들 중 영국과 미국과 일본이 공무원의 특정 정치 활동에 대한 법적 제한 규정을 두고 있으면서 정당 가입을 허용하고 있다. 나머지 유럽 국가들은 정당 가입뿐 아니라 기타 정치 활동에 대해 따로 제한 규정을 두고 있지 않아 공무원이 정치 활동을 자유롭게 할 수 있다.

영국과 미국과 일본의 경우, 공무원의 '정치적 중립'은 직무 수행에 있어서의 정치에 대한 무관성無關性, 불편부당성, 공정성을 의미하는 것이다. 이에 따라 정당 가입이나 당비 납부 등에 대해서는 개인의 '정치적 자유'라는 측면에서 법적 제한을 두고 있지 않다.

제2차 세계 대전 이후 복지국가 모델을 채택해 온 국가들에서는 국가 부문이 커지면서 전체 민간인 고용자 중 공공 부문 고용 인력의 비중이 지속적으로 높아졌다. 그 결과 각국 정당의 당원 구성에서 공무원들의 비중이 높은 편이다. 이들은 정당을 통해 정부의 정책 결정에 상당한 영향력을 행사한다.

주요국 현황을 좀 더 구체적으로 알아보자. 영국 공무원은 정당 가입이 허용된다. 직위에 따라 세 집단으로 나뉘어 정치 활동 제한 범위가 상이하게 설정되어 있다. 하위 공무원일수록 폭넓게 허용되는데, 교사에 대해서는 거의 제한이 없다.

---

76. 국회도서관 입법정보실 입법정보지원과 담당 입법정보연구관 서복경 박사 자료(2007년 6월 7일). 2011년 8월 8일 참여연대 국회 공청회 자료에서 가져왔다.

프랑스는 공무원의 정치 활동 제한 요건이 없다. 직위를 사퇴하지 않고도 선거에 입후보할 수 있으며, 타인의 선거운동을 위해 휴가를 얻을 수 있다. 당선되더라도 공무원 신분을 그대로 유지한다. 이후 의원직을 사임하고 복직했을 때 승진과 경력 환산 혜택을 받는다.

　독일은 공무원의 정당 가입이나 활동을 매우 폭넓게 허용한다. 공무원직을 가진 채 선거 출마를 할 수 있다. 지방의원의 경우 의원 겸직이 허용되며, 유급휴가를 쓸 수 있다. 교원은 더 자유롭게 정치 활동의 자유를 누린다. 업무 중에는 정치 활동의 제약을 받지만 근무 외 시간의 정치 활동에 대해서는 거의 제약이 없다.

　뉴질랜드에서는 공무원이 정당 가입뿐 아니라 정당의 간부직을 맡는 것에 대해 비교적 넓게 허용하고 있다. 행정부서의 장에게 보고만 하면 되고, 공무원 자신의 정치 참여와 공무원으로서의 의무와 책임 사이에서 갈등을 일으키지 않으면 된다.

　캐나다에서도 공무원 개인의 정당 가입이나 당비 납부 등의 정치 활동이 자유롭게 허용되고 있다. 다만 공무원 신분으로서 선거 결과에 직접 영향을 미치는 행위에 대해서는 제한 규정을 두고 있다.

　남유럽권 국가들인 이탈리아와 포르투갈, 중부유럽권의 오스트리아에도 공무원과 교원의 정치 활동을 따로 제약하는 법률이 없다. 공무원 윤리 헌장이나 수칙 형태로 공무 수행의 불편부당성impartiality을 명문화한 규정이 있기는 하다. 그러나 금지하는 구체적인 사례를 명시하지 않고 일반적인 원칙 수준에서 정한 것이어서 '선언적'인 규정으로 볼 수 있다.

　덴마크, 스웨덴, 네덜란드, 핀란드 등 북유럽권 국가들에서는 교원의 정치 활동을 제약하는 법률 자체가 없다. 헌장이나 수칙 형태의 독자적인 제한 규정도 없다. 교원의 정치 활동의 자유는 헌법이 보장하는 권리와 의무 수준에서 판단하고 있다.

독일 사례가 가장 인상적이다. 독일은 보이텔스바흐 협약에 따른 학교 민주주의 교육이 매우 활발하게 이루어지고 있는 국가다. 제2차 세계대전 당시 나치가 저지른 전대미문의 반인륜적 패악에 대한 치열한 성찰의 결과로 보인다. 프리모 레비가 쓴《이것이 인간인가》에는 다음과 같은 구절이 나온다고 한다.[77]

> 히틀러 치하의 독일에는 특별한 불문율이 널리 퍼져 있었다. 아는 사람은 말하지 않고, 모르는 사람은 질문하지 않으며, 질문한 사람에게는 대답을 하지 않는다는 것이었다. 이런 식으로 해서 독일인들은 자신들의 무지를 획득하고 방어했다.

독일에서는 지방선거의 경우 만 16살부터 선거권이 주어진다. 18살 국회의원이 배출되었다.[78] 배경내 인권활동가는 이를, 학생들이 어려서부터 정치와 만나고 스스로 판단하는 힘을 기를 수 있도록 지원하는 동시에 실제로도 정치에 참여할 수 있는 권한을 확대하고 있는 예로 해석한다.

교사들의 독일 연방의회 의원 진출 현황이 매우 흥미롭다.[79] 제15대 연방의회기(2002~2005) 시기 재적의원 628명 중 16.1퍼센트에 해당하는 101명이 교사 출신이었다. 당시 법조인 출신은 130명(20.7퍼센트)이었다. 제16대 연방의회기(2005~2009)에서는 재적의원 614명 중 81명(13.2퍼센트)이

---

77. 배경내 인권활동가가 쓴 2011년 8월 8일 참여연대 국회 공청회('교원·공무원의 정치 기본권 국회 공청회') 토론문(〈'청소년 미성숙론'은 학생과 교사 인권의 무덤: 교사·공무원이 더 많은 정치적 권리를 획득해야 하는 이유〉)의 22~23쪽에서 재인용했다.
78. 배경내(2011), 위의 글, 57쪽.
79. 연세대 법학전문대학원 이종수 교수 정리. 2011년 8월 8일 국회 공청회 자료에서 가져왔다.

교사 출신이었다. 법조인(143명, 23.3퍼센트)에 이어 두 번째로 큰 비중이었다. 세 번째는 정치 전공자 출신(28명, 4.6퍼센트)이었다. 교사 출신 의원 비중이 큰 이런 분포는 독일 외에 노르웨이, 스웨덴, 프랑스 등 '정치 선진국'의 일반적 현상이라고 한다.

2

교사의 정치적 자유권 허용 주장은 일부 교원단체나 '급진적인' 교사들의 일방적인 요구가 아니다. 국내외적으로 교사의 정치 기본권 문제는 표현의 자유와 권리 차원에서 논의되는 경향을 보인다. 이에 따라 제약보다는 적극 보장을 권고하는 조치들이 잇따르고 있다.

국내에서는 2006년 1월 국가인권위원회 '2007~2011 국가인권정책기본계획NAP 권고안'(아래 '권고안')이 나왔다. 권고안에서는 시민적·정치적 권리 보호를 위한 국민 참정권 보장을 주요 목표로 내세우면서 교원·공무원의 정치적 자유의 필요성을 역설했다.

권고안은 〈국가공무원법〉 제65조 제1항과 〈공직선거및선거부정방지법〉 제9조 등이 공무원의 정치 활동을 포괄적으로 제한하고, 대학교수의 정치 활동은 허용하지만 초·중등 교사의 정치 활동을 제한하는 점을 지적했다. 국가 정책 방향이, 정치·경제·교육·문화 수준과 국제 기준을 고려해 국민의 의사가 최대한 반영될 수 있도록 참정권을 보장하는 쪽으로 바뀌어야 한다고 강조했다. 이어 공무원의 정치 활동을 과도하게 금지하는 법을 정비하여 공무원과 교사의 정치 활동 범위를 확대하는 것을 핵심 추진 과제로 권고했다.

국외에서 나온 권고안 중 대표적인 것은 2011년 3월 21일 유엔 인권이사회 총회에 프랑크 라 뤼 유엔 의사표현의 자유 특별보고관(아래 '특별보고관')이 제출한 보고서다.[80] 특별보고관은 보고서 요약문에서 대한민국이 지난 수십 년간 역동적인 민주국가로서 이룩한 성과를 높이 평가했다. 하지만 2008년 촛불 시위 이후 정부의 입장과 일치하지 않는 견해를 밝힌 개인들을 국제적 기준에 일치하지 않는 국내 법규에 근거하여 사법 조치하는 사례가 늘어나는 점을 지적했다. 개인의 의사와 표현의 자유에 관한 권리에 대해 정부 제약이 늘어나고 있음을 우려한 것이다.

특별보고관은 대한민국의 민주적 기반이 더욱 공고해질 수 있도록 주요 현안 각각에 대해 모든 개인이 다양한 의견을 표현할 수 있는 권리를 법적으로나 실제적으로 전면 보장할 것을 권고했다. 특히 대한민국 정부가 교사들이 개인으로서 가지고 있는 표현의 자유에 관한 권리를, 그것이 교육정책과 같은 공익적 사안과 관련 공무 외에 행사되는 경우, 보장할 것을 강조했다.

국내외적으로 교사와 공무원의 정치 활동 범위 확대 요구가 거세지고 있지만 우리 현실은 쉽게 바뀔 기미가 보이지 않는다. 2011년 우리나라 인권위원회가 교원과 공무원의 정치적 자유권 보장을 위한 법률 개선을 마지막으로 권고한 이후 국내 정치권의 움직임은 거의 없다.

---

80. 보고서의 영문 제목은 'Mission to the Republic of Korea'다.

9살짜리 사회운동가

1

우리나라 중고등학교 학교생활규정, 곧 '교칙'에는 '학생생활선도기준'이나 '학생생활규정' 따위의 이름을 달고 있는 규정이 있다. 학생을 대상으로 하는 일종의 징계 규정이다. 대개 징계 심의 대상이 되는 행위 내용과 그 행위의 범주, 징계 수위 등이 표로 정리되어 있는 형태를 띤다.

징계 규정이니 일종의 '법' 같은 것이다. 법으로서의 기본적인 요건을 갖추고 있어야 한다. 대개의 법들이 그래야 하듯 명확성의 원칙이나 과잉금지의 원칙 등 우리 헌법이 하위 법률들에 강제하는 기본적인 원칙이 지켜져야 한다.

2016년 한 해 동안 상당수의 중·고등학교를 다니면서 학교생활규정 컨설팅 활동을 했다. 생활규정 전반을 살펴 반인권적이거나 시대 현실에 맞지 않는 조항을 어떻게 처리할 것인지, 이를 위해 해당 학교와 교사들이 무엇을 어떻게 해야 하는지 함께 머리를 맞대고 고민하는 일이 컨설턴트들의 주된 일이었다.

대다수 학교들이 학생들에게 민감한 용의나 복장에 관한 규정들을 전향적으로 바꾸어 놓았다. 하지만 여전히 적지 않은 수의 학교들이 문제투성이의 징계 규정을 그대로 유지하고 있었다. 법으로서의 기본적인 원칙들이 올바르게 적용되었다고 보기 힘든 경우가 많았다.

징계 규정들을 꼼꼼히 살폈다. '예절', '준법', '수업', '근태' 등으로 구분되는 행위 범주가 대다수 학교별로 큰 차이가 없었다. 문제는 징계 행위 내용과 이에 따른 징계 수위다.

용의가 단정치 못하거나 언행이 불손한 학생은 대개 '주의'나 '교내봉사' 징계를 받는다. 예의가 바르지 못한 학생도 이와 비슷하다. 교사에게 불경한 언행을 한 학생은 징계 수위가 높다. 최소 '주의', '교내봉사'를 거쳐 '사회봉사'와 '특별교육', '출석정지'까지 내릴 수 있다. 언행이 불손한 학생이나 교사에게 불경한 언행을 한 학생 모두 '괘씸죄' 해당자일 텐데 징계 종류가 들쭉날쭉하다.

'집단행위'라는 징계 행위 범주 항목이 있다. 징계 최고 수위인 '퇴학' 조치가 가능한 항목이 다른 범주들에 비해 상대적으로 많다. 구체적인 행위 내용을 보면 '학생을 선동하여 질서를 문란하게 한 학생', '불법집회 또는 서클에 참석하거나 가입한 학생', '허가 없이 서클을 조직 운영하여 교칙을 문란케 한 학생', '학생을 선동하여 질서를 문란하게 한 학생', '동맹 휴학을 선동, 주동하거나 동참한 학생' 들이다. '정치 관여 행위'가 징계 행위 목록에 포함되어 있는 학교도 있다.

집단행위 내 구체적인 행위 내용들을 표현하는 단어들('선동, 문란, 불법, 주동, 정치 관여'), 이들 행위를 금지시킴으로써 얻고자 하는 목표 상태('질서, 교칙 유지'), 그리고 각각의 행위들에 대한 처벌 수위(타 행위 범주에 비해 상대적으로 최고 수위 징계를 내릴 수 있는 항목이 많음) 등을 종합해 볼 때 학교가 학생들의 집단행위에 대해 신경질적으로 반응하고 있는 증거로 볼 수 있지 않을까.

나는 그 기저에 학교와 교사의 어떤 '두려움'이나 '공포'가 자리 잡고 있다고 말하고 싶다. 이를테면 집단적인 '정치 공포증'이 그것. 그 결과는 심각하다. 정치에 대한 막연한 두려움과 공포가 비청소년 세대의 의식을 지배하면서 오늘날 10대 청소년들의 사고와 표현의 자유, 행동의 자유를 심대하게 침해하고 있기 때문이다.

여전히 많은 학교가 학생의 정치 관여 행위에 대해 최고 퇴학 처분까지 내릴 수 있는 규정을 학교생활규정에 버젓이 실어 놓고 있다. 상위법적 근거가 있을까.

지난해 말 강원도 횡성군 안흥면에 있는 전국 단위 자율형 사립고등학교인 민족사관고(아래 '민사고')에서 흥미로운 일이 발생했다. 일부 학생들이 2016년 12월 3일 서울 광화문 등에서 열린 '박근혜 즉각 퇴진 6차 촛불집회'에 참여하기 위해 외출·외박을 하려 하자 학교 측이 이를 막았다고 한다. 주말에 집회 참여를 허락해 준다면 이것이 선례가 되어 앞으로도 계속해서 시위 참여를 허락해 주어야 한다는 이유에서였다. 당시 민사고 교장이 내세운 법적 근거가 〈교육기본법〉 제6조였다. 이 조항을 학생의 정치 활동을 금지하는 것으로 이해하여 정치적인 활동을 허락해 줄 수 없다는 판단의 근거로 내세웠다.

〈교육기본법〉 제6조는 '교육의 중립성' 조항이다. 다음과 같이 2개 항으로 이루어져 있다.

① 교육은 교육 본래의 목적에 따라 그 기능을 다하도록 운영되어야 하며, 정치적·파당적 또는 개인적 편견을 전파하기 위한 방편으로 이용되어서는 아니 된다.

② 국가와 지방자치단체가 설립한 학교에서는 특정한 종교를 위한 종

교교육을 하여서는 아니 된다.

①은 교육의 정치적 중립성을, ②는 종교적 중립성을 규정한 것이다. 민사고에서 학생 외출·외박 금지의 근거 조항으로 내세운 것이 ①이다. 그런데 정치적 중립성이 본질적으로 표방하는 의미를 중심으로 해석하면, ①은 교육이 정치적 목적을 위한 수단으로 활용되는 것을 경계하는 내용이지 학생들의 정치 활동을 금지하는 항목이 아니다.

민사고 교장이 이런 법률 취지를 잘 몰랐을까. 나는 그가 교육의 중립성을 명시한 〈교육기본법〉 제6조 제1항이, 교육이 정치적 외압으로부터 자유로울 '권리'를 보장하는 〈헌법〉 제31조 제4항("교육의 자주성·전문성·정치적 중립성 및 대학의 자율성은 법률이 정하는 바에 의하여 보장된다.")이 위임한 사항 중 일부를 구체화한 것이라는 사실을 잘 알고 있었을 것으로 믿는다. 그는 이명박 정권 시기인 2008~2009년 청와대 교육과학문화수석을 지낸 교육 전문가이다.

요컨대 학생의 정치 활동 금지 운운한 민사고 교장의 사후 해명은 고의적인 거짓이나 겁박에 불과해 보인다. 기실 학생의 정치 관여 행위를 금지하는 법적 근거는 없다. 앞서 본 〈교육기본법〉 외에 〈초·중등교육법〉이나 〈초·중등교육법시행령〉, 〈초·중등교육법시행규칙〉 등 초·중등교육 관련 법규 어디에서도 학생의 정치 행위 금지를 명시한 대목을 찾아볼 수 없다.

2

교육의 정치적 중립성을, 학생들의 정치(적) 행위를 금지하는 전가의 보도처럼 활용하는 논리의 근저에 갖가지 담론이 숨어 있다. '신성 교육론'. 교육은 순수하고 이상적인 것이다. 교육이 속악한 현실의 갈등과 대립이 투사되는 '정치'로 '오염'되어서는 안 된다는 시각이다. '스승론'. 교사를 정치사회적 주체나 노동자로 보지 않는다. 교직이 신성 교육에 매진하고 헌신해야 하는 '성직'으로 간주된다. 스승론은 '교직은 성직이다'의 교육학적 버전이다.

청소년 미성숙론이 있다. '어린것들이 뭘 안다고'로 시작하는 비청소년들의 말 속에 청소년 미성숙론의 거의 모든 것이 담겨 있다. '어린것들'로서의 그들은 '현재'가 아니라 '미래'를 살아야 하는 존재다. 그들의 현재는 부족하고 어리숙하다. 비청소년, 이른바 어른들의 교육, 지도, 관리, 훈계, 보호, 기타 등등의 대상이 되어야 한다.

청소년 미성숙론은 신중하게 해석되고 받아들여져야 한다. 1919년 3·1운동의 주역 중 하나인 유관순이 이화여자고등보통학교에 다니던 17살의 청소년이었음은 주지하는 사실이다.[81] 서울 전동보통학교에 다니던 11~12살 학생 4명은 1919년 3·1운동 당시 '보통학교는 아이들을 모아 노예로 삼으려는 장소'라고 외치며 교실 유리창을 깨뜨리는 시위를 했다.

'어린이'라는 말과 '어린이날'을 만든 방정환은 만 9살 때부터 '소년입지회'라는 모임을 만들어 토론회와 강연회를 이끈 사회운동가였다. 18살 때 '청년구락부'라는 독립운동 조직을 만들어 활동했다. 청년구락부에는 17~18살 무렵의 청소년 200명이 가입해 있었다. 1919년 3·1운동 때는 발행이 금지된 《독립신문》과 〈독립선언문〉을 인쇄해 배포하다가 경찰에게

---

81. 아래 1950~1960년대의 정치 상황과 '정치적'(?)인 청소년들에 대한 사례는 청소년활동가 공현과 전누리가 쓴 《우리는 현재다》(빨간소금, 2016)와, 현직 교사 출신의 김행수 시민기자가 《오마이뉴스》에 2011년 8월 8일 자로 쓴 "교육의 정치적 중립성, 의무 아닌 권리" 기사에서 가져왔다.

체포되기까지 했다.

우리 헌법의 한 뿌리가 되고 있는 1960년 4·19 혁명은 서울 시내 고등학생들의 시위로 폭발했다. 4월 19일 아침 8시 30분 서울 대광고등학교 학생들이 동대문 거리로 나섰다. 밤새 결의문을 작성하고, 밀가루 포대를 이어 붙여 만든 현수막에 "민주주의 사수하자"라고 썼다. 학생들은 "정부는 마산 사건을 책임져라", "3·15 협잡선거를 물리치고 다시 선거하자"라는 '정치적' 구호를 외치며 거리를 행진했다.

4·19 혁명이 발발하고 일주일이 지난 후인 4월 26일, 시민대표들이 이승만 대통령과 면담했다. 이 시민대표단에 설송웅이라는 고등학생이 있었다. 설송웅은 서울 지역 20여 개 학교의 학도호국단 간부 학생들이 모인 '협심회'에서 활동하던 학생이었다. 혁명의 주도 세력에 고등학생이 포함되어 있었던 사실도 놀랍지만, 고등학생 대표자가 대통령 면담에 참여한 사실이 더욱 놀랍다.

우리나라의 역사적 사실은 10대 청소년들에 관한 '미성숙론'이 대체로 근거가 미약하다는 점을 말해 준다. 역사적 사례들에서 보이는 청소년들의 정치사회적 행위 역량은 비청소년의 일반적인 관점과 크게 다르다.

3

〈헌법〉 제31조 제4항의 "교육의 자주성·전문성·정치적 중립성 및 대학의 자율성은 법률이 정하는 바에 의하여 보장된다"는, 〈교육기본법〉 제6조 제1항의 "교육은 교육 본래의 목적에 따라 그 기능을 다하도록 운영되어야 하며, 정치적·파당적 또는 개인적 편견을 전파하기 위한 방편으로 이용되어서는 아니 된다"로 구체화한다.

이들 조항이 표방하는 교육의 자주성이나 정치적 중립성은 역사적 연원을 갖는다. 전체주의(파시즘)나 일당 독재 체제 경험에서 얻은 역사적 교훈이 이들 조항의 근저에 깔려 있다. 전체주의 통치자나 독재자들은 교육을 국가나 정권 유지를 위한 수단으로 간주했다. 학교와 학생은 국가 목표를 달성하기 위한 도구가 되었다. 교육이 정치에 종속되는 것이 당연시되면서 교사와 학생이 정치 시스템의 하부 조직처럼 운용되었다.

앞에서 이승만 정부가 권력기관을 이용해 이승만 대통령 지지 시위를 대대적으로 조직하고, 중·고등학생들을 시위에 동원한 역사적인 사례를 살펴보았다. 당시 정부는 야당 선거 유세를 방해하려고 학교에 휴교령을 내리는 등 파렴치한 짓을 벌이기도 했다. 그런데 학생과 학교를 상대로 한 이와 같은 부당한 정치적 외압은 이승만 정부에게만 해당하는 사항이 아니었다.

박정희 독재 정권 시절에는 "유신만이 살길이다"라는 유신 옹호 노래를 만들어 학생들에게 부르게 했다. 박정희 정권은 교사들로 하여금 각 가정을 방문하게 하여 "삼권분립은 18세기적 생각이며 우리나라는 유신체제가 맞는 체제다"라는 식으로 유신을 홍보하도록 강요했다. 전두환이 이끈 제5공화국 군사독재 시기에는 교장과 교감이 교무실에서 당시 집권 여당인 민정당 입당 원서나 선거운동원 등록원서를 들고 다니면서 "아무것도 아니니 그냥 서명만 하면 된다"라고 교사들 사인을 받았다.

헌법에 새겨 넣은 교육의 자주성이나 정치적 중립성 조항은 교육이 정치적 당파의 부당한 영향과 간섭으로부터 자유로워야 하는 '권리' 차원에서 만들어졌다. 국가 권력이나 정부기관이 교육에 부당하게 개입하는 것을 방지하기 위한 것이지 교사나 학생에게 일체의 정치적인 표현이나 활동을 금지시키기 위한 것이 아니다. 거듭 말하지만 정치와 무관한 학교, 정치적이지 않은 교육은 없다.

협력이 경쟁보다 우월하다

학교 민주주의를 위한 두 번째 관건은 경쟁 중심의 학교 문화를 협력과 공유, 자율과 자치를 기반으로 한 학교 문화로 바꾸는 일이다. 우리는 경쟁이 당연하다고 여기는 사회에서 살아간다. 어렸을 때부터 서로 경쟁하도록 교육을 받으며, 경쟁이 더 나은 성과를 가져온다고 믿는다. '1등'을 우상화한다. '우수'한 성과를 내는 사람이 '상장'과 '상금'을 받는 것이 자연스럽다. 그 과정에서 승자독식주의와 서열주의를 자연스럽게 내면화한다.

우리가 월등한 성과를 내는 데에는 경쟁이 필요 없을 뿐 아니라 대체로 경쟁이 존재하지 않는 편이 더 낫다. 경쟁만능주의에 둘러싸인 우리에게 낯선 주장이다. 알피 콘을 따라 협력의 '생산성'을 뒷받침하는 연구 결과들[82]을 통해 협력적인 학교 문화의 시급성과 정당성을 논증해 보자.

먼저 문제 해결이나 과제 완수와 같은 상황에서의 사례들이다. 마거릿 클리퍼드는 초등학교 5학년 학생들을 대상으로 어휘 습득을 위한 경쟁적 게임의 효과를 살펴보았다. 게임에서 이긴 몇몇 학생들에게만 약간의 흥미를 느끼게 하는 것처럼 보였을 뿐 단어를 배우고 기억하는 능력이 별

---

82. 알피 콘의 주저 《경쟁에 반대한다》(산눈, 2009)에서 관련 사례를 가져왔다.

로 향상되지 못했다.

　모턴 골드먼과 그의 동료들은 철자 바꾸기를 하는 대학생들이 경쟁보다 협력을 할 때 효과적으로 문제를 해결한다는 사실을 발견했다. 어바이네 워키드는 고등학생들이 카드놀이를 할 때 협력이 경쟁보다 생산적이었음을 밝혔다.

　클리퍼드와 골드먼과 워키드의 연구는 모두 1970년대에 행해졌다. 이들이 내린 결론은 모턴 도이치Morton Deutsch가 1948년에 실시한 일련의 실험 결과와 동일했다. 그 뒤 도이치는 25년이 지나 같은 주제를 놓고 또다시 연구했다. 그 결과 이전에 내린 결론과 똑같은 13건의 다른 연구물을 인용할 수 있었다. 이들 13건의 연구는 하나같이 경쟁의 좋지 않은 결과를 보여 주었다.

　미네소타 대학교 소속 교육자이자 사회심리학자인 데이비드 존슨과 로저 존슨 형제는 교실에서의 경쟁과 협력에 관해 미국에서 가장 많은 연구와 저술 활동을 한 학자들이다. 이들은 100여 권의 책과 논문을 통해 협력과 경쟁을 상호 비교했는데, 1981년에 출간한 메타분석(meta-analysis, 다른 연구 결과에 대한 분석)이 유명하다.

　　북아메리카에서 행해진 경쟁, 협력, 독자적 구조 아래서의 성취나 수행능력에 대한 연구 중 그들이 찾아낼 수 있었던 122건(덧붙이자면 그들이 분석한 1924년부터 1980년까지의 연구 중 오직 한 건만이 도이치의 목록과 중복되었다)을 모두 검토하였다. 그 결과는 주목할 만하다. 협력이 경쟁보다 더 많은 성과를 거둔다는 연구가 65건, 그 반대의 경우가 8건이었으며, 통계적으로 중요한 차이가 없었다는 것이 36건이었다. 또한 독자적으로 할 때보다 협력을 통해 일할 때 더 높은 성과를 올린다는 연구가 108건, 그 반대가 6건, 별 차이가 없다는 것은 42건이었다. 모든 분야와 연령층에서 협력이 더 우월한 것으로 평가됐다.

_알피 콘(2009), 앞의 책, 70~71쪽.

존슨 형제에 따르면 협력은 집단이 작을수록, 임무가 복잡할수록 더 효과적인 것으로 나타났다. 협력의 효과성은 고도의 문제해결능력이 필요할 경우에 더 커졌다. 수행하려는 일이 상호의존적일수록 협력이 더 큰 도움이 되었다.

경쟁이 좀 더 나은 결과를 가져오는 것처럼 보이는 경우가 있기는 했다. 다만 그때는 기계적인 판독 작업이나 물건 옮기기 같은 아주 간단한 작업이나 상호의존이 전혀 필요 없는 일에 한정되었다. 콘은 이와 같은 사실도 '주장' 수준에 머무르는 것이어서 의심스럽다고 보았다.

임무 완수에 따른 보상의 분배 방식에서도 경쟁보다 협력의 효과가 우월했다. 콘은 보상의 분배 방식을 크게 세 가지로 나누었다. 대부분의 경연(시합)에서와 같은 승자 독식, 성과에 비례하는 배분 방식, 균등 배분 방식이 그것이다. 일반적으로 우리는 이와 같은 상이한 분배 방식에 따라 경쟁의 효과성이 달라질 것이라고 예상한다.

상식적으로 사람들은 경쟁이 성과를 늘린다고 추론한다. 이 때문에 승자 독식이나 성과 비례 배분 방식이 사람들로 하여금 더 열심히 일하게 할 것이라고 본다. 미국 컬럼비아 대학교 학생들을 대상으로 한 6개의 실험이 있었다. 일본어로 된 시 해석과 항아리 속에 들어 있는 젤리 개수를 추산하는 과제들이었다. 실험 결과는 다음과 같았다.

가. 독자적으로 수행할 수 있는 과제(상호의존도가 낮은 과제)에서는

보상의 분배 방식이 일을 하는 데 별다른 영향을 주지 않았다.

나. 균등 배분 방식을 썼을 때보다 성과 비례 배분 방식을 활용할 때 더 생산적이라는 증거가 전혀 없었다. 일의 성패가 협동에 달려 있는 경우(상호의존도가 높은 과제)에는 균등 배분 방식이 최고의 결과를 가져왔으며, 승자 독식이 최악의 결과를 낳았다.

경쟁적인 상황보다 협력적인 상황에서 더 복잡한 결과물이 만들어진다. 경쟁적이거나 독자적인 상황에서 개별적으로 추론하는 것보다 협력 집단 안에서 이루어지는 토론 과정이 질적으로 더 높게 인지능력을 계발하고 발전시킨다. 가령 대학생들을 대상으로 한 한 실험에서 경쟁은 창의적인 문제해결능력을 저해하는 것으로 나타났다.

협동 수업의 긍정적 효과를 뒷받침하는 연구 결과는 차고 넘친다. 존슨 형제가 1985년에 인용한 연구 결과들을 보면 협동 수업이 재능 있는 학생들에게 이익이 된 경우가 3건, 별 차이가 없었다는 결론이 1건이었다. 손해를 보았다는 경우는 한 건도 없었다. 이와 비슷한 시기에 미국 중서부 75개 학교의 초등학교 2학년을 대상으로 한 조사에서도 같은 결론이 나왔다. 능력이 높든 낮든 모든 학생들이 서로 다른 수준의 협동 학습 그룹에 참여하여 더 잘 배우게 되었다.

학교와 같은 교육 환경이 아니라 일반 회사라면 경쟁의 우월성이 뚜렷하게 나타나지 않을까. 이 문제와 관련된 연구 역시 학습에 관한 연구에서와 마찬가지로 협력의 이점이 크게 나타난다.

1979년 텍사스 대학의 로버트 헬름라이히와 그의 동료들이 성취도, 업무 지향성, 숙달 정도, 도전적 과제의 선호도와 경쟁심 사이의 관계를 조사해 발표했다. 과학 분야에서 박사학위를 받은 남성 103명을 대상으로,

그들의 논문이 동료 과학자들에게 얼마나 자주 인용되었는지를 기준으로 업적을 평가했다. 그 결과 가장 많이 인용된 이들은 업무와 숙달 면에서 높은 평가를 받았으나 경쟁심이 낮은 사람들이었다.

애초 경쟁심의 긍정적 효과를 기대했던 헬름라이히는 심리학자들을 대상으로 한 번 더 조사를 실시했다. 결과가 똑같이 나왔다. 헬름라이히는 남성 기업인을 대상으로 한 연봉을 통한 성취도 측정 연구, 1300명의 남녀 대학생을 대상으로 한 평균 학점을 이용한 성취도 측정 연구를 연이어 실시했다. 그의 연구 결과는 일관되게 경쟁심과 성취도 사이에 부정적인 연관관계가 존재한다는 점이었다.

> 그는 특히 기업인에 대한 연구에 대해 "흥미"를 느꼈는데, 왜냐하면 이 실험에 의해 "보통 성공적인 기업인은 매우 경쟁적이다"라는 고정관념에 의문이 제기되었기 때문이다. 이러한 사실은 그의 동료인 자넷 스펜스Janet Spence가 말한 대로 "경쟁심이 기업가로 성공하기 위해 가져야 할 매우 중요한 요소라는 주장을 극적으로 반박하는 것이다."
>
> _알피 콘(2009), 위의 책, 77쪽.

헬름라이히의 연구는 1985년까지 계속 이어졌다. 모두 3건의 연구가 실시되었다. 초등학교 5, 6학년을 대상으로 경쟁심과 표준 성적을 비교했다. 비행기 조종사들의 경쟁심과 성과의 관계에 대해 조사 연구를 진행했다, 항공사 예약 담당자들의 경쟁심과 업무 능력에 관해서도 연구했다. 이들 연구 결과는 한결같이 경쟁심과 성적, 성과, 업무 능력이 모두 부정적 관계를 맺고 있었음을 보여 주었다.

교사 평가를 바라보는 다른 시선

'경쟁(력) 신화'와 쌍벽을 이루면서 학교 민주주의의 구현을 방해하는 세 번째 요인이 평가에 관한 왜곡된 인식과 기제들이다. 경쟁 체제가 경쟁력을 기른다는 그릇된 관점만큼이나 널리 퍼져 있는 '신화'가 있다. 평가가 평가 대상자들의 실력이나 역량을 키운다는 사고방식이다. 평가 만능주의자들에게 평가는 많으면 많을수록 좋다. 평가가 무엇을 위해 어떻게 진행되는가는 별로 중요해 보이지 않는다. 교사를 대상으로 하는 교원평가와 학생들이 일상적으로 치르는 시험(고사)을 통해 이들 문제를 살펴보자.

2011년 7월 국제교원노조연맹EI 총회가 〈교사라는 전문 직업의 미래에 대한 결의문〉을 채택하면서 교원평가를 미래 교원들이 일하게 될 환경의 중요 요소로 정식화하였다. 이아이는 교원평가가 교사의 강점과 개발에 대한 욕구를 찾아내는 피드백에 근거해 이루어져야 한다고 주장했다.

교사들은 그들이 전문가로서 느끼는 요구뿐만 아니라, 그들의 강점에 대해 정직하게 말할 수 있어야 하며 이 때문에 처벌받지 않을 것이라고 여겨야 한다. 개인에게 금전적 보상을 주는 것, 예를 들면, 성과급과 같은 것이 학교에서 효과를 발휘한다는 증거는 없다. 교원평가가 교사들에게 필요한 양질의 전문성 개발 기회를 찾아내서 제공할 때 긍정적인 효과를 발휘한다는 증거는 수도 없이 많다.

_국제교원노조연맹(2015), 앞의 책, 310~311쪽에서 재인용함.

교원평가에 대한 논란은 끝이 없다. 훌륭한 교사를 나쁜 교사와, 뛰어난 교사를 단순히 좋은 교사와 구분해 주는 것은 무엇인가. 그 과정에 어떤 기준이 사용되고 누구의 판단이 작용하는가. 정책 수립 담당자? 학생? 교사 자신? 그런 지식을 어떤 목적에 맞추어 사용할 것인가. 교원평가에 관한 국제교원노조 보고서의 공동 집필자 중 하나였던 존 맥베스는 우리에게 이런 질문을 던지면서 교원평가의 본질을 차분하게 돌아볼 것을 주문했다.

교원평가의 기본적인 원칙이 무엇이어야 할까. 국제노동기구ILO는 다음 두 가지에 초점을 맞춘 교원평가 원칙을 강조했다.[83]

　가. 전문가로서 실천 행위를 개선하고 기능과 역량에 존재하는 약점을 찾아내기 위해 규범에 근거하여 진단하는 평가
　나. 교수학습의 결과를 교육적으로 권위 있는 표준에 비추어 책임을 설명할 수 있는 것

세계 주요 국가들의 교원평가 실태[84]를 살펴보면 대체적인 평가 방법이나 방향이 보인다. 자기 평가, 동료 교사와 학교장 평가, 학생·학부모 설문조사나 평가, 감사관이나 감사기관을 통한 외부 평가가 두루 쓰이고 있

---

83. 국제교원노조연맹(2015), 《교사의 전문성, 어떻게 만들어지나》, 살림터, 317쪽.
84. 국제교원노조연맹(2015), 위의 책, 317~358쪽.

다. 전체적으로 평가의 세부 계획에 외부 평가보다 학교 내부에서의 평가가 더욱 자주 나타나는 경향이 있었다.[85]

정도의 차이는 있으나 교원평가는 대다수 국가에서 경력, 진급, 책무 변경 등에 영향을 미친다. 월급이나 급여와의 연계는 국가마다 조금씩 다르다. 스웨덴, 영국, 미국, 한국 등이 어떤 식으로든지 연계가 있는 국가들이다. 이탈리아, 핀란드, 덴마크, 프랑스, 노르웨이에는 연계 시스템이 없다.

2010년 여름 미국 《엘에이 타임스LA Times》에 '논쟁적인' 기사 하나가 실렸다.[86] 주요 내용이 엘에이 지역 초등학교 교사 6000명 이상의 업무수행과 등급에 관한 것이었다. 신문은 읽기와 수학 시험 성적을 기초로 하여 '효과적인' 또는 '비효과적인'이라는 등급으로 나누어진 교사들의 이름과 직책을 낱낱이 밝혔다.

충격을 받은 교사들 사이에 논쟁이 시작되었다. 콜로라도 대학교 교육정책센터에서 발간한 연구 자료에 따르면 《엘에이 타임스》에 발표된 등급을 결정하는 평가 방법이 "신문에 발표할 만한 등급으로서의 근거를 충분히 가지고 있지 않다"라며 비판했다. 평가의 타당성 측면에서 심각한 오류가 있다고 지적한 것이다.

논쟁이 잦아들 기미가 보이지 않자 뉴욕 시 교육부가 공립학교 1만 2000개교에 재직 중인 교사들의 성과향상도 평가 점수를 공개하겠다고 발표했다. 교원노조가 개인 이름을 익명으로 처리해 달라고 요구했으나 맨해튼 법정이 허용하지 않았다.

---

85. 오이시디의 교수학습에 관한 국제조사연구(Teaching and Learning International Survey, TALIS)에서 조사 참가국들을 대상으로 분석한 결과라고 한다.
86. 국제교원노조연맹(2015), 위의 책, 363~364쪽.

이조레는 〈Teacher Evaluation(교사 평가)〉(2009)라는 제목의 논문에서 다음과 같이 지적했다.

종합적인 교원평가제도를 시행하는 것에 많은 나라들이 갈수록 더 관심을 보이고 있는데, 이는 교육의 질을 높이려는 욕구에 대한 정책 대응이었다. (중략) 그 개발 과정 전체에 교사가 참여하는 데 대한 공감대 역시 넓게 형성되어 있다. 효과적이고 공정하고 신뢰할 수 있는 교원평가제도는 교사 전체가 그것을 수용하고 개인적으로 활용할 때 작동한다. 포괄적인 접근법을 발전시키는 것은 비용이 많이 들겠지만 교육의 질을 높이고 전문성 개발을 통해 교수 활동을 개선하고, 교사의 지식, 기능, 역량을 인정받고자 하는 욕구를 충족시키는 데 꼭 필요하다.

_국제교원노조연맹(2015), 위의 책, 204~205에서 재인용함.

교원평가제도와 관련한 어느 국제 연구에 포함되어 있는 교사들의 자기 평가 보고서 내용에 따르면, 연구 참여 국가들이 평균적으로 사용하는 가장 공통점이 많은 몇 가지 기준이 있었다고 한다. 학생-교사 관계(85퍼센트의 교사)[87], 교사의 교과목에 대한 지식과 이해 정도(80퍼센트의 교사), 학급 운영(80퍼센트의 교사), 교수학습 활동에 대한 이해와 지식(78퍼센트의 교사), 학생의 규율과 행동(78퍼센트의 교사), 동료와의 관계(78퍼센트의 교사) 들이었다.[88]

학생들이 교사의 효과성을 판단하는 "전문가 수준의 해설자"라고 보

---

87. 85퍼센트의 교사가 이것을 매우 또는 중간 정도 중요한 기준으로 보고했다는 의미다. 이어지는 수치들도 마찬가지로 해석하면 된다.
88. 국제교원노조연맹(2015), 위의 책, 208~209쪽 참조.

는 시선이 있다. 학생들이 교사를 가장 잘 알고 있으므로 이들이 내리는 평가가 교사의 능력이나 교육적 효과를 냉철하게 판별할 수 있다는 논리다.

최근 미국에서 이루어진 '효과적인 교수 활동 측정 프로젝트Measure of Effective Project'에 따르면 학생들은 어떤 교사가 최고와 최저 효과를 보이는지를 전문가적인 안목으로 판단할 수 있다고 한다. 프로젝트가 밝혀 주고 있는 또 다른 중요한 사실은 교장이 교실에 들어가서 관찰한 것은 대부분 충분하지 않다는 것이었다.

이러한 사실들은 학생과 교사가 주체가 되고 중심이 되는 교육 활동이 좀 더 효과적인 결과를 가져온다는 우리의 '경험적 사실'과 일치한다. 동료 교사들에게 자신의 수업을 공개한 뒤 수업 연구 모임을 갖거나, 수업 동영상과 학생의 피드백을 참고하여 수업 개선 활동을 펼칠 때 좀 더 효과적인 교수 활동이 가능해진다. 교원평가의 구체적인 방향과 방법을 결정할 때 고려해 봄 직한 문제들이다.

교원평가와 관련하여 또 하나 유념해야 할 점은 교사들의 심리적인 측면이다. '마음속의 만족 요인'이라는 개념은 2002년 미국에서 나온 〈공공 정책 연구 보고서〉라는 제목의 보고서에서 쓰였다고 한다.[89] 교사들이 전문가로서 충족감을 느끼는 데 필수적인 요소를 추출해 내기 위해서였다. 이 보고서에서는 전문 직업에서 나타나는 소진 현상을, 그 직업의 긍정적인 요소를 키움으로써 줄일 수 있다고 보았다. 교사와 학생이 만나는 교실에서의 활동을 핵심으로 하고, 교실 수업에 대한 결정 권한과 책임을 높이며, 교수학습 활동과 내용 모두에 진취적이고 창의적인 기술을 적용

---

89. 국제교원노조연맹(2015), 위의 책, 123~125쪽.

할 권한과 자유를 갖는 것 등이 구체적인 방법이다.

교사의 만족 요인은 그것이 아무리 작더라도 큰 힘을 발휘한다. 그것이 학생들의 삶에 변화를 가져오면 교사가 날마다 겪는 실망과 당황스러움에 대한 보상이 될 수 있다. 교사의 개인적인 희생이 높은 수준에서 이루어지더라도 마음속의 만족으로 연결되면 교육자로서의 성취감과 보람을 느낄 수 있다는 것으로 해석할 수 있다. 〈공공정책 연구 보고서〉에서 정리한 만족 요인과 불만족 요인은 다음과 같다.

만족 요인	불만족 요인
자율성 높이 평가받음 신뢰를 얻음 경청의 대상이 됨 교수학습과 계획에 필요한 시간 확보 동료 간 소통과 교류 진취성 창의성 학생과의 만남 혁신에 대한 전망과 실험	도전 통제 불가능한 느낌 시간 부족 동료들로부터의 고립 지시에 따라야 하거나 경직된 교과과정 관료주의 시험 남발되는 시범 사업 목표 달성에 대한 압력 학부모의 관심과 지원 부족 학생의 예의 없는 행동 스트레스

학교 시험과 고사의 정치학

학교교육에서 학생 평가의 '정치학'을 생각해 본다. 시험과 고사 모두 학생들을 '평가'하기 위한 기제들이다. 우리는 이들을 일상의 언어생활에서 특별히 구별하지 않고 쓴다. 《표준국어대사전》은 '시험試驗'을 "재능이나 실력 따위를 일정한 절차에 따라 검사하고 평가하는 일"로 풀이한다. 유의어처럼 쓰이는 말로 '고사考査'가 있다. "학생들의 학업 성적을 평가하는 시험"이라는 뜻풀이가 사전에 올라 있다.

고사의 뜻풀이 자리 첫 번째는 "자세히 생각하고 조사함"이 차지한다. 고사의 본래적인 의미가 '시험'이 아니었음을 방증하는 조그만 단서로 볼 수 있지 않을까. 일본 역사학자와 역사 교사들의 모임인 역사교육자협의회가 쓴 《학교사로 읽는 일본근현대사》(책과함께, 2014)에 이와 관련된 이야기가 나온다.

일본에서 학교교육 제도로 시험이 도입된 것은 1872년 〈학제〉를 통해서였다. 당시 소학교는 하급과 상급으로 나누어 각 4년씩 총 8년을 수업 연한으로 하는 과정으로 편성되었다. 각 과정은 1~8급까지 '등급'[90]이 구분되었는데, 반년마다 한 등급을 수료하는 것으로 정하였다. 이때 등급

---

90. '학급'이 아니라 일종의 능력별 반 편성을 뜻하는 것이었다고 한다.

판정 수단으로 쓰인 것이 '시험'이었다.

일본은 1890년 '교육칙어'를 제정하면서 충량한 황국신민 육성을 위한 '덕육德育'과 강병 육성을 위한 '체육體育' 교육을 강화했다. 이에 따라 '지육知育' 중심의 시험제도가 약화하는 방향으로 학생 평가 기조가 바뀌었다. 시험제도에 따른 과도한 경쟁이 국가가 요구하는 국민교육 목표와 모순된다는 인식이 바탕에 깔려 있었다고 한다.

이와 더불어 학급 편성을 등급제에서 '학급'과 '학년'제로 전환하고, 시험 목적을 '교수상의 참고'와 '졸업인정'으로 한정하는 조치(1891년)가 취해졌다. 시험에서 석차를 내는 것이 금지되고(1894년), 졸업인정을 위한 시험도 폐지되었다(1900년).

> 시험에 의하지 않고 어떻게 '각 학년 과정의 수료', '전 교과의 졸업'을 인정했을까? "아동의 평소 성적을 고려해서"(1900년의 소학교령 시행규칙) 정했던 것이다. '고사'라는 용어가 시험에 대립하는 개념으로 등장했는데, 이는 태도나 행동 등 인격 면을 중시하는 평가에 기반하고 있다. 학적부의 학업성적란에 수신, 국어, 산술, 체조와 함께 조행操行(일상의 행동)란이 설정된 것이 그 전형적인 경우이다.
>
> – 역사교육자협의회(2014), 《학교사로 읽는 일본근현대사》, 책과함께, 210쪽.

역사교육자협의회의 기록을 참조하면 시험과 고사를 유의어로서보다는 반의어로 이해하는 것이 나을 듯하다. 시험은 말 그대로 경쟁 시스템을 기반으로 해 학생들을 서열화하고 선별하는 평가 도구였다. 고사는 학생의 태도, 행동 등 정의적 영역을 평가함으로써 지나친 경쟁을 조장하는 시험의 폐해를 극복하기 위해 활용되었다. 서로 보완 관계를 맺고 있었다고도 볼 수 있겠다. 역사적으로 우리나라 근대 교육 시스템의 골격은 일본 것을 거의 그대로 가져와 베낀 것이니 시험과 고사에 관한 우리의 '어휘의미론'의 역사 또한 일본과 다르지 않을 것이다.

시사적인 이야기다. 우리는 '시험'을 볼 것인가 '고사'를 수행할 것인가. 누가 무엇으로 왜 평가하는가. 이 질문에 대한 답 속에 (시험이든 고사든) 평가 철학과 평가 방향, 구체적인 평가 방법과 평가 도구 등 평가의 모든 것이 담겨 있지 않을까. 특정한 평가 방식은 특정한 사회경제적 토대를 반영한다.[91] 이 논지에 따르면 과거의 대학입학고사는 '대량생산-대량소비'를 핵심 원리로 하는 '테일러-포드주의 시스템'을 반영한 방식이다. 수능이나 논술은 '다품종 소량생산'이 기본인 '포스트-포드주의 시스템'을 기반으로 한다.

원칙적으로 수능이나 논술을 '포스트-포드주의 시스템'과 관련해 규정할 수 있다. 그런데 이형빈의 주장대로 수능이나 논술이 현재 우리나라의 학교교육 시스템 아래서 '다품종 소량생산'과 '포스트-포드주의'에 제대로 부합하고 있는지는 확언하기 힘들다. 수능은 당연하고 논술마저 '정답 찾기' 식 붕어빵 학습으로 진행되는 경우가 허다해 보이기 때문이다.

이형빈은 현재의 평가 관행을, 평가 결과로 나타나는 '분리'와 평가를 통해 실현되는 '통제'의 관점에서 비판했다. 분리는 평가 결과로 학생들이 어떻게 나뉘는가의 문제와 관련된다. 분리가 강한 평가는 학생들의 차이를 명확히 재는 데 관심을 둔다. 성취 정도보다 석차에 관심을 두고, 단편적인 지식을 물으며, 시험 범위가 많거나 난도가 높고, 학생들이 짧은 시간 안에 많은 문항을 다루어야 한다. 분리가 약한 평가에서는 석차보다

---

91. 이형빈이 최근작 《교육과정-수업-평가, 어떻게 혁신할 것인가》(맘에드림, 2015)에서 주장한 내용이다.

학생들의 성취 정도에 관심을 둔다. 지식 습득 여부보다 다양한 자질과 역량에 초점을 맞춘다. 시험 난도가 상대적으로 낮으며, 시험 범위 또한 좁은 경향이 있다.

통제가 강한 평가는 학생들을 하나의 틀frame에 가둔다. 이미 정해진 하나의 답을 찾는 것을 중시하고, 동일한 시간에 모든 학생이 동일한 문항으로 평가받는다. 평가를 치르는 방식이 엄격하고 평가를 무기로 학생들을 통제한다. 통제가 약한 평가에서는 정답의 개방성이 보장된다. 일회식·일제식 평가보다 교사별·상시 평가에 초점을 맞춘다. 평가를 치르는 방식도 비교적 자유롭다.

분리와 통제 중심의 평가가 학생의 성장을 돕고 잠재력을 키우는 바람직한 방식이라고 보는 교사는 많지 않을 것이다. 학생들에게 하나의 정답을 찾게 하고, 상대적인 석차를 중시하는 평가가 미래 핵심 역량이라는 공감력과 협동력, 문제해결력을 키우는 데 도움을 준다고 보기 힘들다. 그런데 학교와 교사는 왜 이토록 변화가 더딜까.

교사들 자신이 평가의 '억압' 시스템 아래 포박되어 있다. 그들 스스로 억압적인 평가 시스템을 직시하지 못하거나 않으려는 점이 더 심각한 문제다. 미국 철학자이자 페미니즘 이론가 마릴린 프라이가 오늘날 여성에게 가해지는 사회적인 억압을 설명하는 데 활용한 '새장의 은유'를 통해 이 보이지 않는 억압의 작동 기제를 이해해 보자.[92]

새장에 얼굴을 바짝 가져다 대면 새를 가까이서 볼 수 있다. 그런데 눈길을 움직여 철망의 철사 한 줄을 보면 다른 철사가 잘 보이지 않는다. 새장에 철망이 없거나 엉성하게 짜여 있는 것처럼 보이는 것이다. 이런 조건

---

92. 《리얼리티의 정치학(The Politics of Reality)》에 관련 내용이 나온다고 한다. 오즐렘 센소이·로빈 디앤젤로(2016), 《정말로 누구나 평등할까》, 착한책가게, 97~98쪽.

이라면, 비록 실제로는 시야의 한계에 따른 지각 착오일지라도, 새가 철사한 줌을 피해 날아갈 수도 있을 듯하다.

하지만 가까이에서 보는 대신 뒤로 물러서서 더 넓은 시야로 보면 이 철사들이 한데 합해져서 교차하며 새가 달아나지 못하게 막는 패턴을 이루고 있음을 알게 된다. 이제 새가 조직적으로 짜인 장애물의 연결망에 둘러싸여 있음을 분명히 알 수 있다.

_오즐렘 센소이·로빈 디앤젤로(2016), 앞의 책, 97~98쪽.

우리나라는 능력주의를 맹목적으로 신봉하는 분위기가 강하다. 학교와 교사, 학생과 학부모 모두 평가 과정과 결과가 공히 공정해야 한다고 강조하는 배경의 하나다. 이와 같은 강한 공정성 압력은 모든 평가 절차에서 실수나 착오를 별로 용납하지 않는 풍조로 이어진다. '정답 없는 평가', '이것도 답 저것도 답' 식의 평가는 공정하지 못하다며 받아들이지 않는다. 평가 방법이, 그 자체로 정답에 해당하는 어떤 사실을 쉽게 확증할 수 있도록 '객관성'이나 '공평무사함'으로 포장된 선다형 문항 평가에 기울어지게 된 이유다.

문제는 평가가 '시험'을 통해 석차를 매기거나 등급을 주는 데 주된 목적이 있는 게 아니라는 점이다. 평가의 본질은 학생들의 긍정적인 변화를 돕고, 그들이 각자의 잠재력을 키우는 데 부족하거나 보완해야 할 점이 무엇인지를 객관적으로 확인하는 데 있다. '시험'을 벗어나 '고사' 본연의 의미에 걸맞은 학생 평가 문화가 정착했으면 좋겠다. 우분투UBUNTU[93] 이

---

93. 아프리카 반투(Bantu)족 말로, "우리가 함께 있기에 내가 있다"라는 뜻이라고 한다.

야기 속 현실을 꿈꿔 본다.

아프리카 부족을 연구하는 인류학자가 부족 아이들을 모아 놓고 게임을 제안했다. 나무 옆에 맛있는 과일 한 바구니를 놓고 "가장 먼저 바구니에 도착한 아이에게 과일을 모두 주겠다"라고 했다. 그런데 예상과 달리 아이들은 미리 약속이라도 한 듯이 서로의 손을 잡고 함께 달리기 시작했다. 과일 바구니에 도착한 아이들은 함께 둘러앉아 과일을 나누어 먹었다. 인류학자는 아이들에게 물었다.

"1등에게 과일을 다 주려고 했는데 왜 손을 잡고 같이 달렸죠?"

아이들은 '우분투'라는 단어를 함께 말했다. 그리고 이렇게 덧붙였다.

"다른 아이들이 다 슬픈데, 어떻게 나만 기분 좋을 수가 있겠어요?"

_정창규·강대일(2016), 《평가란 무엇인가》, 에듀니티, 103쪽.

핀란드 30년 교육개혁에서 배우는 교훈

2010년을 전후로 '핀란드 교육' 열풍이 불었다. 일종의 '교육 유람단'을 꾸려 핀란드 교육 현장을 탐사하러 다니는 이들이 많았다. 핀란드 교육은 함께 배우고 더불어 살아가는 협력과 공동체의 학교 문화가 지배적이다. 그런 시스템에도 불구하고(!) 국제학업성취도평가PISA에서 거의 매해 탁월한 성적을 내고 있다. 그들은 핀란드 교육이 경쟁 일변도의 시스템 아래서 신음하는 한국 공교육에 어떤 돌파구를 마련해 줄 수 있으리라 여겼다. 이후 핀란드 교육에 관한 책들이 쏟아져 나왔다.

아쉬운 점이 있다. 핀란드 교육 열풍 이후 핀란드 교육의 특장점이라 할 수 있는, 학생의 배움을 중심으로 하는 협력적인 교실 문화를 적극적으로 벤치마킹했으면서도 핀란드 교육 시스템의 기저를 탐색하려는 노력이 충분치 않아 보였다. 하드웨어(교육정책, 교육제도)를 개변하지 않은 채 이루어지는 소프트웨어(교육 프로그램, 수업 방식 등)의 변화만으로 교육 개혁이 힘들다는 점을 고려할 때, 핀란드 교육 열풍이 그야말로 한철 유행으로 끝난 감이 없지 않다.

단언하건대 핀란드 교육이 우리에게 시사하는 바는 작지 않다. 민주주의와 민주시민교육이 구호와 교육과정 속 활자로만 존재하는 우리 현실을 고려할 때 더욱 그렇다. 핀란드 교육정책과 교육행정의 기준이나 학교 운영의 핵심 원리는 민주적인 소통과 신뢰, 자율을 기반으로 한 자치다.[94] 눈길을 끄는 것은 핀란드 교육이 성공하게 된 숨은 비밀 중 하나로 관료주의적인 교육행정의 혁파가 있었다는 점이다.

1970년대 말까지만 해도 핀란드에는 국가교육청과 지방정부 교육국이 주도하는 엄격한 장학과 감사가 존재했다. 장학과 감사 시스템은 교육부나 교육청이 단위 학교에 지침을 하달한 뒤 그 이행 실태를 점검하고 평가하는 톱다운 방식이 기본이다. 국가 주도, 중앙집권, 관료들의 감독과 지시가 기조다.

핀란드는 일련의 준비·적응 기간을 거친 뒤 1990년대 중반 이후 관료주의적인 장학과 감사 시스템을 없앴다. 대신 '학교 자율평가school self-evaluation'(아래 '자율평가제')라는 이름의 제도를 도입해 시행하기 시작했다. 전 세계적으로 교육행정 파트에 장학과 감사가 없는 나라는 핀란드가 유일하다. 중앙정부와 지방자치단체가 학교와 교사들의 자율 역량을 신뢰하고 있다는 징표다.

> 장학감사가 없어지고 교사들의 자율성이 크게 확대되면서, 교사들은 학생들의 효과적인 학습을 가능하게 하고 학업성취를 높이기 위한 대안적이고 창의적인 교수 전략과 교수법, 교육학적 시도를 할 수 있게 되었다. 파시 살베리Pasi Sahlberg의 표현대로 강요된 책무성이 아니라 지적 책무성intelligent responsibility이 효과를 발휘하게 된 것이다.
>
> _에르끼 아호 외(2010), 《핀란드 교육개혁 보고서》, 한울림, 249쪽.

---

94. 핀란드 교육을 국내에 선도적으로 전파한 안승문이 《핀란드 교육혁명》(살림터, 2010)과 《핀란드 교육개혁 보고서》(한울림, 2010)에 실은 일련의 글들을 통해 펼쳐 놓은 내용이다. 아래 핀란드 교육에 관한 내용은 이들 글에 실린 내용을 중심으로 정리했다.

자율평가제는 학교교육 전반을 대상으로 한다. 학생·학부모 설문조사 방식이 포함된 학교 운영과 교육 활동에 대한 평가, 교육과정 평가, 학교장 리더십 평가, 학생들의 건강상태와 교사들의 업무 부담 등 다양한 측면을 함께 평가하는 통합 시스템이다. 학교 자율평가 결과 학교 운영이나 교육 활동에 어떤 문제가 있다는 공감대가 있으면 시청(지방자치단체) 교육국이 학교장에게 구성원들과 함께 그 문제에 대한 발전계획을 세워 제출할 것을 요구한다. 그 뒤 교육국이 소요 예산을 학교에 추가로 지원하는 방식으로 문제를 해결해 간다.

지역마다 조금씩 다른 자율평가제는 대략 3년에 한 번씩 진행된다. 그전 장학제도를 훌륭하게 대체하면서 학교와 교사의 자율과 창의가 살아 있는 학교 문화가 형성되고, 학교와 교육 시스템 전반의 질을 높이는 데 긍정적인 영향을 미친 것으로 평가되고 있다. 관료 시스템이 강제하는 책무성이 아니라 교사들 자신의 지적 책무성이 충분히 담보되었기 때문이다. 이에 대해 이윤미 서강대학교 교수는 〈핀란드 교육 성공의 역사〉라는 글에서 다음과 같이 평가했다.

> 핀란드 교육 체제가 보여 주고 있는 이러한 특징들은 90년대 이후 대부분의 나라들이 취해 온 신자유주의 교육정책 모델과 유사해 보이면서도 상당히 다르다. 단위 학교 자율성을 부여하는 대신 국가교육과정 목표를 상세화하고 교육 평가를 강화하지만, 전수조사식 표준화 시험, 평가 결과에 대한 정보 공시, 학교 선택제 등을 연결하여 학교의 책무성을 강화하려는 '결과 통제 방식output control'을 사용하지 않고 있다.
>
> _한국교육연구네트워크(2010), 《핀란드 교육혁명》, 살림터, 177쪽.

핀란드 교육개혁은 1960년대부터 시작되어 30여 년간 꾸준히 이어졌다. 눈여겨보아야 할 대목은 교사를 개혁의 대상이 아니라 주체로 보았다는 점이다. 핀란드 교육 당국은 새로운 교육 내용을 구성하고 학교 체제를 구축하는 과정에서 파생된 여러 문제들을 교사들의 전문성을 존중하는 바탕 위에서 해소했다.

정부 관료들과 교사들이 협력에 기초한 위원회 활동을 통해 개혁의 계획과 실행 단계에 깊숙이 개입했다는 점도 인상적이다. 이 위원회의 활동 결과는 그 뒤 국가교육과정의 기초로 채택되었다. 전직 교사 출신으로, 1972년부터 1991년까지 20년간 핀란드 국가교육청장을 역임하면서 핀란드의 교육개혁을 계획하고 실행에 옮기는 데 핵심적인 역할을 한 에르끼 아호는 다음과 같이 말했다.

> 가능하면 교육과 관련된 모든 분야의 개혁 과정에 초기 단계부터 교사들을 동참시켜야 합니다. 그래야 교사들이 개혁 추진 과정의 일부가 될 의지를 갖게 됩니다. 이것이 또한 부모들이 안심하고 교사들에게 자녀를 맡기고 교사들이 좋은 교육을 제공할 것이라고 믿는 신뢰의 바탕이 됩니다. 또, 부모들도 시간 날 때마다 교사들에게 연락하여 자녀에 대해 의논합니다. 정치인들 역시 교사들을 신뢰해야만 합니다. 그래야 학교에 예산을 제공할 때 교사들이 최적의 방법으로 예산을 쓸 것이라고 믿을 수 있기 때문입니다. 이렇듯 수많은 단계에서 교직 및 교사들의 전문적인 능력을 최대한 존중하게 할 수 있으며, 꼭 그렇게 해야 합니다.
>
> _에르끼 아호 외(2010), 앞의 책, 269쪽.

교사를 교육개혁의 주체이자 동반자로 보는 관점은 핀란드 교육개혁 과정에서 일관되게 유지되었다. 가령 에르끼 아호에 따르면 1960년대 교육개혁의 청사진을 마련할 당시 정치인들이 교원단체와 긴밀하게 협의했다. 이를 통해 교사들이 개혁 과정에 동참할 의지를 갖게 되었고, 교육개혁을 자신들의 개혁으로 받아들일 수 있었다고 한다. 그는 교육개혁을 계획하는 단계나 교육과정의 개정 또는 학습 자료의 개발 등 모든 개혁 추진 과정에 교사들의 지식을 수용하는 것이 중요하다고 강조했다.

핀란드는 교육개혁 과정에서 평가제도testing system에 의존하지 않는다는 원칙을 세워 이를 일관되게 지켰다. 평가 결과를 급여와 연계한다면 재앙에 가까운 결과를 낳을 것이라는 에르끼 아호의 말을 통해 알 수 있듯이 강제적인 평가 기제의 폐해를 강하게 인식하였다. 핀란드의 30년 교육개혁이 시사하는 교훈의 핵심은 책임 있는 교육 주체들 간의 신뢰 관계다. 교육 당국과 정치권이 교사 집단과 수평적인 소통 관계를 맺으면서 협력하는 시스템이 그 기반에 깔려 있었다.

교육부를 혁파하라

1

학교 민주주의를 살리는 교육 시스템을 어떻게 만들어야 할까. 민주주의를 설명하는 이론이 다양하지만 민주주의의 근본 원리나 가치에 관한 사항은 대체로 합의점이 나와 있는 듯하다. 이를 바탕으로 할 때 나는 참여와 공유, 자율과 자치가 학교 민주주의 시스템의 핵심 가치가 되어야 한다고 말하고 싶다. 이를 위해 필요한 것이 분권을 기반으로 한 학교교육 시스템이다.

앞서 개괄한 것처럼 근대 이후 우리나라 교육의 역사적인 흐름은 국가주의가 특징이다. 교육 부문을 관장하는 정부 부처, 곧 교육부가 교육 시스템 운영의 전권을 쥐고 교육정책과 교육제도의 형성과 집행과 평가 등 모든 과정에서 강력한 주도권을 행사하였다. 국가가 교육정책을 결정하고 교육제도를 만들어 내놓으면 전국 모든 학교와 교사가 '붕어빵' 교육 활동을 펼쳤다.

국가가 학교교육의 전권을 쥐었던 저간의 사정은 19세기 말 이래 격동했던 우리 현대사와 밀접한 관련이 있다. 우리나라는 구한말 서구 열강의 간섭과 36년간 이어진 일제 강점 치하를 지나오면서 우리 고유의 자생적인 교육 시스템을 만들어 경험할 기회가 거의 없었다. 국가주의에 경도된 서구 공교육 시스템과 군국주의적인 일제 식민지 교육이 근대 교육의 기준이 되었다. 그 잔재가 해방 이후 우리 교육에 지속적으로 크고 작은 영향을 미쳤다.

1950년 발발한 한국전쟁이 3년간 이어지면서 학교교육 시스템이 완전히 무너졌다. 이후 우리나라 교육정책의 일대 과제는 붕괴한 학교교육 시스템을 재건하는 일이었다. 국가 주도 아래 초등학교 의무교육 완성과 중등교육 기회 확대를 교육정책의 주요 목표로 삼았다. 학생들의 취학문을 넓히고 학교 시설을 세워 가는 일이 1950년대 한국전쟁 이후 1980년대까지 장장 30여 년간 이어졌다.

1980년대 이래 지금까지 근 40년간 학교교육의 질을 개선하기 위한 각종 정책이 시행되었다. 학교와 교사의 책무성을 강화하기 위해 학교교육의 성과를 평가하는 각종 평가 기제가 도입되었다. 자율과 다양화를 키워드 삼아 교육 시스템을 혁신해 재구조화하려는 각종 제도가 학교 현장에 적용되었다.

그사이 공교육의 이념적 근간을 어디에 둘 것인가를 두고 평등주의와 수월성, 공공성과 시장(경제)주의 사이에 갈등과 대립이 일었다. 역대 정부, 특히 장기간의 군사독재가 종식된 후 1993년 출범한 문민정부 이래의 민간정부들은 '현실'과 '이상' 사이에서 좌표를 잡지 못할 때가 많았다. 교육행정의 중앙집권화를 통해 보장되는 효율성이라는 '현실'과 지방자치교육의 자주성과 자율성이라는 '이상'이 정책 결정 과정에서 갈등 요인으로 부각되었다. 정부는 정치권, 학교, 교직단체, 시민사회단체들과 협력·길항 관계를 유지하면서 학교교육을 이끎으로써 그러한 현실을 극복하려고 했다. 그 과정을 거칠게 요약하면 중앙집중주의와 분권주의 사이의 다툼이었다고 할 수 있다.

1997년 IMF 사태 이후 등장해 2000년대 초반에 본격화한 시장의 교육 통제 시스템이 중앙집권주의와 결합하는 흐름이 형성되었다. 1995년 5·31 교육개혁안에서 태동한 교육 수요자 선택권과 시장주의에 따라 단위 학교의 자율성 보장을 명목으로 운영되는 교육 서비스 경쟁 시스템이 정부 주도 아래 정착되기 시작했다. 교육 서비스 다양화, 교육 성과와 실적 경쟁, 학교 정보 공개와 평가 등이 학교와 교사 간 경쟁 구도를 만들어 성과를 향상시키고 교육 책무성을 높인다는 논리가 널리 확산되었다. 국가가 자율성 부여를 명목으로 학부모 선택권을 통해 학교와 교사를 통제하는 교묘한 구조가 만들어졌다.

그러나 거시적인 흐름의 방향은 분권주의다. 이를 방증하는 몇 가지 배경 요인이 있다. 행정, 입법, 사법이 상호 견제와 균형을 이루는 교육 삼권분립 구도가 정립되었다. 국회의 입법권과 재정심사권, 국정감사권이 교육부(행정)를 견제한다. 교육부가 주요 교육정책과 교육제도를 실시하는 과정에서 국회와 협력하지 않으면 안 되는 시스템이 작동한다. 또한 교육 활동과 교육 사업 운영 과정에서 법원(사법) 심판을 요구하는 사례가 늘었다. 교육의 사법화라 부를 만한, 다른 수단에 의한 교육의 경향이다.

1991년 본격화하기 시작한 지방자치제가 중앙통제식 교육 시스템의 분권주의를 강화했다. 중앙정부의 권한이 지방교육자치단체인 교육청으로 이관되는 분권화·자치화가 점진적으로 이루어졌다. 2000년대 중반 도입된 교육감직선제는 우리나라 교육 시스템의 분권화와 자치화 과정에서 역사적인 '사건'으로 기록되어 있다.

여전히 갈 길이 멀다. 우리나라는 1948년 정부 수립 이후 지금까지 각급 학교에서 실시하는 교육 내용이 정부가 고시한 국가교육과정을 통해 통제되고 있다. 국가가 각 교과 내용을 지배하기 위해 교과서 국정제를 오랜 기간 유지했다. 대다수 서구 국가에서 교과서 자유발행제가 지배적인 교과서 편찬 방식이 되어 가고 있는 사이 우리나라는 정부 관료와 전문 연구자들의 강한 영향권 아래 놓일 수밖에 없는 검·인정제를 고수해왔다. 최근 박근혜 정부에서 불거진 중·고교 역사 교과서 국정화 사태처럼 시대착오적인 과거 역행 시도가 자연스럽게 펼쳐질 수 있었던 배경들이다.

교육부는 학교를 통제하기 위해 교사들의 일거수일투족을 관리하는데 큰 공력을 들인다. 현장 통제에 관한 한 교육부만큼 부지런하고 유능한 부서가 없을 것이라며 냉소를 던지는 교사가 한둘이 아니다. 나는 제목에 '복무기강 철저'를 단 공문을 일선 기관에 가장 많이 내보내는 정부 부처가 교육부일 것이라고 확신한다. 그토록 기강을 강조하는 교육부가 정부기관 청렴도 순위에서 최근 2년(2015년, 2016년) 연속 꼴찌를 차지했다는 사실은 아이러니다.

2

전성은 전 거창고 교장은 한 언론 인터뷰[95]에서 "지구상에서 북한과 중국을 빼면 우리나라는 교육부가 행정부에서 가장 독립하지 않은 나라"라고 일갈했다. 교육부가 행정 통수권자인 대통령 권력에 쉽게 좌우되는 구조적인 난점을 꼬집은 말이다. 최근의 역사 교과서 국정화 사태를 통해

---

95. 인터넷언론《오마이뉴스》2014년 4월 8일 자 "한국, 북한·중국 빼고 교육부가 가장 독립 안된 나라" 기사 참조.

알 수 있는 것처럼, 교육 삼권분립 시스템 정립과 지방교육자치제의 본격화 등 거시적인 분권화 추세에도 불구하고 교육부의 고질적인 중앙통제 경향은 사라지지 않고 있다.

우선 더 온전한 분권과 자치를 막는 시스템상 공백이 크다. 교육부는 광역 단위로 있는 지역교육청을 지휘·감독하는 방식으로 전국 2만여 개 학교를 실질적으로 통제할 수 있다. 학교 행·재정, 교원인사, 평가와 감사 분야에 걸쳐 막강한 권한을 행사한다. 정부 교육정책을 비판하고, 정부가 추진하는 교육제도에 저항하는 시·도 교육감과 학교·교사 들을 합법적인 절차에 따라 괴롭히고 길들일 수 있는 힘을 갖고 있다. 톱다운 방식의 상명하달에 익숙한 교육 관료들과 40만 교원들의 관료주의 문화가 이와 같은 구조를 강화한다.

교육부의 설치 및 조직과 직무 범위의 법률적 근거는 〈정부조직법〉 제28조 제1항에 규정되어 있다. 인적자원개발정책, 학교교육과 평생교육, 학술에 관한 사무가 교육부 장관이 관장하는 사무다. 장관은 대통령이 임명한다. 본부 조직은 교육부 직제에 관한 대통령령에 따라 짜여 있는데,[96] 산하기관을 뺀 본부 부서에만 총 575명(2016년 12월 현재)의 공무원이 재직하고 있다.[97]

그 비대한 조직이 대통령을 정점으로 하는 강력한 위계 시스템 아래 굴러가고 있다. 정권 교체와 같은 정치적 변동이나 당대 이념 지형의 변화에 따른 정치사회적 격변기에 현실 정치 논리에 따라 쉽게 요동칠 수 있는 취약한 구조다. 문교부(1948~1990), 교육부(1990~2001), 교육인적자

---

96. 운영지원과, 학교정책실, 대학정책실, 지방교육지원국, 평생직업교육국 및 교육안전정보국 들이 있다.
97. 산하기관 재직 공무원 264명까지 합하면 800명을 훌쩍 넘는다.

원부(2001~2008), 교육과학기술부(2008~2013), 교육부(2013~현재)로 이어진 부처명의 변천사, 현재의 과학기술과 문화체육, 공보 기능까지 담당하던 최초의 문교부 시스템이 그와 같은 부처명의 변천사에 따라 갈라지고 통합된 저간의 사정이 이로부터 비롯되었다.

적실한 해법은 하나다. 해체에 버금가는 교육부 혁파다. 우리나라는 교육부가 막강한 행정 권력과 예산 분배 권한으로 무장하고 교육 전반을 좌지우지하고 있다. 그러나 눈길을 밖으로 돌려 보면 교육부가 없는 나라가 의외로 많다. 이른바 교육 선도국이라고 할 수 있는 미국, 네덜란드, 독일 같은 서구 국가들은 교육부 장관이 있으나 우리나라와 같은 교육부가 없다.[98]

교육부가 사라진 뒤의 시스템 공백을 염려할 수 있다. 새로운 교육 시스템의 컨트롤타워 구실을 하는 중립적인 국가교육위원회나 국가교육청[99] 같은 조직체를 만들어 그것으로 혁파한 교육부를 대체하면 된다. 컨트롤타워라고 표현했지만 기존 통제와 관리 중심의 교육부가 아니라 행정과 예산 지원을 총괄하는 조직 정도로 보면 된다. 국가교육위원회나 국가교육청의 중립성과 자주성을 보장하기 위해 조직 구성의 법적 근거를 헌법에 명문화하는 방안을 고려해 볼 수 있다.

자율과 책임, 공유로 이루어지는 실질적인 교육 분권과 자치가 교육부 혁파의 이유와, 중립적이고 자주적인 국가교육위원회나 국가교육청의 구성 목표가 되어야 한다. 나아가 그것은 궁극적으로 학교 민주주의를 지향할 때 그 의미를 온전히 구현할 수 있다고 본다.

첫째, 국가교육과정과 교과서를 통한 교육 내용 및 교과 내용의 통제

---

98. 전성은(2014), 《왜 교육정책은 역사를 불행하게 하는가》, 메디치, 107쪽.
99. 전국 광역 단위로 있는 17개 시·도 교육청에 대응하는 중앙기관으로 보자.

시스템에서 벗어나 학교와 교사가 교육·교과과정편성권, 교과서편찬·선택권, 학생평가권을 행사하는 자율 시스템을 상상해 보자. 국가는 교사들이 그러한 자율 시스템 속에서 교육 활동을 전략적으로 펼쳐 학생들이 배움과 공부의 즐거움을 누릴 수 있도록 후방 지원을 하면 된다.

둘째, 교육부가 감사권과 평가권으로 강제하는 강한 책무성 구조 대신 학교와 교사가 자율적인 시스템 아래서 학생 교육을 온전히 책임지는 유연한 책무성 구조, 또는 강한 책임성의 문화가 자리 잡도록 하자. 학교와 교사의 자율 평가와 이에 대한 외부 전문기관(전문가)의 전문적인 피드백, 감사와 장학 위주의 행정 통제에서 벗어나 협의와 토론을 기반으로 이루어지는 교육 컨설팅이 이와 같은 책임성 문화를 뒷받침할 수 있다.

셋째, 지역 내 학교 간·교사 간 네트워크가 교육 협치協治, governance의 기초를 이루면서 교육 공유 시스템이 자연스럽게 뿌리내리게 하자. 그 지역 고유의 실정과 색깔을 반영하거나 살리는 교육 활동이 각 지역 단위별로 이루어짐으로써 중앙집권적인 획일주의 교육을 벗어나 지역의 사회문화적인 생태에 맞는 다양한 교육을 실현할 수 있을 것이다.

나오며

1

　'빨갱이', '종북', '전라도', '진보 좌빨', '김치녀', '문제아'. 지난 역사에서 주류로부터 배제되고 분리되어 부정적인 낙인찍기의 대상이 된 개인과 집단을 가리키는 말들이다. 소수자, 사회적 약자, 다른 목소리를 억압하면서 더 나은 민주주의를 압살하는 우리 사회 일각의 병폐를 방증한다. 두 갈래 학교교육의 길이 있다. 이들을 계속 만들어 내는 사회를 위한 교육과 그런 사회를 극복할 줄 아는 시민을 길러 내는 교육이다. 학교와 교사는 어떤 길을 가야 하는가. 독일의 민주시민교육에서 시사점을 얻어 보자.[100]

　독일에서 이루어지는 민주시민교육은 유럽에서도 손꼽히는 사례다. 학교 안팎을 불문한다. 학교 안에서 이루어지는 정치교육은 〈독일기본법〉 제1조 인간의 존엄성과 개인적 자유, 제20조 자유민주주의 질서의 기본 원칙과 구체적 실현에 바탕을 둔다. 이와 관련된 문제들을 학습하면서 정치 참여 능력을 기르는 것이 독일 민주시민교육의 목표다.

---

100. 독일 민주시민교육에 관한 내용은 노닐다짱구패에서 쓴 《우리는 민주공화국에 산다》(노닐다, 2016)를 참고했다.

학교 밖 민주시민교육은 평생학습 개념을 갖는다. 미취학 아동, 학교 밖 청소년, 성인 들을 대상으로 한다. 연방정치교육원과 지방정치교육원이 학교 밖 민주시민교육 지원 업무를 맡는다. 실제 교육 활동은 정당, 시민대학, 정치재단, 교회, 노동조합, 직업단체, 경제단체, 청소년·복지단체 등 민간단체들이 수행한다.

독일 민주시민교육의 '선진성'을 대표하는 것이 널리 알려진 '보이텔스바흐 협약'이다. 보이텔스바흐 협약은 정치교육과 민주시민교육의 방침과 기조에 대한 사회적 통합의 결과물로 알려져 있다.

크게 세 가지 내용을 핵심으로 한다. 첫째, 정치교육에서 교화와 주입 방식의 교육을 금지한다.(교화와 주입 금지 원칙) 둘째, 가르치는 사람의 의견을 학생들이 받아들이도록 강요해서는 안 된다.(학생 관점과 이해관계 중심 원칙) 셋째, 정치적 논쟁과 학문적 논쟁을 지속한다.(논쟁성 원칙) 정치사회적으로 논쟁 중인 사안을 교육의 장 안에서 활발하게 토론할 수 있도록 하는 것이 관건이다. 서로 다른 입장들이 드러나지 못하면 선택 가능성이 낮고, 대안들이 제시되지 않을 경우 교화나 주입 가능성이 높아지기 때문이다.

보이텔스바흐 협약이 정치교육이나 민주시민교육의 결정판은 아니다.[101] 보이텔스바흐 협약은 일종의 '정치적 중립'을 기반으로 한 정치교육이다. 교사에 의한 교화나 주입식 교육을 금지하고, 정치사회적인 현안에 대해 논쟁적인 토론을 지향하는 것 등이 방증한다. 문제가 파생되는 지점이 여기다. 정치적 중립을 기반으로 정치교육이 가능한가. 협약을 넘어서고 금

---

101. 이택광 경희대학교 교수가 《오늘의 교육》(제32호, 2016년 5·6월호, 교육공동체 벗)에 실은 〈교육의 정치적 중립성과 보이텔스바흐 협약을 다시 묻다〉(아래 〈묻다〉)에 그 내용이 보인다. 여기서는 이 글의 논지를 종합적으로 참고해 서술했다.

기를 이야기하는 토론이 필요하다는 식의 비판이 가능하지 않은가.

보이텔스바흐 협약은 《열린사회와 그 적들》로 유명한 철학자 칼 포퍼가 정초했다고 한다. 칼 포퍼는 제2차 세계대전 이후 다보스포럼의 제1회 주선자 중 하나였다. 익히 알고 있다시피 다보스포럼은 오늘날 전 지구적 문제의 근원적인 '망령'처럼 비판받는 신자유주의의 출발점에 자리 잡고 있다.

제2차 세계대전 종전 후 자유주의에 위기가 찾아왔다. 경제적인 부르주아 계급들도 어려움에 봉착했다. 복지국가가 국가 비전이 되었다. 이런 사회적 조건 속에서 이른바 우파 성향의 학부모들이 좌파 교사들을 공격하는 등의 정치적 이념 대립 사태가 펼쳐졌다. 그 중재 과정에서 나온 것이 보이텔스바흐 협약이었다.

어떤 정치적 사안들이 교육 현장에서 논의될 수 있을까. 2016년 4월 전교조에서 4·16 세월호 참사와 관련된 교과서를 만들어 계기수업을 한다고 하자 교육부가 크게 문제 삼은 적이 있었다. 정부 당국은 세월호와 관련된 이야기를 교실에서 나누는 것을 '정치적으로 민감한' 사안으로 보았다. 원천적으로 수업을 봉쇄하려 하자 격렬한 논란이 일었다. 어떤 문제는 정치교육의 주제가 될 수 있지만 다른 문제는 그렇지 못하다는 것이 논란의 핵심이었다.

사안에 따라서 이야기해야 하는 게 다른 것이지, 규범을 정해 놓고 이런 이야길 하는 건 잘못됐다고 하는 건 토론 자체를 억압하는 것이다. 보이텔스바흐 협약이나 교육 현장에서의 정치에 대한 중립적 토론이나 이런 것들을, 원칙으로 갖고 있어야 하지만, 이렇게 해야만 중립이고 정치교육이고 정치적 토론이라고 이야기하는 건 하나의 프레임이다. 이

프레임을 돌아봐야 하고, 냉전의 산물인 보이텔스바흐 협약을 넘어서는 다른 교육 철학이 나와야 한다.

_이택광(2015), 〈교육의 정치적 중립성과 보이텔스바흐 협약을 다시 묻다〉, 《오늘의 교육》 제32호(2016년 5·6월호), 교육공동체 벗, 103쪽.

2013년 말경 고려대학교 학생이 쓴 대자보를 계기로 '안녕들 하십니까' 열풍이 불었다. 그해 나는 고등학교 3학년 담임을 맡았다. 대학입시 정시 전형 일정이 시작될 즈음이었다. 몇몇 학생들이 학교에 대자보를 써 붙이 겠다며 찾아왔다. 대자보를 실명으로 써 붙일지 익명으로 할지를 놓고 조언을 구하였다.

학생들이 쓴 글을 읽어보았다. 특별히 '민감해'(?!) 보이는 내용이 없었다. 애초 계획대로 해도 될 것 같다고 말해 주었다. 말하자면 나는 제3자로서 '사전 검열'을 통해 글이 '정치적으로' 문제가 없는지 임의로 판단한 것이다. 대자보 내용이 아니라 대자보를 붙이려는 '행위' 자체를 금지한 당시 학교 측과 어떤 차이가 있을까.

문제의 핵심은 교실에서 정치적 토론이나 대화가 가능한 것과 불가능한 것을 누가 어떻게 구별할 것인가다. 이택광은 "논의될 수 있는 것과 논의될 수 없는 것, 논의될 수 있는 것을 통해서 논의될 수 없는 것을 이야기할 수 있게 되는" 토론을 주장했다. 우리에게는 '금기'가 많은데, 그러한 금기에 대해 이야기할 수 있어야 하고, 그래야 금기를 넘어갈 수 있는 충돌도 생긴다는 이유에서였다.

단언하건대 정치적으로 중립적인 사안은 없다. 어떤 문제가 정치적으로 중립적이라(고 주장하)는 관점 자체가 정치적이다. 정치교육과 민주시민교육을 맹목적인 '정치적 중립' 프레임을 기반으로 운영해서는 안 되는 이유다. 거듭 말하건대 우리가 일반적으로 말하는 (교육의) 정치적 중립성은 '허구'다.

민주시민교육을 하는 교사가 할 일은 뚜렷하다. 민주주의의 발전을 기준으로 정립된 확고한 역사관이 필요하다. 교과 지식의 생산과 유통과 소비의 정치사회적 맥락을 냉철하게 이해해야 한다. 사고와 관점의 다양성을 견지하면서 소수의견과 대안과 모호함에 대해 개방적이고 유연한 자세를 갖추면 더 좋다. 경쟁보다 협력을 중시하는 태도, 문제 발생 시 허술한 제도와 시스템과 교묘한 헤게모니의 책임을 감추게 하는 개인 환원주의를 경계하려는 노력이 필요하다.

2

학교는 늘 정치를 논하고 정치적 가치를 다룬다. 교사가 무엇을 어떻게 가르치는가에 따라 학생들은 민주시민이 되거나 정치사회적 '무뇌아'가 된다. 우리가 살아가는 학교의 모습, 교사들 각자가 펼치는 교육 활동의 표면과 이면을 냉정하게 짚어 보아야 하는 이유다. 1967년 미국 캘리포니아 주 팰러앨토의 쿠벌리Cubberly 고등학교에서 세계사를 가르치던 론 존스 교사가 실시한 어떤 '위험한 실험'[102]을 통해 이 문제를 생각해 보자.

존스 교사의 실험은 우연히 시작되었다. 어느 날 교실에서 홀로코스트(유대인 대학살) 영상 시청 수업을 했다. 영상 시청이 끝나자 몇몇 학생이 질문을 던졌다.

---

102. 필립 짐바르도(2007), 《루시퍼 이펙트》, 웅진지식하우스, 434~436쪽 참조.

"선생님, 나치는 10퍼센트에 불과했는데 왜 나머지 90퍼센트의 독일 시민들이 홀로코스트를 막지 않았나요?"

밀턴 마이어는 《그들은 자신들이 자유롭다고 생각했다》에서 제2차 세계대전 당시 나치에 미쳐 날뛴 '진정한 광신도'가 당시 독일 인구 7000만 명 중 100만 명을 넘지 않았다고 주장했다. 이들이 저지른 추악한 광기의 배후에 평범한 6900만 명의 암묵적인 동의와 참여가 있었다고 보았다. 학생들은 평범한 독일인들이 비인간적인 유대인 학살에 대해 몰랐다고 말하는 이유가 궁금했다. 당시 독일 사회에서 인종차별적이고 사악한 나치즘이 커다란 인기를 얻을 수 있었던 까닭이 무엇이었는지, 왜 대다수 독일인이 평소 이웃해 살던 유대인들이 받은 가혹한 고통에 무심했는지 알고 싶어 했다.

존스 교사는 학생들에게 이들 질문에 대한 답을 경험적 학습 방법을 통해 알려 주고 싶었다. 그다음 주부터 독일인이 겪은 경험의 일부를 모의 실험할 것이라고 예고했다.

수업 시작 당일이 되었다. 존스 교사는 먼저 교실에서 무조건 복종해야 할 엄격한 규칙 몇 가지를 정했다.

가. 모든 대답은 세 단어 또는 그 이하로 제한한다.
나. 대답을 하기 전에 학생들이 책상 옆에 똑바로 서서 '선생님'이라고
    먼저 경칭을 붙인다.

교실 분위기가 서서히 바뀌었다. 말을 잘하고 지적인 학생들이 두각을 잃어 갔다. 말수가 적고 육체적으로 강한 학생들이 교실을 주도해 갔다.

교실에서 하는 활동에 '제3의 물결'이라는 이름을 붙였다. 파도 모양의

공동체 상징 문안을 만든 뒤, 전체가 하나의 파도가 되어 새로운 운동을 일으킨다는 의미를 부여했다. 손을 구부려 경례하기, 명령에 따라 모두 일제히 외치는 표어를 도입했다. '규율을 통한 힘', '공동체를 통한 힘', '행동을 통한 힘', '긍지를 통한 힘' 들이었다.

공동체의 회원증을 만들어 집단의식을 강화했다. 회원증 뒷면에 빨간 십자 표시 회원증을 받은 몇몇에게 '갈매기 군단'이라는 이름과 함께 공동체의 질서를 유지시키는 특명을 주었다. 회원들끼리 내부자임을 식별할 수 있는 은밀한 악수 방법을 사용했다. 위계주의와 집단주의가 학교에 퍼져 나갔다.

제3의 물결 회원들은 비판자들을 반역죄로 고발했다. '힘'을 강조한 표어를 행동으로 옮기기 시작했다. 학교 주변에 걸 깃발을 만들고, 신입회원을 가입시키고, 다른 학생들에게 앉는 자세를 가르쳤다. 엄격한 규칙에 따라 회원과 비회원을 철저하게 차별했다. 존스 교사는 이렇게 말했다.

"이 실험은 제가 허용하는 이상으로 전개되지 않을 겁니다. 한 사람의 지도자를 통해 어떻게 집단이 좌지우지될 수 있는지 겪어 보는 실험이니까요."

그의 말은 틀리지 않았다. 제3의 물결 추종자들이 급격하게 늘어났다. 20명으로 시작한 단체가 곧 100명의 열성적인 회원으로 채워졌다. 회원이 200명으로 느는 데 3일밖에 걸리지 않았다. 일부 지도적인 학생들이 회원들에게 임무를 할당하는 권력을 장악하여 이를 교묘하게 활용했다. 특별 회원카드를 발급했고, 일부 똑똑한 학생들을 교실에서 쫓아냈다. 권위적인 내부자 집단은 소외된 동급생을 괴롭혔다.

실험 5일째 존스는 회원들에게 그들이 정치적 변화를 위해 기꺼이 투쟁할 용의가 있는 학생들을 찾아내기 위한 전국적인 운동의 일부라는

'거짓 비밀'을 고지했다. 그들을 "이 운동을 돕고자 선발된 정예 집단의 청년들"로 치켜세웠다. 그다음 날 제3의 물결 지도자가 텔레비전에 나와 '제3의 물결 청년단' 결성을 발표할 예정이라고 알렸다.

다음 날 200명이 넘는 학생들이 쿠벌리 고등학교 강당을 가득 채웠다. 제3의 물결 회원들은 하얀 셔츠를 유니폼처럼 입고 손수 만든 완장을 찼다. 강당 주변에 깃발을 걸어 집회 분위기를 돋우었다. 체격이 좋은 근육질 학생들이 문 앞에서 보초를 서는 사이 존스 교사 친구들이 기자와 카메라맨으로 가장해 강당을 취재하며 돌아다녔다.

마침내 텔레비전이 켜지자 제3의 물결 회원들은 "규율을 통한 힘"이라는 구호를 크게 외쳤다. 그러나 텔레비전 화면에는 제3의 물결 지도자 대신 유명한 뉘른베르크 집회(나치의 전당대회)를 찍은 필름이 돌아가고 있었다. 마지막 장면에 다음과 같은 자막 문구가 새겨져 있었다.

"모두가 책임을 져야 한다. 자신은 전혀 가담하지 않았다고 주장할 수 있는 사람은 아무도 없다."

그로써 모의실험이 모두 끝났다. 존스 교사는 강당에 모인 학생들에게 자신의 처음 의도와 너무 다르게 흘러간 그 실험을 실시한 이유를 설명했다. 그는 학생들에게 새로운 표어는 "이해를 통한 힘"이 되어야 한다고 말하면서 다음과 같이 결론을 내렸다.

"여러분은 조종받았습니다. 여러분은 스스로의 욕망에 떠밀려서 지금 이 상황까지 오게 된 것입니다."

몇 년 뒤 존스 교사는 그 실험에 대해 쓴 글에서 이렇게 말했다.

"쿠벌리 고등학교에서 내가 가르친 4년 동안 아무도 제3의 물결 집회에 참가한 것을 인정하지 않았다. 우리 모두가 그것을 잊고 싶어 했다."

그것은 제2차 세계대전 당시 홀로코스트를 외면하고 모른 체했던 대다수 독일인이 보여 준 바로 그 모습이었다.

우리는 어떤 학교에서 어떤 교사로 살아가고 있는가.

도움 받은 책과 글들

- 공현·전누리(2016), 《우리는 현재다: 청소년이 만들어온 한국 현대사》, 빨간소금.
- 김경근·심재휘(2016), 〈중·고등학생의 능력주의 태도 영향요인에 대한 구조방정식 모형 분석〉, 《교육사회학연구》 제26권 제2호, 한국교육사회학회.
- 김미영(2009), 〈능력주의에 대한 공동체주의의 해체: 능력·공과·필요의 복합평등론〉, 《경제와 사회》 제84호, 비판사회학회.
- 김성윤(2014), 《18 세상》, 북인더갭.
- 노닐다쨍구패(2015), 《우리는 민주공화국에 산다》, 노닐다.
- 문유석(2015), 《개인주의자 선언》, 문학동네.
- 박준형(2008), 《한국 교육정책 형성 과정에서의 국가 주도성에 대한 비판적 고찰》, 한국학술정보.
- 배경내(2011), 〈'청소년 미성숙론'은 학생과 교사 인권의 무덤: 교사·공무원이 더 많은 정치적 권리를 획득해야 하는 이유〉, 참여연대.
- 서용선 외(2013), 《혁신교육 미래를 말하다》, 맘에드림.
- 서울대학교 교육연구소(1997), 《한국교육사》, 교육과학사.
- 손준종(2004), 〈교육논리로서 '능력주의' 제고〉, 《한국교육학연구》 제10-2호, 안암교육학회.
- 안승문(2010), 《핀란드 교육혁명》, 살림터.
- 오천석(2014), 《한국신교육사》, 교육과학사.
- 유창오(2016), 《정치의 귀환: 야당, 갈등을 지배하라!》, 폴리테이아.
- 이원석(2013), 《거대한 사기극》, 북바이북.
- 이종재 외(2015), 〈교육정책 설계의 역사적 맥락〉, 《교육정책론》, 학지사.
- 이태광(2016), 〈교육의 정치적 중립성과 보이텔스바흐 협약을 다시 묻다〉, 《오늘의 교육》 제32호(2016년 5·6월호), 교육공동체 벗.
- 이형빈(2015), 《교육과정-수업-평가, 어떻게 혁신할 것인가》, 맘에드림.
- 장은주 외(2014), 〈왜 그리고 어떤 민주시민교육인가〉, 경기도교육연구원.
- 장은주 외(2015), 〈학교 민주주의 지수 개발 연구(II)〉, 경기도교육연구원.
- 전성은(2011), 《왜 학교는 불행한가》, 메디치.
- 전성은(2014), 《왜 교육정책은 역사를 불행하게 하는가》, 메디치.
- 정용주(2016), 〈나이주의와 교육〉, 《오늘의 교육》 제34호(2016년 9·10월호), 교육공동체 벗.
- 정창규·강대일(2016), 《평가란 무엇인가》, 에듀니티.
- 한국교육연구네트워크(2013), 《교장제도 혁명: 학교 혁신의 지름길》, 살림터.

- 한국교육연구네트워크(2010),《핀란드 교육혁명》, 살림터.
- 한상희(2011),〈교사, 공무원의 정치적 기본권에 대한 헌법적 검토〉(국회 공청회 자료), 참여 연대.
- 황원철 외 편저(2004),《공교육: 이념·제도·개혁》, 원미사.
- 고쿠분 고이치로 씀, 김윤숙 옮김(2016),《오래된 민주주의: 왜 민주주의는 여전히 미완성일 까?》, 오래된생각.
- 국제교원노조연맹 씀, 김석규 옮김(2015),《교사의 전문성, 어떻게 만들어지나》, 살림터.
- 넬 나딩스 씀, 심성보 옮김(2016),《21세기 교육과 민주주의》, 살림터.
- 데이비드 그레이버 씀, 김영배 옮김(2016),《관료제 유토피아》, 메디치.
- 로버트 달 씀, 김순영 옮김(2010),《정치적 평등에 관하여》, 후마니타스.
- 로버트 퍼트넘 씀, 안청시 외 옮김(2000),《사회적 자본과 민주주의》, 박영사.
- 로랑 베그 씀, 이세진 옮김(2013),《도덕적 인간은 왜 나쁜 사회를 만드는가》, 부키.
- 로저 오스본 씀, 최완규 옮김(2012),《처음 만나는 민주주의 역사》, 시공사.
- 마사 누스바움 씀, 우석영 옮김(2016),《학교는 시장이 아니다》, 궁리.
- 마이클 애플 씀, 강희룡 외 옮김(2015),《교육은 사회를 바꿀 수 있을까》, 살림터.
- 마이클 애플·제임스 빈 엮음, 강희룡 옮김(2015),《마이클 애플의 민주학교: 혁신 교육의 방 향을 묻는다》, 살림터.
- 마크 올슨·존 코드·앤 마리 씀, 김용 옮김(2015),《신자유주의 교육정책, 계보와 그 너머: 세 계화·시민성·민주주의》, 학이시습.
- 말콤 글래드웰 씀, 노정태 옮김(2009),《아웃라이어》, 김영사.
- 밀턴 마이어 씀, 박중서 옮김(2014),《그들은 자신들이 자유롭다고 생각했다: 나치 시대 독일 인의 삶, 선한 사람들의 침묵이 만든 오욕의 역사》, 갈라파고스.
- 바르바라 무라카 씀, 이명아 옮김(2016),《굿 라이프: 성장의 한계를 넘어선 사회》, 문예출 판사.
- 셸던 월린 씀, 우석영 옮김(2013),《이것을 민주주의라고 말할 수 있을까》, 후마니타스.
- 알피 콘 씀, 이영노 옮김(2009),《경쟁에 반대한다》, 산눈.
- 에르끼 아호·강수돌·심상정·안승문 씀, 김선희 옮김(2010),《핀란드 교육개혁 보고서》, 한 울림.
- 역사교육자협의회 엮음, 김한종 외 옮김(2014),《학교사로 읽는 일본근현대사》, 책과함께.
- 오즐렘 센소이·로빈 디앤젤로 씀, 홍한별 옮김(2016),《정말로 누구나 평등할까》, 착한책가게.
- 윌리엄 에어스 씀, 홍한별 옮김(2012),《가르친다는 것》, 양철북.
- 자크 랑시에르 씀, 허경 옮김(2011),《민주주의는 왜 증오의 대상인가》, 인간사랑.
- 조너선 코졸 씀, 김명신 옮김(2011),《교사로 산다는 것: 학교교육의 진실과 불복종 교육》, 양 철북.
- 존 던 씀, 황미영 옮김(2015),《민주주의의 마법에서 깨어나라》, 레디셋고.

- 존 듀이 씀, 이홍우 옮김(2008), 《민주주의와 교육》, 동서문화사.
- 존 테일러 개토 씀, 이수영 옮김(2015), 《학교의 배신》, 민들레.
- 쿠르트 레빈 씀, 정명진 옮김(2016), 《사회적 갈등 해결하기》, 부글.
- 클로드 스틸 씀, 정여진 옮김(2014), 《고정관념은 세상을 어떻게 위협하는가》, 바이북스.
- 토머스 실리 씀, 하임수 옮김(2012), 《꿀벌의 민주주의》, 에코리브르.
- 팀 베이커 씀, 구세희 옮김(2016), 《평가제도를 버려라》, 책담.
- 파스칼 샤보 씀, 허보미 옮김(2016), 《너무 성실해서 아픈 당신을 위한 처방전: 굿바이 번아 웃》, 함께읽는책.
- 파울로 프레이리 씀, 교육문화연구회 옮김(2003), 《프레이리의 교사론》, 아침이슬.
- 프랜시스 후쿠야마 씀, 함규진 옮김(2012), 《정치질서의 기원》, 웅진지식하우스.
- 필립 짐바르도 씀, 이충호·임지원 옮김(2007), 《루시퍼 이펙트: 무엇이 선량한 사람을 악하 게 만드는가》, 웅진지식하우스.
- 하인츠 부데 씀, 이미옥 옮김(2015), 《불안의 사회학: 무엇이 우리를 불안하게 하는가》, 동녘.
- 호세 안토니오 마리나 씀, 유아가다 옮김(2016), 《두려움과 용기의 학습》, 책세상.

삶의 행복을 꿈꾸는 교육은 어디에서 오는가?

미래 100년을 향한 새로운 교육

혁신교육을 실천하는 교사들의 필독서

▶ **교육혁명을 앞당기는 배움책 이야기**
혁신교육의 철학과 잉걸진 미래를 만나다!

한국교육연구네트워크 총서

 01 핀란드 교육혁명
한국교육연구네트워크 엮음 | 320쪽 | 값 15,000원

 02 일제고사를 넘어서
한국교육연구네트워크 엮음 | 284쪽 | 값 13,000원

 03 새로운 사회를 여는 교육혁명
한국교육연구네트워크 엮음 | 380쪽 | 값 17,000원

 04 교장제도 혁명
한국교육연구네트워크 엮음 | 268쪽 | 값 14,000원

 05 새로운 사회를 여는 교육자치 혁명
한국교육연구네트워크 엮음 | 312쪽 | 값 15,000원

 06 혁신학교에 대한 교육학적 성찰
한국교육연구네트워크 엮음 | 308쪽 | 값 15,000원

 07 진보주의 교육의 세계적 동향
한국교육연구네트워크 엮음 | 324쪽 | 값 17,000원

한국교육연구네트워크 번역 총서

 01 프레이리와 교육
존 엘리아스 지음 | 한국교육연구네트워크 옮김
276쪽 | 값 14,000원

 02 교육은 사회를 바꿀 수 있을까?
마이클 애플 지음 | 강희룡·김선우·박원순·이형빈 옮김
352쪽 | 값 16,000원

 03 비판적 페다고지는
세상을 변화시킬 수 있는가?
Seewha Cho 지음 | 심성보·조시화 옮김 | 280쪽 | 값 14,000원

 04 마이클 애플의 민주학교
마이클 애플·제임스 빈 엮음 | 강희룡 옮김 | 276쪽 | 값 14,000원

 05 21세기 교육과 민주주의
넬 나딩스 지음 | 심성보 옮김 | 392쪽 | 값 18,000원

 06 세계교육개혁:
민영화 우선인가 공적 투자 강화인가?
린다 달링-해먼드 외 지음 | 심성보 외 옮김 | 408쪽 | 값 21,000원

 혁신학교
성열관·이순철 지음 | 224쪽 | 값 12,000원

 행복한 혁신학교 만들기
초등교육과정연구모임 지음 | 264쪽 | 값 13,000원

 서울형 혁신학교 이야기
이부영 지음 | 320쪽 | 값 15,000원

 혁신교육, 철학을 만나다
브렌트 데이비스·데니스 수마라 지음
현인철·서용선 옮김 | 304쪽 | 값 15,000원

 혁신교육 존 듀이에게 묻다
서용선 지음 | 292쪽 | 값 14,000원

 다시 읽는 조선 교육사
이만규 지음 | 750쪽 | 값 33,000원

 대한민국 교육혁명
교육혁명공동행동 연구위원회 지음 | 224쪽 | 값 12,000원

 대한민국 교사, 어떻게 가르칠 것인가?
윤성관 지음 | 320쪽 | 값 15,000원

 아이들을 어떻게 가르칠 것인가
사토 마나부 지음 | 박찬영 옮김 | 232쪽 | 값 13,000원

 아이들의 배움은 어떻게 깊어지는가
이시이 준지 지음 | 방지현·이창희 옮김 | 200쪽 | 값 11,000원

 모두를 위한 국제이해교육
한국국제이해교육학회 지음 | 364쪽 | 값 16,000원

 경쟁을 넘어 발달 교육으로
현광일 지음 | 288쪽 | 값 14,000원

 독일 교육, 왜 강한가?
박성희 지음 | 324쪽 | 값 15,000원

 핀란드 교육의 기적
한넬레 니에미 외 엮음 | 장수명 외 옮김 | 452쪽 | 값 23,000원

▶ 비고츠키 선집 시리즈
발달과 협력의 교육학 어떻게 읽을 것인가?

 생각과 말
레프 세묘노비치 비고츠키 지음
배희철·김용호·D. 켈로그 옮김 | 690쪽 | 값 33,000원

 성장과 분화
L.S. 비고츠키 지음 | 비고츠키 연구회 옮김
308쪽 | 값 15,000원

 도구와 기호
비고츠키·루리야 지음 | 비고츠키 연구회 옮김
336쪽 | 값 16,000원

 의식과 숙달
L.S. 비고츠키 지음 | 비고츠키 연구회 옮김
348쪽 | 값 17,000원

 어린이 자기행동숙달의 역사와 발달 I
L.S. 비고츠키 지음 | 비고츠키 연구회 옮김
564쪽 | 값 28,000원

 관계의 교육학, 비고츠키
진보교육연구소 비고츠키교육학실천연구모임 지음
300쪽 | 값 15,000원

 어린이 자기행동숙달의 역사와 발달 II
L.S. 비고츠키 지음 | 비고츠키 연구회 옮김
552쪽 | 값 28,000원

 비고츠키 생각과 말 쉽게 읽기
진보교육연구소 비고츠키교육학실천연구모임 지음
316쪽 | 값 15,000원

 어린이의 상상과 창조
L.S. 비고츠키 지음 | 비고츠키 연구회 옮김
280쪽 | 값 15,000원

 비고츠키와 인지 발달의 비밀
A.R. 루리야 지음 | 배희철 옮김 | 280쪽 | 값 15,000원

 연령과 위기
L.S. 비고츠키 지음 | 비고츠키 연구회 옮김
336쪽 | 값 17,000원

 수업과 수업 사이
비고츠키 연구회 지음 | 196쪽 | 값 12,000원

▶ 창의적인 협력수업을 지향하는 삶이 있는 국어 교실
우리말 글을 배우며 세상을 배운다

 중학교 국어 수업 어떻게 할 것인가?
김미경 지음 | 340쪽 | 값 15,000원

 이야기 꽃 1
박용성 엮어 지음 | 276쪽 | 값 9,800원

 토론의 숲에서 나를 만나다
명혜정 엮음 | 312쪽 | 값 15,000원

 이야기 꽃 2
박용성 엮어 지음 | 294쪽 | 값 13,000원

 토닥토닥 토론해요
명혜정·이명선·조선미 엮음 | 288쪽 | 값 15,000원

 인문학의 숲을 거니는 토론 수업
순천국어교사모임 엮음 | 308쪽 | 값 15,000원

 어린이와 시
오인태 지음 | 192쪽 | 값 12,000원

 수업, 슬로리딩과 함께
박경숙·강슬기·김정욱·장소현·강민정·전혜림·이혜민 지음
268쪽 | 값 15,000원

▶ 평화샘 프로젝트 매뉴얼 시리즈
학교 폭력에 대한 근본적인 예방과 대책을 찾는다

 학교 폭력 어떻게 만들어지는가
문재현 외 지음 | 300쪽 | 값 14,000원

 아이들을 살리는 동네
문재현·신동명·김수동 지음 | 204쪽 | 값 10,000원

 학교 폭력, 멈춰!
문재현 외 지음 | 348쪽 | 값 15,000원

 평화! 행복한 학교의 시작
문재현 외 지음 | 252쪽 | 값 12,000원

 왕따, 이렇게 해결할 수 있다
문재현 외 지음 | 236쪽 | 값 12,000원

마을에 배움의 길이 있다
문재현 지음 | 208쪽 | 값 10,000원

 젊은 부모를 위한 백만 년의 육아 슬기
문재현 지음 | 248쪽 | 값 13,000원

 별자리, 인류의 이야기 주머니
문재현·문한뫼 지음 | 444쪽 | 값 20,000원

▶ 4·16, 질문이 있는 교실 마주이야기
통합수업으로 혁신교육과정을 재구성하다!

통하는 공부
김태호·김형우·이경석·심우근·허진만 지음
324쪽 | 값 15,000원

내일 수업 어떻게 하지?
아이함께 지음 | 300쪽 | 값 15,000원
2015 세종도서 교양부문

인간 회복의 교육
성래운 지음 | 260쪽 | 값 13,000원

교과서 너머 교육과정 마주하기
이윤미 외 지음 | 368쪽 | 값 17,000원

수업 고수들 수업·교육과정·평가를 말하다
박현숙 외 지음 | 368쪽 | 값 17,000원

도덕 수업, 책으로 묻고 윤리로 답하다
울산도덕교사모임 지음 | 320쪽 | 값 15,000원

체육 교사, 수업을 말하다
전용진 지음 | 304쪽 | 값 15,000원

교실을 위한 프레이리
아이러 쇼어 엮음 | 사람대사람 옮김 | 412쪽 | 값 18,000원

마을교육공동체란 무엇인가?
서용선 외 지음 | 360쪽 | 값 17,000원

학교생활기록부를 디자인하라
박용성 지음 | 268쪽 | 값 14,000원

교사, 학교를 바꾸다
정진화 지음 | 372쪽 | 값 17,000원

함께 배움
학생 주도 배움 중심 수업 이렇게 한다
니시카와 준 지음 | 백경석 옮김 | 280쪽 | 값 15,000원

공교육은 왜?
홍섭근 지음 | 352쪽 | 값 16,000원

자기혁신과 공동의 성장을 위한
교사들의 필리버스터
윤양수·원종희·장군·조경삼 지음 | 280쪽 | 값 14,000원

함께 배움 이렇게 시작한다
니시카와 준 지음 | 백경석 옮김 | 196쪽 | 값 12,000원

함께 배움 교사의 말하기
니시카와 준 지음 | 백경석 옮김 | 188쪽 | 값 12,000원

미래교육의 열쇠, 창의적 문화교육
심광현·노명우·강정석 지음 | 368쪽 | 값 16,000원

주제통합수업, 아이들을 수업의 주인공으로!
이윤미 외 지음 | 392쪽 | 값 17,000원

수업과 교육의 지평을 확장하는 수업 비평
윤양수 지음 | 316쪽 | 값 15,000원
2014 문화체육관광부 우수교양도서

교사, 선생이 되다
김태은 외 지음 | 260쪽 | 값 13,000원

교사의 전문성, 어떻게 만들어지나
국제교원노조연맹 보고서 | 김석규 옮김 392쪽 | 값 17,000원

수업의 정치
윤양수·원종희·장군 지음 | 280쪽 | 값 14,000원

학교협동조합,
현장체험학습과 마을교육공동체를 잇다
주수원 외 지음 | 296쪽 | 값 15,000원

거꾸로교실,
잠자는 아이들을 깨우는 수업의 비밀
이민경 지음 | 280쪽 | 값 14,000원

교사는 무엇으로 사는가
정은균 지음 | 292쪽 | 값 15,000원

마음의 힘을 기르는 감성수업
조선미 외 지음 | 300쪽 | 값 15,000원

작은 학교 아이들
지경준 엮음 | 376쪽 | 값 17,000원

감성 지휘자, 우리 선생님
박종국 지음 | 308쪽 | 값 15,000원

대한민국 입시혁명
참교육연구소 입시연구팀 지음 | 220쪽 | 값 12,000원

교사를 세우는 교육과정
박승열 지음 | 312쪽 | 값 15,000원

전국 17명 교육감들과 나눈
교육 대담
최창의 대담·기록 | 272쪽 | 값 15,000원

들뢰즈와 가타리를 통해
유아교육 읽기
리세롯 마리엣 올슨 지음 | 이연선 외 옮김 | 328쪽 | 값 17,000원

교육과정 통합, 어떻게 할 것인가?
성열관 외 지음 | 192쪽 | 값 13,000원

 학교 민주주의의 불한당들
정은균 지음 | 276쪽 | 값 14,000원

 동양사상에게 인공지능 시대를 묻다
홍승표 외 지음 | 260쪽 | 값 15,000원

 교육과정, 수업, 평가의 일체화
리사 카터 지음 | 박승열 외 옮김 | 196쪽 | 값 13,000원

 학교 혁신의 길, 아이들에게 묻다
남궁상운 외 지음 | 268쪽 | 값 15,000원

 학교를 개선하는 교장
지속가능한 학교 혁신을 위한 실천 전략
마이클 풀란 지음 | 서동연·정효준 옮김 | 216쪽 | 값 13,000원

 프레이리의 사상과 실천
사람대사람 지음 | 352쪽 | 값 18,000원

 공자뎐, 논어는 이것이다
유문상 지음 | 392쪽 | 값 18,000원

 혁신학교, 한국 교육의 미래를 열다
송순재 외 지음 | 608쪽 | 값 30,000원

 교사와 부모를 위한
발달교육이란 무엇인가?
현광일 지음 | 380쪽 | 값 18,000원

 페다고지를 위하여
프레네의 『페다고지 불변요소』 읽기
박찬영 지음 | 296쪽 | 값 15,000원

 교사, 이오덕에게 길을 묻다
이무완 지음 | 328쪽 | 값 15,000원

 노자와 탈현대 문명
홍승표 지음 | 284쪽 | 값 15,000원

 낙오자 없는 스웨덴 교육
레이프 스트란드베리 지음 | 변광수 옮김 | 208쪽 | 값 13,000원

 선생님, 민주시민교육이 뭐예요?
염경미 지음 | 244쪽 | 값 15,000원

 끝나지 않은 마지막 수업
장석웅 지음 | 328쪽 | 값 20,000원

▶ 교과서 밖에서 만나는 역사 교실
상식이 통하는 살아 있는 역사를 만나다

 전봉준과 동학농민혁명
조광환 지음 | 336쪽 | 값 15,000원

 교과서 밖에서 배우는 역사 공부
정은교 지음 | 292쪽 | 값 14,000원

 남도의 기억을 걷다
노성태 지음 | 344쪽 | 값 14,000원

 팔만대장경도 모르면 빨래판이다
전병철 지음 | 360쪽 | 값 16,000원

 응답하라 한국사 1·2
김은석 지음 | 356쪽·368쪽 | 각권 값 15,000원

 빨래판도 잘 보면 팔만대장경이다
전병철 지음 | 360쪽 | 값 16,000원

 즐거운 국사수업 32강
김남선 지음 | 280쪽 | 값 11,000원

 영화는 역사다
강성률 지음 | 288쪽 | 값 13,000원

 즐거운 세계사 수업
김은석 지음 | 328쪽 | 값 13,000원

 친일 영화의 해부학
강성률 지음 | 264쪽 | 값 15,000원

 강화도의 기억을 걷다
최보길 지음 | 276쪽 | 값 14,000원

 한국 고대사의 비밀
김은석 지음 | 304쪽 | 값 13,000원

 광주의 기억을 걷다
노성태 지음 | 348쪽 | 값 15,000원

 조선족 근현대 교육사
정미량 지음 | 320쪽 | 값 15,000원

선생님도 궁금해하는
한국사의 비밀 20가지
김은석 지음 | 312쪽 | 값 15,000원

 걸림돌
키르스텐 세룹-빌펠트 지음 | 문봉애 옮김
248쪽 | 값 13,000원

 역사수업을 부탁해
열 사람의 한 걸음 지음 | 388쪽 | 값 18,000원

 진실과 거짓, 인물 한국사
하성환 지음 | 400쪽 | 값 18,000원

 다시 읽는 조선근대교육의 사상과 운동
윤건차 지음 | 이명실·심성보 옮김 | 516쪽 | 값 25,000원

 음악과 함께 떠나는 세계의 혁명 이야기
조광환 지음 | 292쪽 | 값 15,000원

 논쟁으로 보는 일본 근대교육의 역사
이명실 지음 | 324쪽 | 값 17,000원

▶더불어 사는 정의로운 세상을 여는 인문사회과학
사람의 존엄과 평등의 가치를 배운다

 밥상혁명
강양구·강이현 지음 | 298쪽 | 값 13,800원

 도덕 교과서 무엇이 문제인가?
김대용 지음 | 272쪽 | 값 14,000원

 자율주의와 진보교육
조엘 스프링 지음 | 심성보 옮김 | 320쪽 | 값 15,000원

 민주화 이후의 공동체 교육
심성보 지음 | 392쪽 | 값 15,000원
2009 문화체육관광부 우수학술도서

 갈등을 넘어 협력 사회로
이창언·오수길·유문종·신윤관 지음 | 280쪽 | 값 15,000원

 동양사상과 마음교육
정재걸 외 지음 | 356쪽 | 값 16,000원
2015 세종도서 학술부문

 교과서 밖에서 배우는 철학 공부
정은교 지음 | 280쪽 | 값 14,000원

 교과서 밖에서 배우는 사회 공부
정은교 지음 | 304쪽 | 값 15,000원

 교과서 밖에서 배우는 윤리 공부
정은교 지음 | 292쪽 | 값 15,000원

 한글 혁명
김슬옹 지음 | 388쪽 | 값 18,000원

 좌우지간 인권이다
안경환 지음 | 288쪽 | 값 13,000원

 민주시민교육
심성보 지음 | 544쪽 | 값 25,000원

 민주시민을 위한 도덕교육
심성보 지음 | 500쪽 | 값 25,000원
2015 세종도서 학술부문

 교과서 밖에서 배우는 인문학 공부
정은교 지음 | 280쪽 | 값 13,000원

 오래된 미래교육
정재걸 지음 | 392쪽 | 값 18,000원

 대한민국 의료혁명
전국보건의료산업노동조합 엮음 | 548쪽 | 값 25,000원

 교과서 밖에서 배우는 고전 공부
정은교 지음 | 288쪽 | 값 14,000원

 전체 안의 전체 사고 속의 사고
김우창의 인문학을 읽다
현광일 지음 | 320쪽 | 값 15,000원

 카스트로, 종교를 말하다
피델 카스트로·프레이 베토 대담 | 조세종 옮김
420쪽 | 값 21,000원

 교사와 부모를 위한 비고츠키 교육학
카르포프 지음 | 실천교사번역팀 옮김 | 308쪽 | 값 15,000원

▶ 살림터 참교육 문예 시리즈

영혼이 있는 삶을 가르치는 온 선생님을 만나다!

 꽃보다 귀한 우리 아이는
조재도 지음 | 244쪽 | 값 12,000원

 선생님이 먼저 때렸는데요
강병철 지음 | 248쪽 | 값 12,000원

 성깔 있는 나무들
최은숙 지음 | 244쪽 | 값 12,000원

 서울 여자, 시골 선생님 되다
조경선 지음 | 252쪽 | 값 12,000원

 아이들에게 세상을 배웠네
명혜정 지음 | 240쪽 | 값 12,000원

 행복한 창의 교육
최창의 지음 | 328쪽 | 값 15,000원

 밥상에서 세상으로
김흥숙 지음 | 280쪽 | 값 13,000원

 북유럽 교육 기행
정애경 외 14인 지음 | 288쪽 | 값 14,000원

▶ 남북이 하나 되는 두물머리 평화교육

분단 극복을 위한 치열한 배움과 실천을 만나다

 10년 후 통일
정동영·지승호 지음 | 328쪽 | 값 15,000원

 선생님, 통일이 뭐예요?
정경호 지음 | 252쪽 | 값 13,000원

 분단시대의 통일교육
성래운 지음 | 428쪽 | 값 18,000원

 김창환 교수의 DMZ 지리 이야기
김창환 지음 | 264쪽 | 값 15,000원

▶출간 예정